Angela Wipperfürth

MODETERMINOLOGIE DES 19. JAHRHUNDERTS IN DEN ROMANISCHEN SPRACHEN

Eine Auswertung französischer, italienischer, spanischer und portugiesischer Zeitschriften

ibidem-Verlag
Stuttgart

Bibliografische Information der Deutschen Nationalbibliothek
Die Deutsche Nationalbibliothek verzeichnet diese Publikation in der
Deutschen Nationalbibliografie; detaillierte bibliografische Daten sind im
Internet über http://dnb.d-nb.de abrufbar.

Bibliographic information published by the Deutsche Nationalbibliothek
Die Deutsche Nationalbibliothek lists this publication in the Deutsche Nationalbibliografie;
detailed bibliographic data are available in the Internet at http://dnb.d-nb.de.

Zugl. Dissertation zur Erlangung des akademischen Grades eines Doktors der Philosophie
des Fachbereichs II der Universität Trier, 2011

∞

Gedruckt auf alterungsbeständigem, säurefreien Papier
Printed on acid-free paper

ISSN: 1862-2909

ISBN-13: 978-3-8382-0371-3

© *ibidem*-Verlag
Stuttgart 2012

Alle Rechte vorbehalten

Das Werk einschließlich aller seiner Teile ist urheberrechtlich geschützt. Jede Verwertung
außerhalb der engen Grenzen des Urheberrechtsgesetzes ist ohne Zustimmung des Verlages
unzulässig und strafbar. Dies gilt insbesondere für Vervielfältigungen,
Übersetzungen, Mikroverfilmungen und elektronische Speicherformen sowie die
Einspeicherung und Verarbeitung in elektronischen Systemen.

All rights reserved. No part of this publication may be reproduced, stored in or introduced into a retrieval
system, or transmitted, in any form, or by any means (electronical, mechanical, photocopying, recording or
otherwise) without the prior written permission of the publisher. Any person who does any unauthorized act
in relation to this publication may be liable to criminal prosecution and civil claims for damages.

Printed in Germany

Für Martin und Pia

Vorwort

Diese Dissertation geht auf eine Anregung von Herrn Prof. Dr. Kramer zurück. Auf Grund meiner Magisterarbeit über Herkunft und Verbreitung französischer Modefachbegriffe gab er den Anstoß, diese Untersuchung auf weitere romanische Sprachen auszudehnen. Durch seine Vorlesungen und Seminare, wurde ich während meines Studiums der französischen und italienischen Philologie an die Erkenntnis herangeführt, dass Romanistik nicht gänzlich in Einzelsprachen geteilt werden kann. Latein als Mutter verbindet diese Sprachfamilie und ermöglicht den Zugang zu ihren Kindern. So habe ich es gewagt, Quellen in den vier großen romanischen Sprachen auszuwerten. Herrn Prof. Dr. Kramer bin ich außerordentlich dankbar für seine Betreuung und seine Impulse, die mich gefördert und gefordert haben.

Herzlich bedanken möchte ich mich ebenfalls bei Herrn Prof. Dr. Klump, der freundlicherweise das Zweitgutachten erstellt hat.

Meine Recherchen führten mich wiederholt in die Lipperheidesche Kostümbibliothek in Berlin. Mein Dank gilt Frau Dr. Adelheid Rasche für die Erlaubnis zur Nutzung von Reproduktionen und ihren hilfsbereiten Mitarbeitern, die mir viele ihrer alten Schätze bereitgestellt haben.

Zum Schluss sei meiner Familie gedankt, die meinem Vorhaben stets Interesse entgegen gebracht und mich tatkräftig unterstützt hat.

Wittlich, im März 2012
Angela Wipperfürth

Inhaltsverzeichnis

Vorwort V
1 Einleitung 1
   1.1 Definition des Modebegriffs 1
   1.2 Gegenstand der Untersuchung 2
2 Historischer Hintergrund 5
   2.1 Politische Fakten 5
   2.2 Mode und Gesellschaft im 19. Jahrhundert 13
3 Quellen 21
   3.1 Die französischen Modejournale 21
   3.2 La Mode Illustrée 25
   3.3 Italienische Modezeitschriften 27
   3.4 Il Mondo Elegante 32
   3.5 Spanische Modezeitschriften 39
   3.6 La Moda Elegante Ilustrada 43
   3.7 Portugiesische Modezeitschriften 56
   3.8 Moda Illustrada, A Avenida, A Moda Portugueza 58
4 Bezeichnung von Kleidung in den Modejournalen 65
   4.1 Mantel, Umhang und Jacke 66
   4.2 Oberbekleidung 82
   4.3 Wäsche und Korsett 119
   4.4 Details aus dem Schneiderhandwerk 134
   4.5 Portugiesische Quellen 141
5 Etymologie und Wortgeschichte 147
6 Auswertung 221
   6.1 Tabelle I 221
   6.2 Tabelle II 222

	6.3 Ergebnisse	224
7	Schlusswort	229
8	Literaturverzeichnis	231
	8.1 Modejournale	231
	8.2 Forschungsliteratur	231
	8.3 Lexikologische Hilfswerke	235
9	Glossar	237

Abbildungsverzeichnis

Abbildung 1: La Mode Illustrée Dez. 1870 24
Abbildung 2: Il Mondo Elegante Jan. 1869 36
Abbildung 3: Die Modenwelt Dez. 1868 37
Abbildung 4: La Saison Dez. 1868 38
Abbildung 5: La Moda Elegante März 1869 48
Abbildung 6: La Mode Illustrée Feb.1869 49
Abbildung 7: La Moda Elegante Seite 66 50
Abbildung 8: La Mode Illustrée Seite 42 51
Abbildung 9: La Moda Elegante Seite 70 54
Abbildung 10: La Mode Illustrée Seite 44 55
Abbildung 11: Moda Illustrada 59
Abbildung 12: A Avenida 61
Abbildung 13: A Moda Portugueza 63
Abbildung 14: Secção de Moldes 64
Abbildung 15: Pardessus-Redingote 67
Abbildung 16: Paletot 69
Abbildung 17: Casaque 73
Abbildung 18: Manteau 75
Abbildung 19: Mantelet 77
Abbildung 20: Talma 79
Abbildung 21: Water-Proof 81
Abbildung 22: Costume pour garcon 83
Abbildung 23: Costume de printemps 85
Abbildung 24: Toilette 87
Abbildung 25: Robe en cachemire 91

Abbildung 26: Robe de chambre 94
Abbildung 27: Corsage décolleté 96
Abbildung 28: Divers corsages 97
Abbildung 29: Jupon et tunique 99
Abbildung 30: Fichu 100
Abbildung 31: Ceinture à basques 103
Abbildung 32: Pèlerines 105
Abbildung 33: Robe avec traîne 107
Abbildung 34: Berthe 109
Abbildung 35: Chemisette en dentelle 110
Abbildung 36: Col avec jabot 111
Abbildung 37: Fraise 112
Abbildung 38: Cravate 113
Abbildung 39: Plastron 113
Abbildung 40: Manchette 114
Abbildung 41: Veste 115
Abbildung 42: Corselet 116
Abbildung 43: Corselet pour fille 117
Abbildung 44: Pouff 118
Abbildung 45: Tournure en crin 120
Abbildung 46: Jupon en crin avec tournure 121
Abbildung 47: Jupon avec crinoline 123
Abbildung 48: Chemise de nuit et pantalon 124
Abbildung 49: Chemise de jour et peignoir 125
Abbildung 50: Camisole 126
Abbildung 51: Gilet 127
Abbildung 52: Robe de chambre et corsage 128

Abbildung 53: Corset court 131

Abbildung 54: Corset paresseux 132

Abbildung 55: Gran corset 132

Abbildung 56: Corset pour fillettes 133

Abbildung 57: Biais 134

Abbildung 58: Ruche 135

Abbildung 59: Volant 137

Abbildung 60: Entre-deux 138

Abbildung 61: Passementerie 139

Bildnachweis für die Abbildungen 2,3,4: Kunstbibliothek, Staatliche Museen zu Berlin, für die Abbildungen 11, 12, 13, 14: Biblioteca Nacional de Portugal.

1 Einleitung

1.1 Definition des Modebegriffs

Nach der Definition des Soziologen Helmut Schoeck bezieht sich Mode „nicht nur auf Kleidung, Schmuck, Haartracht, sondern auf jedes durch willkürliche Vorbildsetzung veränderbare Verhalten, soweit es sich auf größere Bevölkerungsteile auswirkt." (Schoeck 1969:233)

Von der etymologischen Deutung des lateinischen Wortes MODUS ausgehend kommt Ingeborg Petrascheck-Heim in ihrem Buch „Die Sprache der Kleidung" auf drei wichtige Aspekte der Mode: „1. Mode als ein neue Art und Weise. 2. Mode als soziologischer Wertbegriff. 3. Mode als eine Art der Kleidung." (Petrascheck-Heim 1988²:17)

Mode bedeutet also mehr als ein Synonym für Kleidung. Mode wird in der wissenschaftlichen Literatur sowohl unter wirtschaftlichem als auch unter soziologischem Aspekt vorgestellt. Ebenso zahlreich sind historische Betrachtungen aus dem Bereich der Kostümkunde. Erst im 20. Jahrhundert beginnt die Sprach- und Literaturwissenschaft sich mit der Modeliteratur zu befassen. Roland Barthes[1] analysiert die Sprache der Mode, die er in Modezeitschriften des Jahrgangs 1958/59 vorfindet (Barthes 1985:20).

Bei der Vorstellung seiner Methode nimmt er eine Unterteilung des Sachgebiets vor: Er spricht von der realen, von der abgebildeten und von der geschriebenen Kleidung. Um dem Leser einer Modezeitschrift eine Vorstellung von einem Modell zu geben, das er nicht vor Augen hat, sind nach Barthes drei Schritte notwendig. Mit der Erstellung einer grafischen oder photografischen Abbildung und eines Schnittmusterbogens, der die einzelnen Fabrikationsschritte analytisch wiedergibt, wird das Reale zum Bild (ikonische Kleidung). Die zweite Übertragung erfolgt von der technologischen in die geschriebene Kleidung, z. B. in Form einer Nähanleitung. Die dritte Übertragung entsteht durch den Modekommentar. Die Sprache dieser Kommentare unterscheidet sich erheblich von den sachlichen Anweisungen in den Anleitungen. Barthes analysiert hauptsäch-

---

[1] Roland Barthes 1967 erschienenes Buch „Système de la mode" wurde in der deutschen Übersetzung 1985 unter dem Titel „Die Sprache der Mode" veröffentlicht.

lich diese Modekommentare. Er bezieht in seine Untersuchungen weder die reale Mode seiner Zeit noch die diachrone Entwicklung der Mode und der Modesprache ein (Barthes 1985:16).

Der vorliegenden Arbeit liegt eine andere Zielsetzung zugrunde.

1.2 Gegenstand der Untersuchung

Ausgehend von Modezeitschriften aus dem letzten Drittel der 19. Jahrhunderts aus Frankreich, Italien, Spanien und Portugal soll die dort verwendete Modeterminologie dokumentiert und analysiert werden. Hierbei wird der Modebegriff auf die Bekleidung beschränkt. Terminologie bedeutet einerseits „Gesamtheit der in einem Fachgebiet üblichen Fachwörter und -ausdrücke;" andererseits „wissenschaftliche Systematik für den Aufbau eines Fachwortschatzes" (Duden Fremdwörterbuch 1975). Die Zusammensetzung mit dem Begriff Mode verweist auf das eng umgrenzte Gebiet der Schneiderei und des Textilhandels. Herkunft und Verbreitung dieses Wortschatzes soll verfolgt werden. Da manche dieser Begriffe heute nicht mehr gebraucht werden oder einen Bedeutungswandel erfahren haben, ist ihre Klärung nur möglich, wenn man die Lebensumstände der Menschen im 19. Jahrhundert und die Methoden der textilen Fertigung mit berücksichtigt.

Basis dieser Untersuchung ist der Wortschatz der Bekleidung, der sich aus der französischen Zeitschrift *La Mode Illustrée*, Jahrgang 1869/70, entnehmen lässt. Die Auswahl der dort vorgestellten Modelle gibt nur einen Ausschnitt der im 19. Jahrhundert üblichen Bekleidung wieder. Da die Herausgeberin sich an Leserinnen aus der gehobenen Gesellschaft wendet, ist überwiegend Damenkleidung für verschiedene Anlässe abgebildet. Unterwäsche und Korsett gehören ebenso zum Themenbereich des Blattes wie Accessoires und Kinderkleidung. Herrenausstattung beschränkt sich auf modisches Zubehör und Wäsche. Alltagskleidung für arbeitende Menschen und damit auch jede Form von bäuerlicher Tracht werden in der Zeitschrift ganz ausgeschlossen.

Zum Vergleich werden Textbeispiele aus der italienischen Zeitschrift *Il Mondo Elegante* 1867/70 und der spanischen *La Moda Elegante* 1868/70 ausgewählt. Um die Verbindungen zwischen den verschiedenen Verlagshäusern darzulegen sind die Titelseiten der deutschen Zeitschrift *Die Modenwelt* Dez. 1868 und der französischen *La Saison* Dez. 1868 abgebildet. Aus Portugal standen keine Zeitschriftensammlungen der entsprechenden Jahrgänge zur Verfügung; deshalb stammen die portugiesischen Textbeiträge aus *Moda Illustrada*, Jahrgang 1875, *A Avenida* 1886 und *A Moda Portugueza* Nr 7 o.J.

Das Vorhaben Zeitschriften aus den Jahren vor 1870 zu vergleichen hat verschiedene Gründe: Zum einen haben die Weltausstellungen von 1855 und 1867 in Paris das Interesse auf die französische Hauptstadt gelenkt, zum anderen gibt es erst aus dem Zeitraum nach 1860 ein ausreichendes Angebot von Modezeitschriften mit zahlreichen Detailabbildungen.[2] Es gab über Sprach- und Landesgrenzen hinweg eine Kooperation bei der Herstellung und dem Vertrieb von Modejournalen. Diese Zusammenarbeit wurde durch den Deutsch-Französischen Krieg 1870 erheblich gestört, deshalb sollten die Quellen möglichst vor diesem Ereignis erschienen sein.

Der Auswertung des umfangreichen Bild- und Textmaterials wird im zweiten Kapitel eine Darstellung des historischen Hintergrunds vorangestellt. Dabei ist sowohl der Wechsel der Regierungsformen in Frankreich und Europa und deren Auswirkung auf die Gesellschaft, als auch der extreme Modewandel in der Zeit nach der Französischen Revolution bis zum Ersten Weltkrieg von Interesse.

Das dritte Kapitel ist der Geschichte der Modejournale gewidmet und hier vor allem den Quellen: *La Mode Illustrée* aus Frankreich, *Il Mondo Elegante* aus Italien, *La Moda Elegante* aus Spanien und *Moda Illustrada, A Avenida, A Moda Portugueza* aus Portugal.

Die Untersuchung der Modefachbegriffe erfolgt im vierten Kapitel in folgender Weise: Zunächst werden die in den Quellen gefundenen Begriffe nach Gattung und Arten geordnet (Barthes, 1985:113)[3], danach werden aus Begleittext, Bildunterschriften und Bildern die notwendigen Informationen über Verwendung und Beschaffenheit eines Kleidungsstücks zusammengestellt. Die Übersetzung der Texte ins Deutsche wird mit Hilfe von Wörterbüchern aus dem 19. und 20. Jahrhundert angefertigt.

---

[2] Für Spanien beschreibt Rana Strbáková (2007:52) die Zeit nach dem Ende der Monarchie „Otro período de ebullición lo hallamos en el quindenio 1868–1873, tanto si nos fijamos en la vida política como si tomamos en consideración la vida social y los cambios del traje. En esta época , se publican numerosas revistas de modas..."

[3] Barthes bezeichnet Kopfbedeckung als Gattung und Hut, Mütze u.s.w. als Art.

Im fünften Kapitel folgt dann die etymologische Untersuchung der französischen Lemmata in alphabetischer Reihenfolge. Als Arbeitsgrundlage dienen dabei besonders die etymologischen Wörterbücher der französischen Sprache, TLF[4] und FEW. Um diachrone und diatopische Entwicklungen im Wortschatz der Mode zu dokumentieren, werden Lexikoneinträge der französischen, italienischen, spanischen und portugiesischen Sprache aus dem 19.–21. Jahrhundert zum Vergleich herangezogen. Der französische Einfluss auf die deutsche Modeterminologie wird zum einen durch die Verwendung zweisprachiger Bedeutungswörterbücher deutlich, zum anderen dient zur Ergänzung das etymologische Wörterbuch der deutschen Sprache von Kluge (2002^{24}). Der Artikel zu jedem Stichwort setzt sich aus den wörtlichen Zitaten und einem persönlichen Kommentar zusammen.

Ein tabellarischer Überblick der Fachbegriffe in den vier untersuchten romanischen Sprachen und die Übersetzung ins Deutsche leitet das sechste Kapitel ein. Tabelle I enthält die Fachbegriffe mit entsprechender Bedeutung, die durch Textstellen aus den Zeitschriften belegt sind. In Tabelle II wird neben den französischen Lemmata jeweils ein ähnliches Wort aus den weiteren Sprachen aufgeführt. Soweit die Begriffe nicht in der ersten Tabelle vorhanden sind, entstammen sie einem der angegebenen Lexika. Daran schließt sich eine Auswertung des Materials in Bezug auf Etymologie und lexikalische Transferenz an. Die französischen Begriffe werden dem lateinischen Erbwortschatz, dem Lehnwortschatz oder den Wortschöpfungen des 19. Jahrhunderts zugeordnet. Für die italienischen, spanischen und portugiesischen Modefachbegriffe wird geklärt, wie weit sie von der französischen Sprache beeinflusst sind.

Die mehrmalige Nennung der Modefachbegriffe ergibt sich aus dem Wunsch, das Text- und Bildmaterial der Zeitschriften im Zusammenhang zu präsentieren. Ein Verzeichnis der Abbildungen erleichtert den Rückgriff auf die historischen Quellen.

---

[4] Das Verzeichnis der Wörterbücher und der verwendeten Abkürzungen befindet sich in der Bibliografie.

2 Historischer Hintergrund

2.1 Politische Fakten

Mit der Französischen Revolution im Jahr 1789 endete das Zeitalter des Absolutismus.

> Das 19. Jh., genauer gesagt der Zeitabschnitt von der Französischen Revolution bis zum Ende des Ersten Weltkriegs, bringt in allen europäischen Staaten, wenn auch stark phasenverschoben, die Ablösung des Ancien Régime und eine tiefgreifende Wandlung der alteuropäischen Agrar- und Adelsgesellschaft.
> (Ploetz 1998:690)

Nicht nur in Frankreich wurde der Beginn des 19. Jahrhunderts durch Napoleons Machtstreben bestimmt. Italien, Spanien und Portugal wurden durch napoleonische Feldzüge bedrängt. Das veränderte die politische Landkarte Italiens und veranlasste die portugiesische Königsfamilie zur Flucht nach Brasilien. Die wesentlichen Etappen der gesellschaftlichen Entwicklung und der Regierungsformen in Frankreich, Italien, Spanien und Portugal werden hier kurz dargestellt.

Frankreich

1789 stand Frankreich vor dem Staatsbankrott. Der Widerstand gegen den absolutistischen Herrscher, König Ludwig XVI., ging durch alle Klassen. Die Gruppe liberaler Reformer setzte sich aus Adel, Großbürgertum und Bildungsbürgertum zusammen, eine zweite Gruppe bildeten Kleinbürger und proletarische Schichten in den Städten und die dritte bestand aus der Masse bäuerlicher Kleinpächter auf dem Land. Der König sah sich schließlich gezwungen, die Einberufung der Generalstände zu veranlassen (Ploetz 1998:928).

Bei der Zusammenkunft der Generalstände am 5. Mai 1789 begann ein wochenlanger Streit über den Abstimmungsmodus. Schließlich erklärten die Vertreter des Dritten Standes sich als Nationalversammlung und Abgeordnete der privilegierten Stände schlossen sich ihnen an. Im Ballhausschwur[5] verpflichteten sich die Mitglieder, sich nicht zu trennen, bevor sie eine Verfassung verabschiedet hätten. Der König widersetzte sich den Forderungen und konzentrierte statt

---

[5] Im Französischen: „Le serment du Jeu de paume (20 juin). Les députés du Tiers Etat jurent de ne pas se séparer avant d'avoir donné une Constitution au royaume."(Labrune 1998:64)

dessen seine Truppen rund um Paris. Am 14. Juli kam es zu einem bewaffneten Aufstand der Volksmassen. Mit der Erstürmung der Bastille, einer Festung, die als Staatsgefängnis diente, nahm die Revolution einen gewaltsamen Anfang. Tiefgreifende Veränderungen wurden vom Volk auf der Straße und seinen Vertretern in der Nationalversammlung durchgesetzt: Abschaffung der Privilegien des Adels, Einziehung des Kirchengutes, Auflösung der Klöster und Orden, Verstaatlichung der Schulen und Standesregister und die Erklärung der Menschenrechte (Labrune 1998:65).

Nach einer kurzen Phase der konstitutionellen Monarchie wurde 1792 die Republik ausgerufen und im folgenden Jahr Ludwig XVI. zum Tode verurteilt. Die Anfangszeit der I. Republik wurde von den Auseinandersetzungen zwischen Girondisten, Vertretern des besitzenden Bürgertums, und Jakobinern geprägt. Die Jakobiner forderten gesellschaftliche Gleichheit und vertraten damit die Interessen der Sans-culottes[6]. Von 1794 bis 1799 leitete das Direktorium, ein Präsidium von fünf gewählten Direktoren, die Geschicke der Republik.

Im Zeitraum von 1799–1815 bestimmte Napoleon Bonaparte die politische Entwicklung Frankreichs. Nach seiner Rückkehr vom Ägyptenfeldzug riss der Offizier durch einen Staatsstreich die Macht an sich. Das Direktorium wurde aufgelöst und eine Neuordnung der Verfassung beschlossen. Napoleon wurde Erster von drei Konsuln an der Spitze einer provisorischen Regierung und erklärte die Revolution für beendet (Ploetz 1998:933/34).

Napoleons Machtstreben führte schließlich zum Ende der I. Französischen Republik, zwölf Jahre nach ihrer Gründung. 1804 ließ der Herrscher sich zuerst zum Konsul auf Lebenszeit ernennen und inszenierte dann seine eigenhändige Krönung zum Kaiser der Franzosen. Das Kaiserreich, auch in der deutschen Geschichtsschreibung oft Empire genannt, währte bis 1815. Das bedeutete aber nicht, dass alle durch die Revolution erreichten Ziele wieder verloren gingen. Durch die Gesetze des Code Civil wurde die bürgerliche Gesellschaft stabili-

---

[6] Die Bezeichnung eines Kleidungsstücks wurde hier zum Namen der Revolutionäre. „Sans-culottes: nom donné aux républicains les plus ardents sous la Révolution française. On les appelait ainsi parce que, hommes du peuple, ils portaient le pantalon alors que la culotte (qui s'arrêtait aux genoux) paraissait aristocratique." (Labrune 1998:141)

siert, der Einfluss der Kirche auf das Bildungswesen eingeschränkt und der Klerus unter staatliche Kontrolle gestellt (Labrune 1998:75).

Innere Krisen und Niederlagen in den kriegerischen Auseinandersetzungen mit den europäischen Nachbarstaaten zwangen Napoleon 1814 ins Exil auf Elba. An seiner Stelle wurde Ludwig XVIII., der Bruder des letzten französischen Königs, aus dem englischen Exil auf den Thron der konstitutionellen Monarchie berufen.

> Die Wiedereinführung des Lilienbanners statt der Trikolore läßt breite Schichten eine vollständige *Restauration* der vorrevolutionären Verhältnisse befürchten; insbesondere die großen und kleinen Besitzgewinner der Revolutionszeit beginnen, um ihre Erwerbungen zu fürchten, zumal die im Gefolge Ludwigs XVIII. zurückkehrenden Emigranten in ihrer Mehrzahl die Errungenschaften der Revolution demonstrativ negieren. [...] Die wachsende Opposition gegen die Restauration und die Gerüchte über eine bevorstehende Ausweisung aus Elba veranlassen Napoleon, nach Frankreich zurückzukehren. (Ploetz 1998:936)

Am 1. März 1815 landete Napoleon mit wenigen Getreuen in der Nähe von Cannes. Bei seinem Einzug in Paris hatte König Ludwig XVIII. bereits die Flucht ergriffen. Der zurückgekehrte Herrscher konnte sich nicht lange an der Staatsspitze halten. Nach der Niederlage bei Waterloo musste Napoleon wieder abdanken. Die siegreichen Alliierten brachten ihn zur erneuten Verbannung auf die Insel St. Helena im Atlantik. Das I. Empire war beendet und Ludwig XVIII. kehrte auf den Thron zurück.

Der Zeitraum von 1815 bis 1848 wird in der Geschichtsschreibung Restauration genannt. Drei Könige leiteten Frankreich in diesem Abschnitt. Ludwig XVIII. konnte bis zu seinem Tod 1824 regieren. Sein Bruder Karl X. als Nachfolger musste nach der Julirevolution im Jahr 1830 abdanken und ins Exil gehen. Am 7. August 1830 wählte die Abgeordnetenkammer den Herzog von Orléans als Louis Philippe I. zum König der Franzosen. Der neue König verdankte dem Volk sein Amt und er trat in der Öffentlichkeit wie ein Bürger auf. In seiner Amtszeit trafen Probleme durch die zunehmende Mechanisierung der Arbeitsabläufe Arbeiter und Mittelstand gleichermaßen. Als 1846 eine Agrarkrise zu Versorgungsengpässen führte, wuchs die Unzufriedenheit der Bevölkerung. Schließlich musste Louis Philippe I. im Revolutionsjahr 1848 abdanken (Schmale 2000:199).

Der Revolution folgte die Gründung der II. Republik. Eine provisorische Regierung führte Wahlen durch, aus denen Louis Napoleon Bonaparte als Präsident hervorging. Dieser Neffe Napoleons I. wurde für vier Jahre gewählt. Nach der geltenden Verfassung war eine Wiederwahl nicht vorgesehen. Er wollte sich jedoch nicht damit abfinden und propagierte eine Revision der Verfassung. Die Abgeordnetenkammer stimmte dem nicht zu, doch Louis Napoleon nutzte seine Macht derart, dass er 1852 durch eine Volksabstimmung die Wiedereinführung des Kaisertums beschließen ließ und seine Herrschaft als Napoleon III. fortsetzte. Er konnte bis zum Deutsch-französischen Krieg im Jahr 1870 die Macht ausüben. Der Zeitraum wird II. Empire genannt (Schmale 2000:210).

Drei Tage nach der französischen Niederlage in der Schlacht von Sedan am 4. September 1870 wurde in Paris die Republik ausgerufen. Am 8. Februar 1871 folgte die Wahl einer Nationalversammlung. Die Besetzung von Paris durch deutsche Truppen, der Ausbruch des Bürgerkriegs und der Kommune-Aufstand überschatteten das Gründungsjahr der III. Republik. Der Abschied von der Monarchie war jedoch endgültig und die III. Republik bestand bis 1940 (Schmale 2000:227).

Abschließend seien hier die Regierungsformen des 19. Jahrhunderts genannt:

1792–1804 I. Republik
1804–1815 I. Empire (Napoleon I.)
1815–1848 Restauration (Ludwig XVIII., Karl X., Louis Philippe I.)
1848–1852 II. Republik
1852–1870 II. Empire (Napoleon III.)
1870–1940 III. Republik.

Italien

Der italienische Nationalstaat konstituierte sich 1861 infolge der Risorgimento genannten Einigungsbewegung. Bis dahin standen die meisten Regionen und Städte der Halbinsel unter der Fremdherrschaft verschiedener europäischer

Mächte und der Kirche. Will man die Entwicklung Italiens im 19. Jahrhundert[7] betrachten, so ist es sinnvoll mit den beiden Italienfeldzügen Napoleons zu beginnen. Die französischen Expansionsbestrebungen richteten sich in Oberitalien gegen Österreich, das 1796 alle entscheidenden Schlachten verlor. Auch der Kirchenstaat und Neapel mussten sich dem jungen Offizier ergeben. „[...] in kaum mehr als einem halben Jahr hatte Bonaparte alle italienischen Gegner unterworfen oder zur Verständigung mit Frankreich gezwungen" (Lill 1980:68).

Nach dem Ende der napoleonischen Ära im Zeitraum der Restauration wurden durch den Wiener Kongress in Italien ähnliche Verhältnisse wie vor der französischen Invasion geschaffen. Es folgten Aufstände gegen die restaurative Innenpolitik, Revolution und Einigungsbestrebungen. Die Ereignisse werden im Überblick wiedergegeben in einer Übersetzung aus dem Französischen.[8]

Zeittafel zur Geschichte Italiens

1792–1799   Italien gerät unter den Einfluss Frankreichs, welches Savoyen und Nizza annektiert und die Republik Genua besetzt.

1802–1804   Bonaparte erobert die gesamte Halbinsel und gründet im Norden eine 'Italienische Republik'.

1805–1814   Umwandlung der Republik ins Königreich Italien mit Napoleon als König
Das Königreich Neapel, besetzt seit 1806, wird zuerst an Joseph (Bruder Napoleons) dann 1808 an Murat (Schwager Napoleons) übertragen.

1814   Italien kehrt zu seiner früheren Aufteilung in zwölf Staaten zurück; Österreich erhält wieder seinen Einfluss auf den Norden und die Mitte.

1820–1821   Geheimbünde (carbonari) lehnen sich gegen die Rückkehr des Absolutismus auf; sie werden niedergeschlagen.

---

[7] Eine ausführliche Darstellung des Zeitraums findet sich bei Lill, Rudolf (1980). Geschichte Italiens vom 16. Jahrhundert bis zu den Anfängen des Faschismus. Darmstadt: Wissenschaftliche Buchgesellschaft, Seite 62–258.

[8] Le petit Larousse illustré (2007) Paris, Seite 1417.

1831–1833 Neue Aufstände, die von den Ideen des Republikaners Mazzini (Gründer der Bewegung Junges Italien) getragen sind.
1846–1849 Der Versuch der nationalen Befreiung, das Risorgimento, scheitert am Widerstand Österreichs; jedoch das Piemont mit König Karl Albert, später Viktor Emanuel II. und sein Minister Cavour, setzen sich an die Spitze der Bewegung und erhalten die Unterstützung Frankreichs.
1859 Französisch-piemontesische Truppen besiegen Österreich, das die Lombardei aufgeben muss.
1860 Savoyen und Nizza kehren an Frankreich zurück. Revolutionäre Bewegungen in Mittelitalien und im Königreich Neapel, erobert von Garibaldi, führen zu einer Vereinigung dieser Regionen mit dem Piemont.
1861 Das Königreich Italien mit dem König Viktor Emanuel wird ausgerufen; Hauptstadt wird Turin und ab 1865 Florenz.
1870 Rom wird Hauptstadt (Larousse 2007:1417).

Spanien

Der Blick auf die spanische Geschichte soll 1807 mit dem Vertrag von Fontainebleau beginnen. Napoleon sicherte dem spanischen König Karl IV. Unterstützung zu und dieser gewährte dem französischen Heer als Gegenleistung freien Durchzug durch Spanien zur Eroberung Portugals. Doch Napoleon beschränkte sich nicht auf die Besetzung Portugals durch General Junot. Ein Jahr später drangen französische Truppen unter General Murat nach Spanien ein und besetzten wichtige Städte. Karl IV. und Kronprinz Ferdinand wurden von Napoleon nach Bayonne bestellt und zum Thronverzicht gezwungen. Zum neuen König setzte Napoleon seinen Bruder Joseph Bonaparte ein (Bernecker 1997:201).

Die auf die französische Besatzung folgenden Ereignisse werden in der folgenden Zeittafel wiedergegeben.[9]

---

[9] Die Zeittafel ist dem Anhang (S. 424) von Bernecker, Walter, L. u. Pietschmann, Horst (1997). Geschichte Spaniens. Stuttgart: Kohlhammer. entnommen.

1808–1814	Unabhängigkeitskrieg gegen die Franzosen
1811–1814	Cortes von Cádiz
1812	»Verfassung der spanischen Nation« (Cádiz)
1814–1833	Ferdinand VII., König von Spanien
1820–1823	»Konstitutionelle drei Jahre«
1823	Wiederherstellung des Absolutismus
1833–1839	Erster Karlistenkrieg
1837	Neue Verfassung
1840	Abdankung der Königin-Regentin María Cristina und Ernennung Espateros zum Regenten
1840–1843	Regentschaft Espateros
1844–1854	Die »Gemäßigte Dekade« mit General Narvaéz als Regierungschef
1844–1868	Die isabellinische Ära
1847–1849	Zweiter Karlistenkrieg
1858–1863	Ununterbrochene Regierungszeit O'Donnells
1864	Starke politische Spannungen, Rückkehr Narvaéz' als Regierungsspitze
1865	Regierung O'Donnell
1868	»Septemberrevolution«, Sturz der Bourbonen
1868–1870	Regentschaft General Serranos
1868–1874	Die »revolutionären sechs Jahre«
1869	Neue Verfassung
1870–1873	Amadeus I. von Aosta, König von Spanien
1872–1876	Dritter Karlistenkrieg
1873/74	I. Republik
1875–1923	Restaurationsära (Bernecker 1997:424)

Portugal

Die Besetzung des Landes durch napoleonische Truppen war der Anfang einer außergewöhnlichen Entwicklung.

Als die Franzosen sich anschickten, in Absprache mit den Spaniern Portugal zu besetzen, um die Kontinentalsperre gegen Großbritannien durchzusetzen, entschied sich das

portugiesische Königshaus, mitsamt dem Hofstaat von Lissabon nach Brasilien überzusiedeln. Eine beeindruckende Flotte von 36 Schiffen verließ Ende November 1807 den Hafen der Hauptstadt; an Bord befanden sich rund 15000 Personen, die Aristokratie des Landes, die Führungsschichten aus Bürokratie, Großgrundbesitz, Klerus und Handel. Diese Übersiedlung war einzigartig in der europäischen Geschichte. Zum ersten und einzigen Mal verlagerte eine Kolonialmacht die Hauptstadt ihres Reiches in die Kolonie. Fortan wurde Portugal von Rio de Janeiro aus regiert, das Prinzregent Dom João Anfang März 1808 erreicht.
(Bernecker 2008:71)

Zeittafel zur Geschichte Portugals[10]

1807–11	Französische Invasion durch Junot, Soult und Masséna. Flucht der Königsfamilie nach Brasilien
1815	Erhebung Brasiliens zum Königreich
1816	João VI.
1817	Liberale Verschwörung unter Gomes Freire de Andrade
1820	Liberale Revolution in Porto und Lissabon. Liberalisierung in Portugal
1821	Eröffnung des ersten Parlaments. Rückkehr des Königs nach Portugal
1822	Liberale Verfassung. Unabhängigkeit Brasiliens. Pedro I. wird Kaiser
1823	Restauration des Absolutismus
1826	Tod von João VI. Verfassungsbrief Pedros IV. (I. Von Brasilien). Beginn der Kämpfe zwischen den Liberalen, den Anhängern Pedros, und den Absolutisten, den Anhängern Miguels
1828–34	Herrschaft Miguels. Letzte Phase des Absolutismus. Niederlegung der brasilianischen Kaiserkrone durch D. Pedro und Rückkehr nach Portugal
1832–34	Bürgerkrieg in Portugal

---

[10] Die Zeittafel ist dem Anhang von Marques, António Henrique R. de Oliveira (2001). Geschichte Portugals und des portugiesischen Weltreichs. Stuttgart: Kröner. entnommen. Ein ausführliche Darstellung der historischen Ereignisse findet sich in den Kapiteln: Absolutismus, Despotismus und Aufklärung (S. 285–334) und Die konstitutionelle Monarchie (S. 379–451).

1834	Endgültiger Sieg der Liberalen. Abschaffung der religiösen Orden. Tod Pedros IV. Maria II. besteigt den Thron
1836	so genannte „Setembrista"- Revolution. Aufhebung des Verfassungsbriefs
1838	Neue Verfassung
1842	Restauration des Verfassungsbriefs. Costa Cabral an der Macht
1846–47	Bürgerkriege (Maria da Fonte und Patuleia). Exil Costa Cabrals
1846–51	Zweite Phase des Cabralismus. Revolutionäre Bewegung der »Regeneration«. Politische Stabilisierung. Beginn des politischen Rotavismus und des Fontismo
1853	Tod D. Maria II. Pedro V. wird König. Regentschaft von Fernando II.
1856–57	Erste Eisenbahnlinie und erster elektrischer Telegraph
1861	Frühzeitiger Tod des Königs. Luís I. wird König
1867	Abschaffung der Todesstrafe
1869	Abschaffung der Sklaverei
1875	Beginn der aktiven republikanischen Bewegung (Marques 2001:659).

In jedem der vier Länder fanden im 19. Jahrhundert Auseinandersetzungen um Freiheit und Macht statt. Jeder politische Wechsel brachte Gewinner und Verlierer hervor, jede Regierungsform neue Vorbilder für Lebensstil und Mode. Deshalb soll im nächsten Kapitel die Entwicklung der Gesellschaft im 19. Jahrhundert und die damit verbundenen Modewechsel vorgestellt werden.

2.2 Mode und Gesellschaft im 19. Jahrhundert

Der Wechsel in der Mode ist weder vorhersagbar noch rationalen Gründen unterworfen. Es muss ein Vorbild und Nachahmer geben, also Personen, die sich von einer Gruppe abheben möchten und solche, die durch Kleidung und Verhalten ihre Gruppenzugehörigkeit demonstrieren wollen.

In manchen Bereichen des Lebens bleibt die Form der Kleidung jedoch über lange Zeit unverändert, und Ersatz wird erst beschafft, wenn es notwendig ist. Das neue Kleidungsstück entspricht in seiner Beschaffenheit dem alten. Unter pragmatischem Aspekt wird Bewährtes nicht modifiziert. Wenn nicht die Funktion die Form des Kleidungsstücks vorgibt, so können es andere Gründe sein. Bei der Uniform wird dem Träger vorgeschrieben, wie er sich zu kleiden hat. Hier dient Gleichheit in der Ausstattung als Erkennungsmerkmal nach außen und der Gemeinschaft innerhalb der Gruppe. Bei der Tracht geht es ebenfalls um die Zugehörigkeit zu einer Gruppe.[11]

Die Formen von Uniform, bäuerlicher Tracht oder zweckmäßiger Arbeitskleidung werden bei den folgenden Untersuchung nicht berücksichtigt. Im Hinblick auf das Ziel, den Wortschatz von Modezeitschriften aus dem letzten Drittel des 19. Jahrhunderts zu erforschen, steht das Verhalten der bürgerlichen, städtischen Gesellschaft im Vordergrund.

Als Vorbild in modischen Fragen diente lange Zeit die nächst höhere Gesellschaftsschicht. Da es dem Adel nicht recht war, von reichen Kaufleuten in ihrer Ausstattung übertroffen zu werden, gab es im Absolutismus Kleidervorschriften[12], die genau regelten, was welchem Stand vorbehalten war. Nach der Französischen Revolution waren diese Gesetze hinfällig und so begann 1789 auch in Modefragen eine neue Zeit. Das heißt jedoch nicht, dass nach dem Machtverlust das Verhalten des Adels bedeutungslos wurde.

---

[11] Sabine Boquoi-Seifert (1984:19) definiert Tracht folgendermaßen: „Tracht ist die Kleidung gewisser ständischer, beruflicher oder landschaftlicher Gruppen. Wo nach einem bestimmten und jedem einzelnen genau vorgeschriebenen Gesetz Menschen in einem örtlich begrenzten Bezirk das gleiche Gewand tragen, da herrscht Volkstracht. Sie ist keine eigenständige Schöpfung, sondern « auf dem Wege der sogenannten Mode und des Brauchtums allmählich und dem Einzelnen unbewußt erwachsen ». Auch innerhalb der Stammesart bestehen Differenzierungen nach Stand und Gelegenheit. So werden Unterschiede, die für das Leben von grundlegender Bedeutung sind, auch durch die Art sich zu kleiden ausgedrückt: es gibt eigene Trachten für Ledige, Brautleute, Verheiratete und Verwitwete. Doch auch der Anlaß ist wichtig. Während die Werktagskleidung vor allem zweckmäßig sein soll, gilt es, an den Festtagen und allen feierlich begangenen Höhepunkten des Lebens und Jahreslaufs das nüchterne Gewand mit den prunkvollsten und schönsten Stücken aus Schrank und Truhe zu vertauschen."

[12] Eine Abhandlung zu Kleiderverordnungen findet sich bei Edwin Arnet (1958:259) in dem Kapitel: Richter der Mode.

> Denn diese entmachtete Aristokratie verfügt jetzt nicht mehr – und zwar je mehr wir zeitlich vorangehen, um so weniger – über die Mittel, um sich von den nachdrängenden bürgerlichen Schichten abzusetzen. Wohl aber kommt es zu einer sehr merkwürdigen Nachahmung des Systems im ganzen durch die bürgerliche Welt. So entsteht das bürgerliche Klassensystem des 19. Jahrhunderts, das sich – wie man weiß – in viel höherem Maße, als man es früher annahm, von den Überlebseln des alten ständischen Systems nährt, selbst wenn diese nicht auf den ersten Blick sichtbar sein sollte.
>
> (König 1971:159)

Während der Revolution änderte sich die Mode nach Max von Boehn[13] kaum. Die Damen, die sonst in Paris Mode gemacht hatten, waren entweder emigriert oder es fehlte ihnen an Geld und Gelegenheiten zu großen Auftritten (Boehn 1989:125).

Erst als sich die politische Lage stabilisiert hatte, zeigte sich eine neue Mode, die dem Vorbild antiker Tracht nachempfunden war.

> Aber als 1795 nach dem Sturz der Schreckensmänner die schöne Frau Tallien [...] den verwaisten Thron der Mode einnahm, wurde Paris wieder ausschlaggebend für alle Fragen der Mode. Die vom Druck der Schreckensherrschaft erlösten Pariserinnen, die sich sofort in die lang entbehrten Vergnügungen stürzten, trieben die neue Mode sofort zur äußersten Extravaganz. Sie machten unter dem Vorwand, antik sein zu wollen, aus der »englischen« alsbald eine »nackte« Mode. Nicht nur das Korsett und die Unterröcke fielen, auch das Hemd folgte. Die modebewußte Dame trug nur ein seidenes Trikot und darüber eine durchsichtige Chemise, ein hemdartiges Kleid.
>
> (Boehn 1989:125)

Kurze Ärmel, großes Dekolletee und die Raffung des Stoffs unterhalb der Brust waren die Kennzeichen des Empirestils, der bis zur Restauration bestimmend blieb. Die Form des Chemisekleids variierte in den folgenden Jahren. Zeitweise wurde das Kleid mit einer langen Schleppe versehen, die je nach Gelegenheit über den Boden schleifte oder von der Trägerin elegant um den Körper gewickelt wurde. Natürlich wurden dazu nur ganz leichte Stoffe verwendet, um das Gewicht im Rahmen zu halten.

> Die Mode der langen Schleppen war etwa 1804 auf ihrem Höhepunkt. Sie fiel in Paris zusammen mit den prachtvollen Krönungsfesten Napoleons, die auf seinen ausdrücklichen Befehl mit dem größten Pomp begangen wurden. Seine und der Kaiserin Krö-

---

[13] Max von Boehn hat zwischen 1908 und 1928 zahlreiche Titel zum Thema Menschen und Moden veröffentlicht, die heute meist nicht mehr greifbar sind. Seine Ausführungen sind keineswegs veraltet und dienen hier in der überarbeiteten Neuausgabe von 1989 als Grundlage (Boehn 1989).

nungskleider, die bei Leroy und Mme Rambaud angefertigt wurden, kosteten zusammen 1 123 000 Francs, [...] Josephine gab als Kaiserin eine Million jährlich für ihre Toilette aus, [...] Sie besaß 600 Kleider und ließ sich jedes Jahr 100 bis 140 neue machen.
(Boehn 1989:133)

Auch in der Herrenbekleidung vollzog sich nach der Französischen Revolution ein entscheidender Wechsel. Während königstreue Franzosen noch eine Weile an der Mode des alten Hofes festhielten, wählten die Jakobiner den schwarzen Tuchrock als Ehrenzeichen[14]. Die Sansculotten veränderten ihre Kleidung radikal. Rote Mütze, offenes Hemd, eine Carmagnole genannte Jacke, eine Hose mit langen, röhrenförmigen Beinen und grobe Holzpantinen waren ihr Erkennungszeichen. Diese Protestkleidung war der Ausgangspunkt für den Wechsel in der Herrenmode von der engen, knielangen Culotte zum Pantalon (Koch-Mertens 2000:351).

Die Herrenmode gab auch nach den Revolutionsjahren die Pantalons der Sansculotten nicht wieder auf. Die Hosenbeine reichten anfangs allerdings kaum weiter als bis zur halben Wade, wurden aber bald länger und fielen schließlich bis auf die Füße herab. Je kürzer die Taille des Fracks wurde, um so höher rückten die Pantalons über den natürlichen Tailleneinschnitt hinauf. [...] Die Länge der Pantalons blieb variabel: Neben dreiviertellangen Hosen kamen bis zu den Füßen reichende Beinkleider vor. Die Hosen aus Nanking und Trikotgeweben[15] wurden so eng, daß sie die Gestalt in »all ihren Umrissen« zur Geltung kommen ließen, wie es in einem Bericht aus der Zeit des Wiener Kongresses heißt. Aus weißen Stoffen hergestellt, sollten sie »wie aus Marmor« aussehen, so daß auch die Männerkleidung auf ihre Weise der Antike huldigte.
(Thiel 1990:290)

Nach dem Wiener Kongress bahnte sich mit der Restauration ein erneuter Modewechsel an. Die Taille wanderte abwärts bis sie 1822 wieder an ihrem natürlichen Platz, der schmalsten Stelle des Rumpfs, betont wurde. Dazu wurde sie eng geschnürt, das heißt, das Korsett war wieder angesagt. Um die Zierlichkeit der Körpermitte zu betonen, wurde die Schulterpartie durch aufgebauschte Ärmel, die bis zur Keulenform ausarteten, verbreitert. Die Röcke wurden immer weiter

---

[14] „1789, bei der Eröffnung der Generalstände, erschienen die Deputierten des ersten und zweiten Standes aufgeputzt in Samt und Seide. Von den Deputierten des dritten Standes verlangte das Hofzeremoniell das Tragen eines schlichten schwarzen Tuchrockes. Von nun an wurde der schwarze Tuchrock der Jakobiner zum bürgerlichen Ehrenkleid erhoben." (Koch-Mertens 2000:350)

[15] Die Stoffbezeichnung ist widersprüchlich. Ein Trikotstoff kann als Strick- oder Wirkware bezeichnet werden aber keinesfalls als Gewebe.

und voluminöser. Zunächst blieben sie fußfrei und reichten ab 1836 bis zum Boden (Boehn 1989:195).

Die typische Kopfbedeckung der Damen waren Schuten mit breitem Rand, die mit allerlei Bändern verziert und unter dem Kinn gebunden wurden. Dieser Haubenhut, auch Capote genannt, wurde um die Mitte des Jahrhunderts unmodern und kam mit einer gewissen Verzögerung ganz aus dem Gebrauch.

Die Herrenkleidung machte nicht so gravierende Veränderungen durch wie die weibliche. Als Tagesanzug trug man einen knielangen Gehrock, lange Hosen und eine geköpfte Weste. Ein schwarzer Frack war angemessen bei festlichen Ereignissen. Zylinderhut und Spazierstock waren die Kennzeichen eines vornehmen Herrn zur Zeit der Restauration.

In der Mitte des 19. Jahrhunderts entstand die Krinoline. Damit die Stoffmassen den am Saum bis zu zehn Meter weiten Rock nicht zusammendrückten, suchte man nach Mitteln zur Stabilisierung.

> Dafür erfand man 1842 die Crinolisation der Stoffe, das heißt Flanell, Tibet, Seide, Kaschmir wurden so unsichtbar mit Pferdehaar durchwebt, daß die Stoffe ihr Ansehen bewahrten und doch steif und unzerdrückbar blieben. Dann unternahm man es, den Rock von innen zu stützen, ihm sozusagen ein Gerüst zu geben, das die Stoffmassen trug und in der richtigen Form erhielt. So begann man schon seit etwa 1840 den Unterröcken mehr Halt zu geben. Man fütterte sie mit Roßhaar, man durchzog sie mit Stricken, man legte durch den Saum eine Strohflechte und vermehrte besonders deren Anzahl. Über einen Unterrock von Flanell zog man einen mit Roßhaar gepolsterten (der von »crin«, Roßhaar, den Namen Krinoline erhielt), diesem folgte ein solcher von Perkal mit einem Gerüst von Stricken, dann ein Rad von Roßhaar in dicken Falten, über welches ein gestärkter Jupon (Unterrock) von Musselin zu liegen kam, dann erst das Kleid.
> (Boehn 1989:238)

Nach der Lektüre dieser Beschreibung ist es verständlich, dass ein 1856 erfundenes Gehäuse aus Stahlreifen, das diesen Aufbau ersetzte und weniger als ein Kilo wog, als Erleichterung empfunden wurde. 1863 änderte sich die Form des Unterbaus. In elliptischer Form, vorne abgeflacht, verlagerte sich die Rockweite nach hinten. 1867 war die Krinoline endgültig verschwunden. Stattdessen brachte man ein Gestell über dem Gesäß an, um das Kleid zu bauschen. Diese aus Rosshaarpolstern oder hufeisenförmigen Stahlschienen hergestellte Turnüre hielt sich nicht lange. In etwas veränderter Form und mit neuem Namen, als Cul de

Paris, modellierte dieses Kissen zwischen 1882 und 1890 die weibliche Figur (Boehn 1989:250).

Für die Männer hat sich in der zweiten Hälfte des Jahrhunderts eine schmucklose Mode durchgesetzt. Jacken mit knielangen Rockschößen wurden ebenso getragen wie Anzüge mit kürzeren Sakkos.

> Inzwischen war der Herrenanzug, bestehend aus dem blütenweißen Hemd sowie Sakko und Hose in zurückhaltenden Farben klassisch geworden. Der Herr sah nun nicht mehr dandyhaft aus, sondern seriös. Der vornehme Mann ließ seinen Anzug immer noch von einem Herrenschneider perfekt auf den Körper maßschneidern; wem das Geld fehlte, der versorgte sich mit konfektionierten Teilen, die seit 1820 ständig verbessert worden waren. Um 1850 kam von England eine neue Sakkoform für den Tag oder weniger festliche Anlässe:der ‹Cutaway› oder ‹Cut›, stets einreihig mit vorn abgerundeten Schößen – daher der Name – und aufsteigendem Revers.
> (Koch-Mertens 2000:419)

Im letzten Jahrzehnt orientierte sich die Damenmode noch immer nicht an Alltagstauglichkeit. Kaum waren die üppigen Drapierungen am Rock verschwunden, da verlängerte man ihn derart, dass er ständig über den Boden schleifte (Boehn 1989:292).

Neue, bis zum Knie schmale Rockformen verliehen der Frau eine neue Silhouette. Das Korsett sollte jetzt die Taille nicht mehr so stark einengen, sondern Bauch und Hüften einschnüren. Es regte sich aber auch Widerstand gegen das Modediktat. Bestrebungen aus den Kreisen der Frauenbewegung führten zu wenig geliebten Vorschlägen für sackartige Reformkleider; Warnungen von Medizinern vor den gesundheitsschädigenden Auswirkungen der Schnürung blieben ohne Konsequenzen. Erst im 20. Jahrhundert setze sich Kleidung durch, die den Frauen mehr Bewegungsfreiheit ließ (Boehn 1989:301).

Diese Entwicklung der Mode im 19. Jahrhundert steht in engem Zusammenhang mit den neuen Aufgaben des Bürgertums. Die Mechanisierung von Arbeitsabläufen stürzte einerseits Weber und andere Handwerker in große Armut und machte andererseits Unternehmer, die über Kenntnisse und Kapital verfügen, zu Gewinnern der Industrialisierung. Der erfolgreiche Bürger benötigt Kleidung, die seinen Stand nach außen repräsentiert, ihn aber nicht bei der Ausübung seines Berufs behindert. Deshalb ist die Herrenmode im Laufe des Jahrhunderts immer zweckmäßiger und farbloser geworden. Marguerite Coppens spricht von einer Kluft zwischen der Damen- und Herrenmode.

Une caractéristique qui démarque nettement le XIXe siècle du siècle précédent est l'écart creusé entre la mode féminine et masculine. Si au XVIIIe siècle, les deux avaient évolué de façon harmonieuse, les hommes s'autorisant avec à peine plus de retenue que leur compagnes, aux couleurs vives, aux étoffes précieuses et aux dentelles, la révolution française a définitivement séparé leur destin. Si pendant les fastes impériaux quelques nostalgiques broderies avaient été autorisées pour la tenu de gala, l'homme se verra ensuite interdire toute préciosité vestimentaire.
(Coppens 1996:42)

Die Damenmode im ausgehenden 19. Jahrhundert demonstriert, dass eine wohlhabende Frau nicht berufstätig ist. Sie ist abhängig von ihrem Ehemann und der Aufwand, den sie für ihren Putz treibt, entspricht seiner Stellung. Die Frau wird zum Aushängeschild des Mannes.[16]

Gerda Buxbaum, die in ihrem Buch „À la mode" die Modezeitschriften des 19. Jahrhunderts vorstellt, gibt eine treffende Beschreibung der Damenmode am Ende des Jahrhunderts.

Das letzte Jahrzehnt wurde von einer unübersichtlichen Vielfalt an Formen und Materialien gekennzeichnet. Prinzipiell zielte das weibliche Schönheitsstreben nach einer sehr großen und sehr schlanken Silhouette, die in den Modezeitschriften noch beinahe unnatürlich überlängt dargestellt wurde. Der Ärmel und der Hut wurden zum modischen Lieblingskind erklärt. Neben Ballon-, Keulen- und Flügelärmeln setzte sich schließlich der lange schmale Ärmel durch, der entweder mit einer Manschette abgeschlossen wurde oder in einem Beutel endete. Die meist übergroßen Hüte wurden mit verschiedenen Vogelarten, Federn Rüschen, Blumen und Maschen geputzt. Die nahezu unbeschränkte Dekorationslust wurde mit Schnurstickereien, Applikationen, Borten, Blenden und großen Knöpfen befriedigt.
(Buxbaum 1983:247)

Wenn man die Modetendenzen des 19. Jahrhunderts an der Silhouette der Frau darstellen will, kann man von der schmalen, untaillierten Form der Empirezeit eine Entwicklung in die Breite beobachten. In den dreißiger Jahren haben Röcke und Ärmel schon eine extreme Weite erreicht, aber die Krinoline gibt diesen Stoffmassen in der Mitte des Jahrhunderts noch ein starres Gerüst. In den sechziger Jahren verlagert sich die Rockweite nach hinten und die Turnüre betont das Gesäß. Nach dieser Mode werden die Röcke schmal und zu festlichen Gelegenheiten mit einer Schleppe versehen.

---

[16] Perrot (1981:83) schreibt im Kapitel „La femme, enseigne de l'homme: Signe de richesse et valeur décorative, elle remplace en somme les dentelles et les bijoux que la Révolution fit bannir des tenues masculines."

3 Quellen

3.1 Die französischen Modejournale

Der Wunsch, Mode zu verbreiten, ist älter als der Buchdruck. Bereits im 14. Jahrhundert wurden Modepuppen von Italien an den englischen und französischen Hof gesandt. Zur Zeit Ludwig XIV. hat man die Puppen aus Porzellan und Wachs mit beweglichen Gliedern viermal im Jahr im Hôtel Rambouillet nach der neuesten Mode ausgestattet und in alle europäischen Hauptstädte geschickt. Selbst in Kriegszeiten gelangten sie in feindliche Staaten. Napoleon verbot diese Praxis, weil im Inneren der Puppen staatsfeindliche Post geschmuggelt worden war (Kleinert 1980:21–23).

Neben dieser sehr aufwändigen Methode zur Verbreitung von Moden kursierten grafische Blätter mit detaillierten Darstellungen der Kleidung. Gegen Ende des 17. Jahrhunderts berichteten galante Zeitschriften über das kulturelle Gesellschaftsleben und so auch über die Mode (Kleinert 1980:24).

1758 entwickelte der Zeichner De Saint-Aubin ein Konzept für eine Modezeitschrift mit Abbildungen und Artikeln, die in regelmäßigen Abständen gedruckt werden sollte. Er konnte seinen Plan nicht in die Tat umsetzen, weil ihm Geldgeber und die staatliche Druckerlaubnis fehlten (Kleinert 1980:57).

> Im Jahr 1768 wird dem Wunsch der französischen Modeliebhaber entsprochen und ein Journal veröffentlicht, das ausschließlich über die Mode berichtet. Als Modejournal in dem von uns definierten Sinne kann die Zeitschrift jedoch noch nicht bezeichnet werden. Dazu fehlen die Illustrationen zum Text. Aber es ist das erste französische Journal, das die Mode zum zentralen Gegenstand erhebt.
> (Kleinert 1980:59)

Zwei Jahre lang fanden diese Modeberichte Abnehmer. Erst fünfzehn Jahre später wurde die erste französische Modezeitschrift mit Text und Bild in Paris von dem Verleger François Buisson in Umlauf gebracht.

> Der Erfolg begleitet das französische Unternehmen fast acht Jahre lang von 1785 bis 1793. Das Journal kann selbst die ersten Revolutionsjahre überdauern. Der Titel der Zeitschrift wechselt allerdings mehrere Male. So heißt das französische Modejournal nur im ersten Jahr vom 15. November 1785 bis zum 1. November 1786 *Cabinet des Modes*. Seine Fortsetzung trägt drei Jahre lang vom 20. November 1786 bis zum 21. Dezember 1789 den Titel *Magasin des Modes Nouvelles, Françaises et Anglaises*. Danach vom 25. Februar 1790 bis zum 1. April 1793 wird es als *Journal de la Mode et*

> du Goût ou les Amusements du Salon et de la Toilette vertrieben. Anschließend wird es dann als Almanach mit dem Namen Magasin des Modes Françaises et Anglaises weitergeführt.
> (Kleinert 1980:65)

Nachdem die erste Modezeitschrift ihr Erscheinen eingestellt hatte, gab es in der Zeit von 1793 bis 1797 auch keine Neugründung. Das politische Regime hatte durch Aufhebung der Pressefreiheit ein regelmäßiges Erscheinen von Zeitschriften unmöglich gemacht. Auch hatten weite Kreise der Gesellschaft in dieser Zeit des Umbruchs kein Interesse an Modefragen (Kleinert 1980:122).

1797 wagten zwei Herausgeber die Gründung eines neuen Blattes. Das *Tableau Général du Goût, des Modes et Costumes de Paris* konnte sich nur zwei Jahre halten. Mehr Erfolg hatte das *Journal des Dames*, später *Journal des Dames et des Modes* genannt von Pierre Antoine Leboux de la Mésangère. Es wurde in Paris 42 Jahre und in einer deutschen Ausgabe in Frankfurt 50 Jahre gedruckt (Kleinert 1980:130).

> Vom Sommer 1800 an ist das *Journal des Dames et des Modes* frei von jeglicher Konkurrenz. Selbstverständlich erscheinen in politischen oder kulturellen Zeitschriften von Zeit zu Zeit noch Modenachrichten, aber diese unregelmäßigen und zum Teil unbebilderten Berichte können die Monopolstellung des La Mésangèreschen Journals nicht gefährden. Bis 1818 ist sie ungebrochen. Erst nach 1818, als die Presseinitiativen wieder gefördert werden und zudem ein wirtschaftlicher Aufschwung zu verzeichnen ist, der die Gründung neuer Unternehmen erleichtert, können sich anfangs wenige, dann immer mehr Zeitschriften dem *Journal des Dames et des Modes* gegenüber durchsetzen.
> (Kleinert 1980:135)

Diese Zeitschrift wurde zum Vorbild in der Sparte. Nicht nur Lizenzausgaben aus Brüssel oder Frankfurt kamen zum Verkauf, auch nicht autorisierten Nachahmern dienten die Illustrationen zum Vorbild:

> Diese Illustrationen waren von so einer so peinlich-liebevollen Minutiösität, daß Künstler anderer Länder sich ihrer bedienen konnten. Der deutsche Kupferstecher Chodowiecki hat sich nicht gescheut, sie als Vorlagen zu benutzen.
> (Arnet 1958:243)

Kleinert (1980:326 ff.) zählt in ihrer Liste der französischen Mode-Fachzeitschriften von den Anfängen bis zur Revolution vom Februar 1848 ca. 50 verschiedene Titel auf. Für die Zeit von 1848 bis 1900 hat die Autorin nach ihren Recherchen in der Bibliothèque Nationale in Paris und in der Lipperheideschen

Kostümbibliothek in Berlin[17] eine Liste von 325 Titeln zusammengestellt. Hierbei handelt es sich um allgemeine Modezeitschriften und um Modefachzeitschriften. Selbst wenn man einräumt, dass einige Blätter nur kurze Zeit bestehen konnten, ist ihre Anzahl doch erstaunlich hoch (Kleinert 1980:308 ff.).
Arnet fasst dieses Phänomen kurz zusammen:

> Das 19. Jahrhundert sah ein Modejournal nach dem andern entstehen. Zu den besten zählten *Le Journal des Dames et Demoiselles* (seit 1840), *Le Moniteur de la Mode* (1843), *Printemps* (1866), *La Mode Illustrée*, *Le Salon de la Mode* und *L'Art et la Mode*.

(Arnet 1958:243)

Im folgenden Kapitel werden Form und Inhalt der französischen Modezeitschrift vorgestellt, die Grundlage der weiteren sprachlichen Untersuchung ist.

---

[17] „Die Lipperheidesche Kostümbibliothek ist die weltgrößte Fachsammlung zur Kulturgeschichte der Kleidung und Mode. Sie hat ihren Ursprung in der umfangreichen Privatsammlung des Berliner Verleger-Ehepaares Franz und Frieda Lipperheide, die ihre Bestände 1899 als großzügige Stiftung an die damals Königlichen Museen zu Berlin übergaben. Seither wird die Lipperheidesche Kostümbibliothek als selbständige Abteilung der Kunstbibliothek Staatliche Museen zu Berlin weitergeführt." (›www.smb.museum/smb/tools/download.php?id=141‹ vom 08.06.2011).

Abbildung 1: La Mode Illustrée Dez. 1870

3.2 La Mode Illustrée

Von 1860 bis 1937 erschien die französische Wochenzeitschrift *La Mode Illustrée*. Der Herausgeber Firmin Didot gab seinem Blatt den Untertitel „Journal de la Famille." Die Leserschaft wurde jedoch in der weiblichen Form im Plural angesprochen. Auch die Auswahl der Themen lässt auf eine weibliche Leserschaft schließen. Die Präsentation von Handarbeiten zur Verschönerung des Heims, Damenmode und ein herzzerreißender Roman von E. Marlitt[18] dürften kaum männliche Leser angelockt haben. Die Inhalte sind zugeschnitten auf die Interessen der nicht berufstätigen Frau mit Personal für die Hausarbeit. Es wird jedoch kein übertriebener Luxus propagiert, denn sparsames Wirtschaften ist ein wichtiges Thema im redaktionellen Teil des Blattes.

Nach den Ausführungen von Gaudriault[19] setzte mit diesem Blatt ein Wandel in der Gestaltung von Modezeitschriften ein. Erstmals versprach man den Lesern, dass sie auf Grund der exakten Abbildungen und ausführlichen Arbeitsanleitungen alle Modelle selbst nacharbeiten könnten. Tatsächlich hat man zur Herstellung der Druckstöcke dieser Zeitung ein Holzschnittverfahren[20] angewandt, das die Kombination von Bildern und Buchstaben auf einer Seite ermöglichte (Gaudriault 1983:79).

Neu war auch das Großformat der achtseitigen Zeitschrift mit 37×26 cm. Auf jeder Ausgabe erschien der mit vielen gegenständlichen und ornamentalen Details ausgeschmückte Namenszug. Die übrige Fläche des Titelblattes wurde von Woche zu Woche unterschiedlich gestaltet. In dreispaltiger Gliederung folgen

---

[18] Eugenie John (1825–1887) hat unter dem Pseudonym E. Marlitt zahlreiche Romane geschrieben und in der Gartenlaube veröffentlicht. Sie erhält die bedeutendsten Honorare ihrer Zeit. Eine ihrer Nachfolgerinnen in der Publikumsgunst ist Hedwig Courts-Mahler (1867–1950) (Lambertz 1994:181).

[19] Raymond Gaudriault hat mit seinem 1983 erschienen Buch „La gravure de mode feminine en France" ein Fachbuch für Sammler und Liebhaber der Modedruckgrafik geschaffen. Er informiert über Modegravuren, die im 16. bis 20. Jahrhundert entstanden sind.

[20] Es handelt sich hier um ein Hochdruckverfahren bei dem sich die Druckbuchstaben integrieren lassen. Der Druckstock hat die Form eines Reliefs. Tiefdruckverfahren, bei denen die Zeichnung in eine Metallplatte gestochen oder geätzt wird, sind teurer in der Herstellung, eignen sich nicht für hohe Auflagen und können nicht mit gesetzten Buchstaben kombiniert werden (Gaudriault 1983:126).

meist das Impressum und das Inhaltsverzeichnis, dann bleibt eine halbe Seite für Abbildungen und Modekommentar. Bei einigen Ausgaben füllt das Titelbild die ganze erste Seite. Die inneren Seiten 2/3 und 4/5 sind mit kleinformatigen Abbildungen so gestaltet, dass der Text die Bildinformation ergänzt. Die drei letzten Seiten bieten eng bedruckt Lesestoff in Form von Mode- und Gesellschaftskommentaren, Ratschlägen in Artikeln oder Antworten auf Leserbriefe. Ein Fortsetzungsroman, ein Bilderrätsel und Werbung bilden regelmäßig den Abschluss des Blattes.

Der Verlag betrieb eine außergewöhnliche Preisgestaltung. Um allen Ansprüchen gerecht zu werden, gab es verschiedene Ausgaben. 25 Centimes kostete die Zeitschrift allein, 50 Centimes zusammen mit einem Schnittmusterbogen. Die Luxusausgabe mit einer farbigen Modegravur kostete 50 Centimes ohne und 75 Centimes mit Schnittmusterbogen.

> *La Mode illustrée,* qui comptait 40 000 abonnées en 1866, ne tirait pas moins de quatre éditions différentes. Le prix du numéro variait du simple au double suivant qu'il était inséré ou non un patron (0,25 fr et 0,50 fr) et l'éditions avec aquarelles était encore plus chère. Mais ces gravures étaient si belles! Rien ne peut donner une idée de la fraîcheur de leurs coloris.
> (Sullerot 1966:11)

Die Auflage von 40.000 Exemplaren im Jahr 1866 erhöhte sich 1890 auf über 100.000. *La Mode Illustrée* war damit 30 Jahre lang die größte französische Modezeitung. Am Ende des Jahrhunderts stand sie nur noch an dritter Stelle und wurde 1937 von *La Mode pratique* übernommen (Gaudriault 1983:79).

Aus der Sicht des heutigen Lesers dieser Modezeitschrift fällt auf, dass keine grundlegenden Nähtechniken erklärt werden, außergewöhnliche Handarbeitstechniken werden jedoch in Wort und Bild, Schritt für Schritt vorgestellt. Auch über die Verwendung der Nähmaschine wird nicht geschrieben. Den Ausführungen von Gaudriault ist zu entnehmen, dass im II. Empire die Nähmaschine schon große Verbreitung gefunden hatte, aber nebenher Kleidung auch weiterhin in reiner Handarbeit angefertigt wurde.[21]

---

[21] „En même temps, la mode va intéresser une clientèle plus large; elle se répand dans tous les milieux par l'intermédiaire des couturières qui, à partir de 1860, s'équipent d'une machine à coudre. La confection, qui s'est déjà développée dans les villes, mais faite à la main, va prendre un nouvel essor, popularisée par les Grands Magasins. Par réaction, naît la haute couture à laquelle Worth attache le premier son nom." (Gaudriault 1983:75).

3.3 Italienische Modezeitschriften

Die ersten Presseerzeugnisse[22] in italienischer Sprache über Mode erschienen vor der Proklamation des italienischen Königreichs im Jahre 1861. Es handelte sich um Zeitschriften von regionaler Bedeutung mit Modeberichten als Bestandteil oder als Beilage. Als erste Modezeitschrift gilt das in Mailand erscheinende *Giornale delle Dame e delle Mode di Francia* (Morato 2003:767).

Diese Zeitschrift aus der Druckerei Pirola erschien vom 16. Juli 1786 bis zum 21. Dezember 1794. Sie bot ihren Lesern Bilder und Beschreibungen der neuesten Mode jenseits der Alpen. Als Quelle diente das französische Journal *Le Cabinet des modes* von Jean-Antoine Brun. Mit einer gewissen zeitlichen Verschiebung wurden die Abbildungen und Texte in Übersetzung aus dem französischen Vorbild übernommen. In Venedig entstand im gleichen Zeitraum unter der Leitung von Giambattista Albizzi *La donna galante ed erudita* und in Florenz unter Nicolò Pagni und Giuseppe Bardi *Giornale delle mode dedicato al bel sesso* (Morato 2003:768).

Im Laufe des 18. bis in die ersten Jahrzehnte des 19. Jahrhunderts erschienen ebenso Almanache, die außer dem Kalendarium unterhaltsame Seiten aus den Bereichen Mode, Literatur, Theater und Gesellschaft boten. *L'almanacco delle donne* oder *La moda e i suoi capricci*, Almanacco per l'anno 1829, seien als Beispiel erwähnt. Bereits die Titel geben zu erkennen, dass es sich nicht um regelmäßig erscheinende Modezeitschriften handelte sondern um einmalige Ausgaben (Morato 2003:770).

Der Unterschied zwischen einem Almanach in handlicher Buchform und einer regelmäßig erscheinenden Zeitschrift wird auch im Format deutlich. Die Toskanische Zeitschrift *Giornale Delle Dame* dann *Il Messaggero Delle Mode* dann *Il Messaggero Delle Dame* startete 1821 im Format 19×13 cm und wurde 1839 nach zweimaligem Namenswechsel vergrößert auf 27×18 cm (Franchini 2007:127).

---

[22] Zur Geschichte der italienischen Frauenzeitschriften im 18. Jahrhundert siehe auch Strumia, Elisa (2004). „Tra Lumi e Rivoluzione: i giornali per le donne nell'Italia del Settecento" in: Franchini, Silvia u. Soldani, Simonetta (Hrsg.). Donne e giornalismo, Percorsi e presenze di una storia di genere. Milano: Franco Angeli S. 181–210.

Eine herausragende Bedeutung hatte das in Mailand von 1804–1875 ohne Unterbrechung verlegte Blatt *Il Corriere delle Dame*. Titel und Untertitel variierten im Laufe der Zeit und verweisen auf den Anspruch auch über Literatur, Kunst und Politik zu informieren. Verantwortlich für die Gestaltung der Zeitschrift war in den Anfangsjahren Carolina Lattanzi geb. Arienti. Die Journalistin verheimlichte nicht, dass ihr als Quelle französische Journale dienten, insbesondere das *Journal des Dames et des Modes* (1797–1839) (Franchini 2002:40–44)[23].

Nach dem Tod von Lattanzi kaufte der Arzt Rocco Lampugnani 1819 das Unternehmen und der Journalist Angiolo Lambertini wurde sein Teilhaber. 1830 starb Lampugnani und seine Witwe Giuditta Rezzonico wollte das Unternehmen ohne den Teilhaber weiterführen. Sie siegte in der schwierigen Auseinandersetzung mit dem Geschäftspartner und ab 1833 stand ihr Name als Eigentümerin auf dem Blatt (Franchini 2002:66).

Offiziell vertrat sie bis zu ihrem Tod im Jahr 1862 die Rolle der Herausgeberin, tatsächlich hatte ihr Sohn Alessandro bereits seit 1852 die Verantwortung übernommen (Franchini 2002:95).

Er konnte die Arbeit bis 1874 fortsetzen, dann zwangen finanzielle Schwierigkeiten ihn die Zeitschrift und später auch den Verlag aufzugeben. *Il Corriere delle Dame* hatte 1873 nur noch eine Auflage von 500 Exemplaren (Franchini 2002:263–265).

Um die Mitte des Jahrhunderts erschienen in Mailand weitere Blätter. *Corriere delle mode* und *Giornale dei Sarti*, beide 1848, wandten sich nach dem französischen Vorbild *Journal des Tailleurs* an Schneider. Das Zielpublikum der Titel *La Ricamatrice* (1848–73), *Le Ore casalinghe* (1851–63) und *La Moda* (1854–68) waren Hausfrauen und Familien (Morato 2003:775).

---

[23] Cfr. Franchini, Silvia (2002). Editori, Lettrici e Stampa Di Moda. Giornali di moda e di famiglia a Milano dal *Corriere delle dame* agli editori dell'Italia unita. Milano: Franco Angeli und Marchetti, Ada Gigli, (2004). "Le risorse del repertorio dei periodici femminili lombardi" in Franchini, Silvia u. Soldani, Simonetta (Hrsg.). Donne e giornalismo, Percorsi e presenze di una storia di genere. Milano: Franco Angeli und Morato, Erica (2003). "La stampa di moda dal Settecento all'Unità" in Belfanti, Marco, Giusberti, Fabio (Hrsg.). Storia d'Italia, Annali 19, La moda. Torino: Einaudi.

Im gleichen Zeitraum wurden in Bologna, Venedig und Turin ähnliche Zeitschriften verlegt. Hier sei besonders der Titel *Il Mondo illustrato* (1847–61) erwähnt (Morato 2003:779).

Für die Zeit ab 1861 gibt Rita Carrarini in ihrem Artikel „La stampa di moda dall'Unità a oggi" eine Darstellung der Modepresse im geeinten Italien.[24] Nach ihren Recherchen entstanden im Zeitraum zwischen 1861 und 1920 in Mailand 75, in Turin 13, in Rom 11, in Genua 11, in Florenz 5 und in Neapel eine Modezeitung. Die Modepresse war für die Verlagshäuser ein gewinnversprechender Zweig neben weiteren illustrierten Zeitschriften. Wachsende Alphabetisierung im Land und der Wunsch vieler Kleinbürger durch Anpassung in der Kleidung zur gehobenen Gesellschaft zu gehören, ließen nicht nur den Absatz der Zeitschriften steigen. Durch Reklame für Modeprodukte entstand auch ein reger Versandhandel (Carrarini 2003:797).

In Mailand[25] wurde Edoardo Sonzogno Nachfolger von Lampugnani. Der erfolgreiche Verleger brachte zwischen 1864 und 1867 vier Titel auf den Markt:

La novità (1864–1943)
Il tesoro delle famiglie (1865–1888)
La moderna ricamatrice (1865–1868)
Il monitore delle sarte (1865–1867)

Die Auflagen der beiden ersten Blätter werden bei Carrarini (2003:800) für das Jahr 1873 mit 4000 und 7500 angegeben, während der Konkurrent Lampugnani nur noch 500 aufweisen konnte. Sonzogno erweiterte sein Angebot später noch um einen langlebigen Titel:

La moda illustrata (1886–1939)

Zweiter bedeutender Name für die Mailänder Modepresse war Ferdinando Garbini. Er bot seine Journale in mindestens zwei Versionen an, eine Luxusausgabe

---

[24] Carrarini, Rita (2003). "La stampa di moda dall'Unità a oggi" in Belfanti, Marco, Giusberti, Fabio (Hrsg.). Storia d'Italia, Annali 19, La moda. Torino: Einaudi.
[25] Weiterführende Informationen über Mailänder Modezeitschriften finden sich in: Carrarini, Rita und Giordano, Michele (1993). Bibliografia dei periodici femminili lombardi, 1786–1945. Milano: Editrice Bibliografica.

und eine billigere um eine breitere Käuferschicht zu erreichen. Ab 1901 wurden seine Zeitschriften von der Druckerei Verri übernommen:

Il bazar (1865–1915)
Il piccolo corriere wird ab 1870 *Il monitore della moda* (1868–1915)
Giornale per le modiste (1877–1893)
La moda illustrata (1873–1879)
L'emporio della ricamatrice (1883–1943)
La gran moda (1887–1915)
La fantasia (1885–1914)

Der dritte große Verlag in Mailand gehörte den Brüdern Emilio und Giuseppe Treves. Sie lieferten zunächst eine Modebeilage für ihre Illustrierte *Museo di famiglia*. Ab 1878 starteten sie mit dem Druck spezieller Modezeitschriften, die ebenfalls in verschiedenen Preis- und Qualitätsstufen angeboten wurden. Giuseppes Ehefrau Virginia Treves Tedeschi erschien unter dem Pseudonym Cordelia als Autorin dieser Blätter:

La moda (1877–1897)
Margherita (1878–1921)
L'eleganza (1878–1932)
Lavori femminili (1881–1899)
L'eco della moda (1888–1912)

Im letzten Jahrzehnt des 19. Jahrhunderts tauchte noch eine Vielzahl von Neuerscheinungen aus anderen Verlagshäusern Mailands auf. Mit Ausnahme von *La stagione* (1882–1914) aus dem Hause Hoepli waren sie meist von geringer Qualität und kurzer Lebensdauer (Carrarini 2003:801).

Aus der Festschrift zum fünfundzwanzigjährigen Bestehen der Modenwelt,[26] ist zu entnehmen, dass es sich bei *La stagione* um die italienische Ausgabe der deutschen Modezeitschrift aus dem Berliner Verlagshaus von Franz Lipperheide handelt (Melford 1890:30).

Den zweiten Platz in der Produktion italienischer Modejournale im 19. Jahrhundert nahm Turin ein. Die geografische und kulturelle Nähe zu Frankreich hat

---

[26] Melford, Friedrich u.a., (1890). Zum fünfundzwanzigjährigen Bestehen der „Modenwelt". 1865–1890. Leipzig: Otto Dürr

die Schneiderkunst und die Entwicklung der Modefachpresse begünstigt. Die Journale waren nicht zahlreich jedoch von guter Qualität. Turin sah sich als Modehauptstadt und wer sich über die neueste Mode informieren wollte, konsultierte die Blätter aus Turin:

Il mondo elegante (1863–1875)[27]
La moda italiana (1864)
Il corriere di Parigi später *Il corriere dei sarti* (1865–1873)
Giornale delle donne (1868–1933)
Guida ai lavori femminili (1880–1894)

In Rom wurden einige kurzlebige Modezeitschriften produziert, die hauptsächlich die Inhalte der Mailänder Vorbilder kopierten. Nur der Turiner Verleger Edoardo Perino brachte in der Hauptstadt folgende erwähnenswerte Titel heraus:

Ultima moda (1886–1894)
La ricamatrice (1890)
La donna di casa (1893–1894)
Il ricamo (1893)

In Genua wurden die entscheidenden Modezeitschriften nicht von einem Verlagshaus herausgegeben sondern *Le mode primizie* (1862–1884) von einem Schneider und *La moda genovese* (1882–1897) von einem Textilkaufmann.

In Neapel gab es zwei Journale, die schon vor der Einigung gegründet wurden:

Magazzino delle damigelle (1854–1895)
Il collaboratore delle dame (1856–1875) (Carrarini 2003:803).

Diese Auflistung der Modejournale aus den verschiedenen italienischen Regionen spiegelt die politische Entwicklung des Landes wider. Italien suchte im 19. Jahrhundert den Weg zur Einheit und eine Hauptstadt für alle Bürger. Jedoch die Proklamation des Königreichs Italien 1861 und die Eroberung Roms 1870

---

[27] Carrarini (2003:803) nennt 1863-1868 als Angabe zum Erscheinungszeitraum. Aus ihrem Verweis auf mehrere Quellen ist nicht genau zu entnehmen, woher die Zahlen stammen. Tamburini (1972:72) gibt den Zeitraum 1864–1868? an. Eigene Recherchen in der Lipperheideschen Kostümbibliothek Berlin haben ergeben, dass dort auch noch die Jahrgänge 1869–1875 vorhanden sind.

führten nicht zu einem Zentralstaat wie Frankreich, wo Paris als Hauptstadt Zentrum der politischen, kulturellen und wirtschaftlichen Entwicklung war. Die Modezeitschriften in italienischer Sprache entstanden in verschiedenen Städten des Landes und werden, soweit sie erhalten sind, meist in regionalen Bibliotheken aufbewahrt. Grundlage dieser Untersuchung ist das Turiner Journal *Il mondo elegante* aus den Jahren 1867–1870, welches sich im Bestand der Lipperheideschen Kostümbibliothek Berlin befindet.

3.4 Il Mondo Elegante

Im Jahr 1972 erschien in Turin eine Bestandsaufnahme aller Periodika aus den Jahren 1861–1870, die in ligurischen und piemontesischen Bibliotheken erhalten sind. In der Bibliographie finden sich 247 Titel für Turin und 109 für Genua.[28] Der Region kam im ersten Jahrzehnt nach der Gründung des italienischen Staates eine besondere kulturelle Bedeutung zu, denn bevor Rom Hauptstadt wurde, war Turin ab 1861 und Florenz ab 1865 Regierungssitz. Die Gründung der ausgewählten Modezeitschrift fiel also in den Zeitabschnitt, in dem Turin Hauptstadt war.

Folgende Angaben sind in der Bibliographie von Tamburini zu dem Titel *Il Mondo elegante* angeführt:

> Il Mondo elegante. Giornale illustrato delle mode da donna.
> 1864–1868 (?)
> Cm 36x 25; settimanale di pagine 8. Stampato a Torino dalla Tip. G. Cassone.
> Fondato nel 1864 si dedicò alla moda femminile e ogni fascicolo conteneva numerose incisioni e un figurino a colori. La « grande edizione » ne ospitava uno alla settimana e costava L. 20 annue; quella « economica » 24 all'anno e il prezzo era di L. 12.
> Gerente fu Carlo Mersi
> TP (1868)
> (Tamburini 1972:72)

Tamburini bezieht sich mit seinen Angaben auf den Jahrgang 1868 der Zeitschrift, die er in der „Biblioteca della Provincia, Torino" vorgefunden hat. Im Präsenzbestand der Lipperheideschen Kostümbibliothek in Berlin befinden sich jedoch Sammelbände der Jahrgänge 1866–1875. Die Gründung der Zeitschrift

---

[28] Tamburini, Luciano ; Petti Balbi, Giovanna (1972). La stampa periodica a Torino e a Genova dal 1861 al 1870. Torino: Biblioteca civica.

1864 kann durch die Angabe „Anno V." auf einem Titelblatt von 1868 bestätigt werden, das Ende der Publikation ist jedoch 1875 oder später anzusetzen. Für die vorliegende Untersuchung wurden Hefte aus den Jahren 1867–1870 ausgewählt.

Ebenso wie die französische Zeitschrift *La Mode Illustrée* konnte man die wöchentlich erscheinende Zeitschrift mit 52 farbigen Modebeilagen abonnieren oder, zu einem ermäßigten Preis, mit 24 Beilagen pro Jahr. Das Format der beiden Zeitschriften ist etwa gleich und die Gestaltung der Titelseite zeigt große Ähnlichkeit mit dem französischen Blatt. Der Schriftzug *Il Mondo elegante* ist in ein geschwungenes Band eingepasst, das sich quer durch eine theatralische Darstellung mit Putten, Blumen, drapierten Stoffen und weiteren Schmuckelementen spannt. Der Untertitel „Giornale illustrato delle mode da donna" schließt die Szene nach unten durch die lineare Anordnung einfacher Großdruckbuchstaben ab. Es folgen Informationen über die Zeitung und ihren Herausgeber.

Hier hat offensichtlich im Jahr 1869 ein Wechsel stattgefunden. Während bis zum Heft 38 vom 15. September 1869 die Verlegerangaben mit der Zeile „Associazioni pel regno d'Italia" beginnen, ist dieser Satz ab Ausgabe 39 verschwunden. Die Informationen über Inhalt, Preis und Druckerei bleiben inhaltlich fast gleich, jedoch die neue, dreispaltige Anordnung erscheint übersichtlicher. Dann aber, auf der Titelseite von Ausgabe 44 des gleichen Jahrgangs, erscheint nicht mehr „Tipografia G. Cassone e comp.", sondern stattdessen „Tipografia G. Candeletti successore Cassone."

Die weitere Gestaltung der Titelseite ist ebenfalls der in Kapitel 3.2 beschriebenen französischen Wochenzeitschrift *La Mode Illustrée* sehr ähnlich. Als Blickfang dient die Darstellung einer einzelnen Frau oder einer kleinen Personengruppe. In schmalen, seitlich angeordneten Textspalten wird zuerst der Inhalt in Stichworten vorgestellt, dann folgen die Erläuterungen zu den Abbildungen. Die inneren Seiten 2/3 und 4/5 enthalten zahlreiche kleine Abbildungen mit ergänzendem Modekommentar. Es folgen zwei eng bedruckte Seiten mit Lesestoff in Form von Mode- und Gesellschaftskommentaren, Antworten auf Leserbriefe und ein kleines Rätsel. Die letzte Seite ist ganz der Werbung gewidmet.

In Heft I des 6. Jahrgangs vom 4. Januar 1869 verdienen zwei Anzeigen besondere Aufmerksamkeit. Einmal handelt es sich um ein Verkaufsangebot für

Nähmaschinen von einem Händler aus Turin. Er kündigt an, dass er von der von der ausgezeichneten amerikanischen Fabrik Singer aus New York einen größeren Posten Nähmaschinen erhalten hat, geeignet für Familien und Handwerker. Das bestätigt die im Kapitel 3.2 über die französische Wochenzeitschrift *La Mode Illustrée* zitierte Aussage von Gaudriault, dass die Nähmaschine seit den sechziger Jahren große Verbreitung fand (Gaudriault 1983:75).

Die zweite Anzeige, die besondere Rückschlüsse auf die Entstehungszeit des hier untersuchten Materials zulässt, ist eine Eigenwerbung des Verlags für die Zeitschrift *Il Mondo Elegante*. Hier wird die Qualität des Blattes herausgestellt, den treuen Abonnenten ein Geschenk versprochen und über den Bezugspreis informiert. Auffallend ist jedoch, wie die französische Konkurrenz thematisiert wird. Im ersten Satz wird selbstbewusst behauptet, dass man die Gegenüberstellung mit den Journalen aus Frankreich nicht fürchtet „*Il Mondo Elegante* è il primo giornale di mode che siasi pubblicato in Italia, e si può dire che oggidi non teme alcun confronto con quelli di Francia." Im letzen Abschnitt wird dann noch das Vertrauen auf die italienischen Frauen betont, die ein Journal in der Sprache des Vaterlandes einem fremdsprachigen vorziehen werden. „Noi nutriamo fiducia che le donne italiane veggendo come il Mondo Elegante non tema confronti coi giornali di Francia, preferiranno un giornale scritto in lingua patria a quelli in lingua straniera." (IME 1869:8)

Abschließend bleibt noch zu erwähnen dass der Herausgeber der deutschen Zeitschrift *Die Modenwelt,* Franz von Lipperheide aus Berlin, seit 1866 Eigentümer von *Il Mondo Elegante* war. In den vorliegenden Exemplaren der italienischen Zeitschrift findet sich kein Hinweis auf die Besitzverhältnisse, wohl aber in der deutschen „Festschrift zum fünfundzwanzigjährigen Bestehen der Modenwelt" aus dem Jahre 1890.

> Dass ein Journal, welches so rasch und in so hohem Maasse die Gunst des deutschen Publicums sich erobert hatte, auch im Auslande auf Erfolg zu rechnen haben würde, durfte man voraussehen. Waren bereits vor Erscheinen der ersten Nummer Verbindungen mit ausländischen Verlegern angeknüpft, so dass die *Modenwelt* von Anfang an in drei Sprachen erscheinen konnte, so erhielten diese Beziehungen noch im Laufe des ersten Jahres eine grössere Ausdehnung. Den von vorn herein gewonnenen Ausgaben: L'*Illustrateur des Dames* (Paris) und *The Young Ladies' Journal* (London), folgen am 1. Januar 1866, die holländische *De Bazar* (Haag), die italienische *Il Mondo Elegante* (Turin), am 1. Juli die dänische unter dem Titel *Dagmar.* [...] So waren bis Ende 1867,

kaum zwei Jahre nach der Begründung des deutschen Original-Blattes, zehn Ausgaben in fremden Sprachen ins Leben getreten, mit welchen die Schöpfungen der *Modenwelt* fast über den ganzen Erdkreis verbreitet wurden.
(Melford 1890:5)

Der Verfasser der Festschrift erläutert ebenso die Organisation des deutschen Verlagshauses und erwähnt bei der Aufzählung der Mitarbeiter „8 Correctoren (7 für fremde Sprachen)" und „die in Leipzig zum Druck gelangenden fremdsprachlichen Ausgaben." (Melford 1890:45)

Während die italienische Ausgabe *Il Mondo Elegante* keinen Hinweis auf die deutsche *Modenwelt* enthält wird auf dem deutschen Blatt auf zehn weitere Ausgaben in verschiedenen Sprachen verwiesen wird. Über das italienische Blatt heißt es:

> Italienische Übersetzung
> *Il Mondo Elegante*
> Giornale Illustrato delle Mode da Donna
> Turin &Florenz

Beim Vergleich der Blätter fällt auf, dass die Abbildungen der deutschen Zeitschrift in veränderter Anordnung und mit anderem Text einen Monat später in Italien erscheinen. Vermutlich zählt also *Il Mondo Elegante* nicht zu den in Leipzig gedruckten Übersetzungen, sondern das Heft entstand unter Benutzung der deutschen Druckstöcke in Turin.

Abbildung 2: Il Mondo Elegante Jan. 1869

Abbildung 3: Die Modenwelt Dez. 1868

Abbildung 4: La Saison Dez. 1868

3.5 Spanische Modezeitschriften

Informationen über frühe spanische Modezeitschriften lassen sich in erster Linie aus bibliografischen Arbeiten entnehmen, die sich allgemein mit Frauenzeitschriften befassen. Hier bietet der 1975 erschienene Beitrag „Revistas españolas femeninas del siglo XIX" von María del Carmen Simón Palmer eine Grundlage für die folgenden Ausführungen.[29] Als zweite Quelle dient ein 2001 erschienenes Werk, das Schriftstellerinnen des 19. Jahrhunderts gewidmet ist. Im Vorwort der „Antología de la prensa periódica isabelina escrita por mujeres (1843–1894)" von Íñigo Sánchez Llama finden sich Angaben, welche die erste Quelle ergänzen oder bestätigen.[30] Schließlich bietet der Band „Mujer, prensa y sociedad en España. 1800–1939" von Adolfo Perinat und Isabel Marrades eine ausführliche Darstellung und Auswertung der Presse, besonders unter soziologischem Aspekt.[31] Die einzige vorliegende Arbeit in deutscher Sprache zu diesem Thema ist eine 2007 online veröffentlichte Dissertation von Gisela Díez Istúriz mit dem Titel „Weibliche Lesekultur als Spiegel der sozialen und kulturellen Entwicklung in Spanien im 19. Jahrhundert."[32]

Als erste spanische Frauenzeitschrift – „La primera auténtica revista española femenina," – wird *El Periódco de las Damas* (1822) genannt (Simón Palmer 1975:402). Die kleinformatige Wochenzeitschrift mit 48 Seiten wurde von C. Martínez geleitet und erschien nur bis zur Ausgabe XXV, also ein halbes Jahr lang. Ihre beigelegten farbigen Modebilder waren von der französischen Modezeitschrift *L'Observateur des Modes* übernommen. Zum Inhalt gehörte eine Beschreibung der Abbildungen und ein Bericht über Modeneuheiten aus Paris. Diesem Thema waren etwa fünf Seiten gewidmet, sodass der größte Teil des

---

[29] Simón Palmer, María del Carmen (1975). "Revistas españolas femeninas del siglo XIX" in: Homenaje a Don Agustín Millares Carlo. Bd I. Madrid: Caja Insular de Ahorros de Gran Canaria. S. 401–445.

[30] Sánchez Llama, Íñigo (2001). Antología de la prensa periódica isabelina escrita por mujeres (1843–1894). Cádiz: Servicio de Publicaciones de la Universidad.

[31] Perinat, Adolfo, Marrades, Isabel (1980). Mujer, prensa y sociedad en España. 1800–1939. Madrid: Centro de investigaciones sociologicas.

[32] ›http://edoc.hu-berlin.de/dissertationen/diez-isturiz-gisela-2007-05-03/HTML/chapter2.html‹

Blattes mit unterhaltsamen und belehrenden Texten gefüllt war (Simón Palmer 1975:406–414).

Von 1833–35 erschien in Madrid die Zeitschrift *Correo de las Damas* mit dem Untertitel „Periódico de Modas, Bellas Artes, Amena Literatura, Música, Teatros."[33] Dem achtseitigen, kleinformatigen Heft waren Extrablätter mit kolorierten Modebildern beigefügt. Die Artikel befassten sich mit Dingen, die der Mode unterworfen sind, sowohl im Bereich von Kleidung und Einrichtung als auch im gesellschaftlichen und kulturellen Sektor (Simón Palmer 1975:414).

1842 erschien erstmals die Zeitschrift *La Moda*. Sie wird von Díez Istúriz (2007:123) als „typischste, beste und beliebteste weibliche Veröffentlichung überhaupt" bezeichnet.[34] Der Titel wurde 1861 erweitert zu *La Moda Elegante Ilustrada*. Bis 1870 hatte der Herausgeber Abelardo de Carlos seinen Sitz in Cádiz; er verlegte ihn dann nach Madrid, wo das Blatt bis 1927 gedruckt wurde. Da diese Zeitschrift als Quelle der sprachlichen Untersuchungen dieser Arbeit dient, folgt eine ausführliche Beschreibung im nächsten Kapitel.

Ein Beispiel für eine Publikation mit kurzer Lebensdauer ist *El Defensor del Bello Sexo* aus dem Zeitraum 1845–46. Die achtseitige Wochenzeitschrift mit schwarzweiß Abbildungen und einer monatlichen Farbbeilage soll von außerordentlicher Druckqualität gewesen sein. Der Inhalt umfasste neben der Mode moralische Artikel, Biografien berühmter Frauen und Gedichte (Simón Palmer 1975:420).

Mehr Aufmerksamkeit verdient der Titel *El Correo de la Moda*. Der Anfang des Erscheinungszeitraums wird übereinstimmend mit 1851 angegeben. Der Untertitel lautete zunächst „Periódico del bello sexo. Modas, Literatura, Bellas Artes, Teatros, etcetera." Eine Änderung folgte 1857 in „Album de señoritas. Periódico de literatura, educación, Música teatros y modas;" ab 1866 „Periódico de Literatura, Educación, Teatros, Labores y Modas." Nachdem das Blatt bis 1867 von P. J. Peña, dem Inhaber einer Druckerei verlegt und geleitet wurde, stand ab Dezember 1867 eine Frau an der Spitze der Redaktion. Angela Grassi, auch als

---

[33] Mehrere Exemplare dieser Zeitschrift sind in der digitalen Zeitschriftenbank der Biblioteca Nacional de España zugänglich: ›http://hemerotecadigital.bne.es/‹.

[34] Díez Istúriz, Gisela. Weibliche Lesekultur als Spiegel der sozialen und kulturellen Entwicklung in Spanien im 19. Jahrhundert. ›http://edoc.hu-berlin.de/dissertationen/diez-isturiz-gisela-2007-05-03/HTML/ chapter2.html‹

Romanautorin bekannt, übernahm die Leitung bis zu ihrem Tod 1883, dann folgte eine langjährige Mitarbeiterin, Joaquina Balmaseda (Simón Palmer 1975:424).

Über das Ende des *Correo de la Moda* herrscht bei den verschiedenen Berichten über das Blatt keine Einigkeit. Simón Palmer (1975:424) hilft sich mit einem Fragezeichen, Perinat, Marrades (1980:391) schreibt 1886 ebenso wie Díez Istúriz (2007:139) und Sánchez Llama (2001:51) nennt 1893.[35]

Für die zweite Hälfte des 19. Jahrhunderts sollen hier noch fünf Titel vorgestellt werden, die sowohl im Aufsatz von Simón Palmer als auch bei Perinat, Marrades erwähnt werden. Bei abweichenden Erscheinungsdaten wurde der längere Zeitraum übernommen:

> *La Violetta* (1862–1866) Untertitel „Revista Hispano-Americana. Literatura, Ciencias, Teatros y Modas." Ab 1865 „Revista de instrucción primaria, educación, literatura, ciencias, labores, salones, teatros y modas." Die Zeitschrift erschien wöchentlich mit einem kolorierten Modebild aus Paris. Der Inhalt setzte sich aus Artikeln über Erziehung, Kultur und Mode zusammen. Abonnenten erhielten monatlich eine illustrierte Beilage mit Schnittmustern.
>
> *El Ángel del Hogar* (1864–1869) Untertitel „Páginas de la familia." Die Wochenzeitschrift enthielt entweder ein koloriertes Modebild aus der französischen Zeitung *La France Elegante* oder Handarbeitsvorlagen. Direktorin war María del Pilar Sinués.
>
> *La Moda Ilustrada* (1876–1882) Untertitel „Periódico para las familias, bordadoras, modistas y profesoras de instrucción primaria." Die großformatige Zeitschrift war mit zahlreichen Abbildungen, einer Farbbeilage und einem Schnittmusterbogen ausgestattet.

---

[35] Díez Istúriz, Gisela (2007:132) bemerkt zu diesem Problem „Leider gibt es – wie schon angedeutet – keine präzisen Angaben über die Dauer der meisten weiblichen Zeitschriften und die Möglichkeiten der Recherche sind gering und bleiben oft ergebnislos. Aufgrund eines nichtfunktionierenden Pflichtexemplargesetzes und anderer Kontrollinstanzen sind viele Exemplare verloren gegangen; es gibt sogar Zeitungen, von denen nur eine Referenz in anderen Publikationen übrig geblieben ist. Sehr oft wird außerdem das Aufgeben einer Zeitschrift oder eine Änderung des Titels nicht angegeben, was zu Verwirrung führen kann."

El Salon de la Moda (1884–1921) Untertitel „Periódico quincenal, indispensable para las familias; ilustrado con profusión de grabados en negro y figurines iluminados de las modas de París, patrones trazados en tamaño natural, modelos de labores de aguja, crochet, etc." Die monatlich zweimal erschienene Zeitschrift aus der Druckerei Montaner y Simón in Barcelona war mit sehr schönen Illustrationen ausgestattet und enthielt Schnittmuster und Arbeitsanleitungen für Handarbeiten.

El Eco de la Moda (1897–1928) Die achtseitige, reich illustrierte Wochenzeitschrift wurde in Barcelona von der Librería Francesa herausgegeben. Es handelt sich um die spanische Version des französischen Vorbilds *Le Petit Echo de la Mode*.

Bevor die Zeitschrift *La Moda elegante Ilustrada* vorgestellt wird, sei an dieser Stelle noch auf zwei Werke verwiesen, die statistische Angaben zur spanischen Presse des 19. Jahrhunderts liefern.

Juan Luis Guareña stellt in seinem Beitrag zu einem 1979 an der Universität in Pau durchgeführten „Seminario de Metodología de la Historia de la Prensa Española" zwölf Statistiken aus den Jahren 1867–1927 vor, die im Auftrag des Ministerio de la Gobernación erstellt wurden. Zeitschriften wurden nach verschiedenen Kriterien aufgelistet. Bei der inhaltlichen Unterscheidung wurden für das Jahr 1867 sechs Modezeitschriften genannt (Guareña 1982:87).

Eine Auflagenstärke der Modezeitschriften ist aus der Statistik des Jahres 1892 zu entnehmen. Sie wird für Barcelona mit 3.100 und für Madrid mit 20.400 Exemplaren angegeben (Guareña 1982:109).

Eugenio Hartzenbusch (1806–1880), erstellte im Auftrag der Biblioteca Nacional Madrid einen Katalog aller Zeitschriften, die zwischen 1661 und 1870 in Madrid erschienen sind. Das Büchlein mit dem Titel „Periódicos de Madrid" erschien 1876 und schließt die Ergebnisse ein, die der Autor bereits 1873 unter dem Titel „Apuntes para un Catálogo de periódicos madrileños desde 1661 á 1870" veröffentlicht hat. Im Vorwort stellt er kurz die Geschichte des Zeitschriftenwesens innerhalb und außerhalb Spaniens dar. Interessant sind hier die Hinweise auf die Pressefreiheit unter den wechselnden Regierungen des 19. Jahrhunderts.[36] Es folgt eine chronologische und eine alphabetische Auflistung der Zeitschriftentitel. Da die im folgenden Kapitel vorgestellte Zeitschrift *La Moda Elegante Ilustrada* zuerst in Cádiz verlegt wurde, findet sie sich nicht in der Liste von Hartzenbusch (1876).

3.6 La Moda Elegante Ilustrada

Simón Palmer stellt *La Moda* und *La Moda Elegante Ilustrada* einzeln vor, ohne einen Zusammenhang zwischen den beiden Titeln zu erwähnen. Für die erste Zeitschrift nennt sie den Untertitel: „Revista semanal de Literatura, Teatros, Costumbres y Modas". Sie hat Hefte aus den Jahren 1842–1857 in der Hemeroteca Municipal von Madrid eingesehen. Das Blatt wurde in Cádiz verlegt, umfasste 32 Seiten und hatte anfangs das Format 23,5×17, später 27×19 cm. Der Inhalt setzte sich aus den Bereichen Literatur, Gesellschaft und Mode zusammen. Inbegriffen waren Vorlagen und Anleitungen für Näh- und Stickarbeiten (Simón Palmer 1975:418).

Für La Moda Elegante Ilustrada, Untertitel: „Periódico de las familias" gibt Simón Palmer 1861 als Erscheinungsjahr an. Weitere Datierungen fehlen, da sie nur die Hefte 1–12 einsehen konnte. Die achtseitige Wochenzeitung im Format 37,5×26 cm enthielt zahlreiche Abbildungen, farbige Modebilder und Schnittmusterbögen. Herausgeber war De Carlos y Compañia in Cádiz; der Preis betrug 95 rs. pro Jahr für die Standardausgabe und 140 rs. für die Luxusversion. Neben

---

[36] La que tuvimos con los franceses y el decreto de libertad de imprenta de las Córtes de Cádiz en 1812 dieron viva agitacion á los ánimos y orígen á varios periódicos (Hartzenbusch 1876:XXI).
La libertad de imprenta, otorgado en 1812, hubo de parecer desmedida; y en su virtud, el Rey Fernando VII decretó en 25 de Abril de 1815 que no se publicasen en Madrid ni en otro punto del Reino más periódicos que la Gaceta y el Diario (Hartzenbusch 1876:XXII).
En 1820, con el Gobierno constitucional, tomó vuelo grande la prensa periódica (Hartzenbusch 1876:XXII).
En 1823, cuando el Rey tornó á ser absoluto, disminuyo el numero de los periódicos (Hartzenbusch 1876:XXIII).
El establecimiento de la Regencia de Doña María Cristina en España, despues de la muerte de Fernando VII, dió más amplitud á la prensa y se desarrolló el periodismo (Hartzenbusch 1876:XXIV).
–pero desde la Revolucion de Setiembre de 1868, en que se declaró la libertad de imprenta omnímoda, ha habido aquí una lluvia inmensa de periódicos (Hartzenbusch 1876:XXIX).

der Mode aus Paris und Nadelarbeiten gab es in den Heften die Bereiche Kunst, Musik, Literatur und Gesellschaftsnachrichten (Simón Palmer 1975:429). Perinat, Marrades beschreiben in Mujer, prensa y sociedad en España die Entwicklung von *La Moda* zu *La Moda Elegante Ilustrada:*

> Pero la revista más notable es, sin duda, La Moda, de Cádiz, que aparece en 1841, creada por un periodista conservador de El Globo, F. Flores Arenas, y que seguirá publicándose hasta 1927. Revista de las familias gaditanas, alcanzó un éxito que rebasa la esfera local. Como ocurre con muchos periódicos y revistas gaditanas, non sólo se vende en toda Andalucía, como era costumbre entonces, (Cádiz fue en lo referente al periodismo y la política una de las primeras ciudades españolas en gran parte del siglo XIX) si no que alcanza carácter nacional. En 1861 cambia su formato al de pliego mayor, aumenta sus páginas y adopta el nombre de La Moda Elegante Ilustrada, y en 1870 se publica en Madrid. Es, sin duda, la primera revista de modas seria que recluta el suficiente número de lectoras para remontar las crisis económicas y políticas de la época y, a la vez, nos ofrece una información interesante de la vida cotidiana de las mujeres de la alta sociedad a lo largo de todo este período.
> (Perinat, Marrades 1980:18)[37]

Die Autoren stellen die besondere Qualität der Zeitschrift heraus, die bereits von Cádiz aus über Andalusien hinaus verbreitet wurde. Im Jahr 1861 wurden ein größeres Format und der neue Titel gewählt, was bei Simón Palmer dazu führte, den neuen Titel als neue Zeitschrift anzusehen. Wenn man jedoch auf der Titelseite die fortlaufende Zählung des Jahrgangs beachtet, erkennt man, dass es sich um eine Zeitschrift handelt, auch die Verlagerung des Unternehmens nach Madrid 1870 bildet keinen Bruch in der Geschichte der Zeitschrift. Das wird ebenfalls durch die ausführlichen Informationen im Online-Katalog der Hemeroteca Municipal de Madrid bestätigt:

> Tanto los ejemplares de este título impresos en Cádiz como los impresos y datados en Madrid forman una misma colección. La aparición de esta publicación se remonta al uno de mayo de 1842, cuando en Cádiz empieza a editarse con el título de La moda y subtitulándose "revista semanal de literatura, teatro, costumbres y modas", fundada por el ingeniero, médico y escritor gaditano Francisco Flores Arenas (1801–1877). Estampada en la Imprenta y Litografía de la Revista Médica. La moda aparecía los domingos y muy pronto se convirtió en "la revista de las familias gaditanas, alcanzando un éxito que rebasaba la esfera local", pues no sólo se difundía en Andalucía. Entre sus contenidos aparecían figurines, dibujos de tapicería, crochet y patrones, y muchos de sus grabados serán editados en láminas sueltas junto a cada número Al poco tiempo

---

[37] Die Autoren beziehen sich mit dieser Aussage auf Solis, Ramón(1971:316).Historia del Pensiamento Gaditano. Cadíz: Instituto de Estudios Gaditanos.

sería adquirida y editada por quien se iba a convertir en uno de los principales empresarios de la prensa española en la centuria del diecinueve, el gaditano Albelardo de Carlos y Almansa (1822–1884), manteniéndose Flores Arenas como director durante mucho tiempo. Tras publicarse sin interrupción durante veinte años, en 1863 modificó su título, denominándose a partir de entonces La moda elegante, cambiando su formato al de pliego mayor y aumentando también su número de páginas. Al año siguiente ampliará su título a La moda elegante ilustrada (aunque mantiene el mismo grabado de su cabecera con el título anterior), convirtiéndose en una de las mejores revistas de su género. En plena efervescencia de la revolución septembrina, a finales de 1868, De Carlos se traslada a Madrid con parte de la redacción y acrecienta su negocio periodístico con la adquisición a los grabadores catalanes José Gaspar y Maristany (– 1879) y Gaspar Roig Olivares de la revista El museo universal ilustrado, subtitulado "periódico de ciencias, literatura, artes, industria", una de las principales cabeceras de la época que, al principio, es ofrecida su suscripción con descuento a los suscriptores de La moda elegante. La colección digitalizada por la BN comienza el 6 de enero de 1869, número seriado con el año XXVIII, cuyo pie de imprenta sigue siendo el de la Revista Médica, establecimiento a cargo del impresor y editor gaditano Federico Joly Velasco, apellido este que se convertirá en saga empresarial periodística hasta nuestros días, como fundadora y propietaria del Diario de Cádiz (1867–). En esa época, el subtítulo de La moda elegante era el de "Periódico de las familias", publicándose los días 6, 14, 22 y 30 de cada mes, y con la siguiente leyenda en su cabecera: "Contiene los dibujos más notables de las modas de París, modelos de trabajos a la aguja, crochet, de tapicería en colores, etc., etc.", que pronto cambia a:"Contiene los últimos figurines iluminados de las modas de París, grandes patrones tamaño natural…" Posteriormente la revista cambiará su subtítulo a:"Periódico de señoras y señoritas", y añade la leyenda:"Novelas, crónicas, bellas artes, música, etc., etc." El 25 de diciembre de 1869, De Carlos convierte El museo universal ilustrado en La Ilustración Española y Americana (pues continuó la serie anual de El museo), siendo además de propietario y editor, su director. Tanto La moda como La ilustración proporcionaron a su propietario una gran fortuna revelándose como un millonario de la época. La moda elegante comienza a estamparse en Madrid a partir del 30 de abril de 1870 en la imprenta de Tomás Fornet, hasta que, en 1872, lo hará en la de M. Rivadeneira y seguidamente en la Imprenta, estereotipia y galvanoplastia de Aribau y Cía, sucesores de Rivadeneyra, impresores de Cámara de S.M., convirtiéndose este establecimiento tipográfico en la morada tanto de La moda como de La ilustración desde 1882. La moda elegante es una de las publicaciones "femeninas" más longevas, pues continuó su larga vida hasta finales de 1927, sobreviviendo a De Carlos. Debió ser una revista delicia del componente femenino de la alta y acomodada burguesía, a la que deleitó incluso en tiempos revueltos como los del Sexenio Democrático (1868–1874), que posteriormente llegó a estampar junto a su título la siguiente leyenda:"Periódico de las familias que tienen la alta honra de contar como primera suscriptora a S.M. la Reina (Q.D.G.)". Es una publicación profusamente ilustrada con grabados referidos a vestuario, peluquería y mobiliario, que ampliaba con textos explicativos. Contiene asimismo artículos sobre ciudades y monumentos, biografías, de medicina e instrucción para jóvenes, folletines, cuentos, pasatiempos

(dameros, ajedrez, jeroglíficos, etc.) y textos en verso, así como traducciones, revistas de modas de París y crónicas de los salones de moda. También incluyó anuncios. Entre sus colaboradores se encontraban, además de Francisco Flores Arenas, A. de Balbuena, el escritor y periodista madrileño, iniciador e las crónicas del mundo elegante Ramón de Navarrete (1820–1897), Elisa Moreno y Cortés, Antonio F. Grillo, C. Campos, la escritora jienense Patrocinio de Biedma (1845–1927), el escritor y político Antonio López Muñoz (1849–1929), los escritores vascos Vicente de Arana (1848–1890) y Antonio Trueba (1819–1889) y el mismísimo escritor murciano José Selgas (1822–1882). También la dirigieron el propio De Carlos y su hijo Abelardo José de Carlos y Hierro (1848–1910). Se difundió no sólo en Cádiz, Madrid y otras ciudades de la península y Canarias, sino también en Lisboa, en La Habana, islas Filipinas, Puerto Rico, Buenos y otras ciudades hispanoamericanas. Los estudiosos han señalado lo infructuoso de encontrar una colección completa de este título, debido al desguace de las ilustraciones de sus ejemplares. La Hemeroteca Municipal de Madrid conserva ejemplares de 1842, 1857–1858 y 1863, así como de 1870, año este del que la BNE no posee ningún ejemplar.
(›http://hemerotecadigital.bne.es/cgi-bin/Pandora.exe?fn=select;collection=cabeceras_in ternet;query=id:0000000367;xslt=header-details;lang‹ 31.12.2009).

Als Grundlage für die sprachliche Auswertung dienen hier die Originalzeitschriften von Heft 37 (Oktober) 1868 bis Heft 24 (Juni) 1869 aus Privatbesitz und die digitalisierten Exemplare der Hemeroteca Municipal de Madrid aus dem Zeitraum 1869/70.

Die Zeitschrift erschien also erstmals 1842 unter dem Titel *La Moda* und wurde 1861 erweitert zu *La Moda Elegante Ilustrada*. Bis 1870 wurde das Blatt in Cádiz gedruckt, anschließend bis 1927 in Madrid.

Zwischen der französischen Zeitschrift *La Mode Illustrée* und der italienischen *Il Mondo Elegante* bestand im Format und in der Seitengestaltung mit Bild und Text eine große Ähnlichkeit. Bei der spanischen Zeitschrift *La Moda Elegante Ilustrada* geht die Übereinstimmung noch einen Schritt weiter. Hier werden die gleichen Druckstöcke wie in *La Mode Illustrée* verwendet, das Seitenlayout mal exakt übernommen oder mehr oder weniger variiert. Die Textpassagen über Mode sind meist wörtlich übersetzt. Nur die Gesellschaftsnachrichten, die Rätsel und die Romane weichen vom Vorbild ab. Ein Beispiel für eine sehr große Übereinstimmung sind die Ausgaben Nr. 6 vom 7. Februar 1869 der französischen Zeitschrift und Nr. 9 vom März 1869 der spanischen. Das Titelblatt weist in der oberen Hälfte den in ein geschwungenes Band eingepassten Schriftzug auf, jeweils umgeben von Frauengestalten, Putten und floralen Elementen. Der

Schöpfer dieser Embleme ist auf beiden Heften vermerkt und heißt: „H. Catenacci del Huyot." Es folgen Angaben über die Preise der verschiedenen Ausgaben, Verlagsanschrift und Herausgeber. Beim nächsten Abschnitt mit der Inhaltsangabe fällt auf, dass in der spanischen Ausgabe größere Schrifttypen gewählt wurden und damit auf gleichem Raum weniger Artikel angekündigt werden. Die untere Hälfte des Titelblatts zeigt eine Gruppe junger Damen in pelzverbrämten Winterkostümen auf einer Eisfläche beim Schlittschuhlauf.

Abbildung 5: La Moda Elegante März 1869

Abbildung 6: La Mode Illustrée Feb.1869

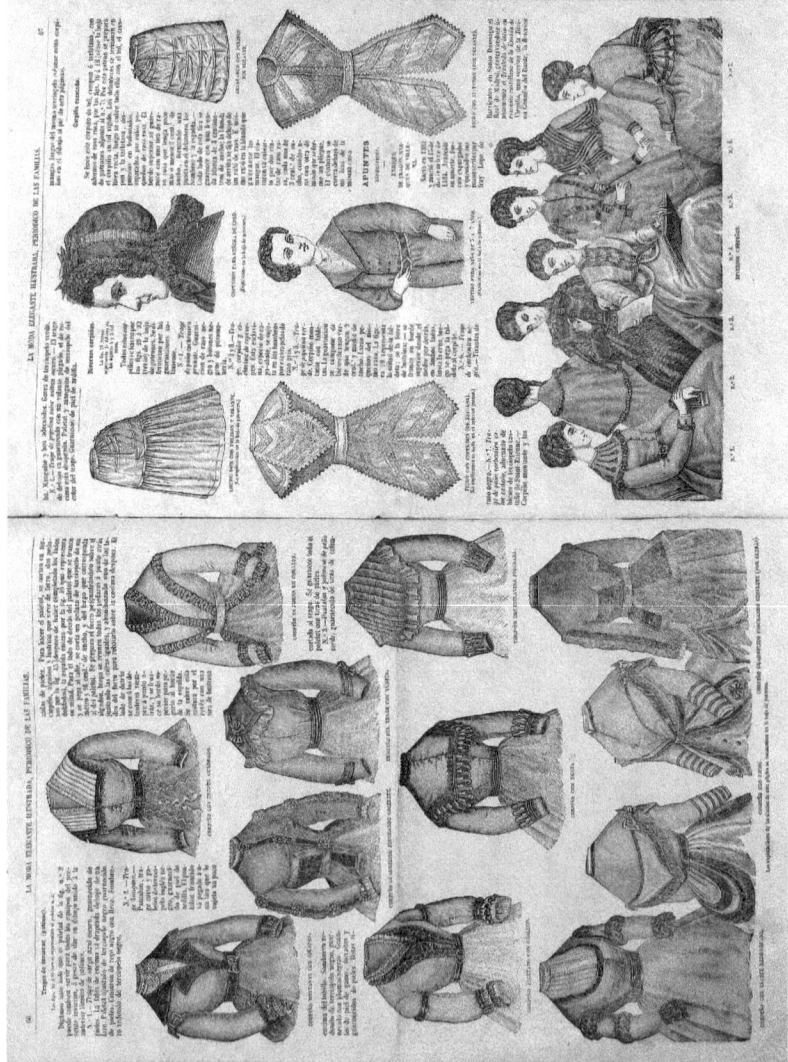

Abbildung 7: *La Moda Elegante* Seite 66

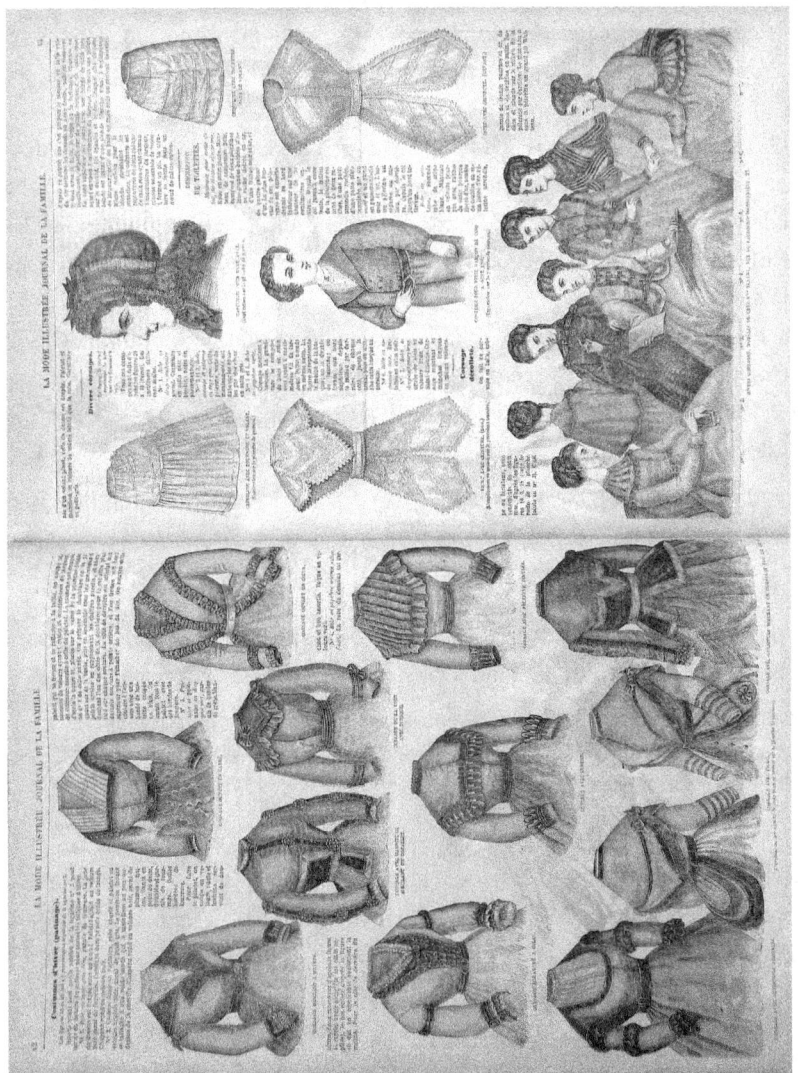

Abbildung 8: *La Mode Illustrée Seite 42*

Die beiden folgenden Doppelseiten enthalten jeweils die gleichen Modebilder, einmal in veränderter Anordnung. Die eingeschobenen Texte bestehen in der französischen Zeitschrift ausschließlich aus Beschreibungen zu den Abbildungen. Die spanische Ausgabe bietet einen Teil dieser Texte in wörtlicher Übersetzung, füllt einen anderen Teil zwischen den Bildern mit „Apuntes biográficos", also Lebensdaten von Personen, die weder im Zusammenhang mit der Mode, noch mit dem aktuellen Tagesgeschehen stehen. Die drei letzten Seiten sind jeweils mit Fortsetzungsromanen, Rätseln und Briefen an die Leserinnen eng bedruckt. Hierbei fällt auf, dass in der spanischen Zeitschrift ein Artikel mit dem Namen Emmeline Raymond unterzeichnet ist. Da sie auch die verantwortliche Redakteurin der französischen Zeitschrift ist, sind die Übereinstimmungen der beiden Blätter sicher auf eine vertragliche Zusammenarbeit der beiden Verlage gegründet.

Die zeitnahe Übernahme von Abbildungen und Artikeln wird im Herbst 1870 durch den Deutsch-Französischen Krieg unterbrochen. In der französischen Zeitung erscheint ab Heft 40 vom 2. Oktober 1870 regelmäßig ein Bericht über die Kriegsereignisse. Der Kapitelanfang lautet:

> Journal du siège de Paris I. Avant-propos
>
> Depuis hier, 18 septembre, Paris est investi, nos communications sont coupées; nos abonnées ne recevront plus la Mode Illustrée que le jour où notre isolement aura cessé.
> (LMI 1870:318)

Die entsprechende Botschaft wird in der spanischen Zeitschrift, Heft 37 vom Oktober 1870, als Postskriptum eines Modeberichts aus Paris übermittelt:

> P.D. Haga favor, señor director, de advertir á las señoras y señoritas suscritoras de La Moda, que la presente carta será la última que por ahora escribiré, porque de hoy á mañana quedarán cerradas las communicaciones de esta gran Capital por el cerco que nos ponen los prusianos.
> (LMEI 1870:304)

In der folgenden Ausgabe müssen die spanischen Herausgeber den Leserinnen mitteilen, dass sie wegen der bekannten Umstände nicht in der Lage sind, die farbigen Modebilder zu liefern:

> Advertencia. En la imposibilidad de dar figurines iluminados, por las razones que ya conocen nuestras lectoras, repartimos con el presente número un dibujo iluminado tambien, mas no en concepto de compensacion. Tan luego como pasen las actuales

circunstancias, indemnizaremos debidamente según ya hemos ofrecido, si es que antes no logramos llevar á cabo lo que proyectamos.
(LMEI 1870:312)

Den Leserinnen wird also eine Nachlieferung der beliebten Farbdrucke in Aussicht gestellt. Die wöchentliche Standardausgabe jedoch, die weiterhin in Madrid erscheint, wird vorwiegend mit mit Darstellungen von Handarbeiten, Einrichtungsgegenständen und Kinderkleidung gefüllt. Diese Objekte sind weniger der Mode unterworfen, sodass es wahrscheinlich nicht auffiel, wenn auch ältere Ausgaben der französischen Zeitschrift als Quelle genutzt wurden. Der Austausch zwischen Paris und Madrid war aber sicher nicht ganz unterbrochen, denn einige Passagen aus den Heften von Oktober–Dezember sind in beiden Ländern erschienen.

Abschließend kann festgehalten werden, dass die gewohnte Qualität der französischen Zeitschrift nur bis zur Nr. 40 vom 2. Oktober 1870 geliefert werden konnte. In dieser Nummer beschreibt die Herausgeberin Emmeline Raymond in einem eindrucksvollen Brief an ihre Leserschaft:

> Car il faut bien avertir nos lectrices: nous ne pourrons guère leur offrir de patrons nouveaux, pendant la durée du siège de Paris. Toutes les industries sont arrêtées, supprimées, et l'on ne verrait pas un seul atelier de couturière fonctionnant, même avec un personnel très-réduit.
> (LMI 1870:317)

Die Kriegsereignisse im Jahr 1870 bilden also eine Zäsur in Produktion und Verbreitung französischer Modezeitschriften; sie bedeuten jedoch keineswegs deren Ende. Die weitere Entwicklung ist nicht Gegenstand der vorliegenden Untersuchung, weil für die vergleichende Textauswertung französische, italienische und spanische Zeitschriften aus den Jahren 1869/1870 vorliegen. Eine Ausnahme bildet das portugiesische Material, was im folgenden Kapitel erläutert wird.

Abbildung 9: La Moda Elegante Seite 70

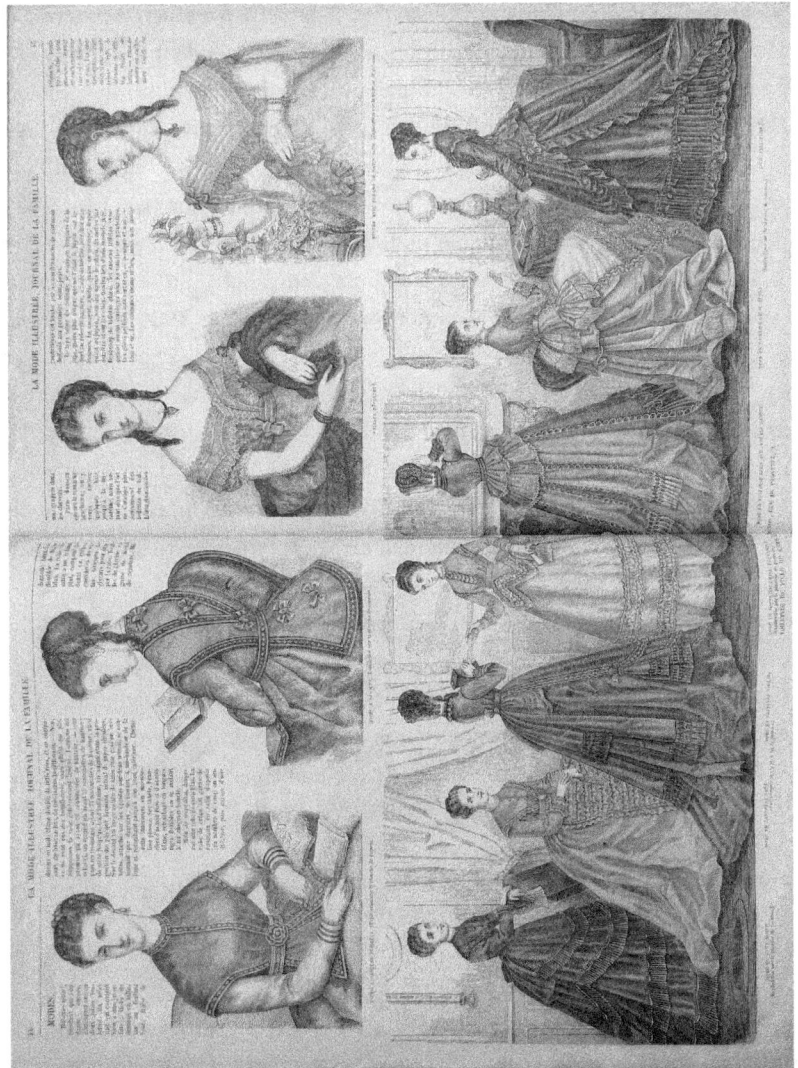

Abbildung 10: La Mode Illustrée Seite 44

3.7 Portugiesische Modezeitschriften

Portugiesische Modezeitschriften des 19. Jahrhunderts findet man weder in deutschen Fachbibliotheken noch im portugiesischen Antiquariatshandel. Selbst in der Nationalbibliothek in Lissabon werden die wenigen vorhandenen Exemplare nicht in Sammelbänden nach Titel und Jahrgang geordnet, sondern im Wechsel mit irgendwelchen anderen Druckerzeugnissen aus dem gleichen Zeitraum abgeheftet. Die folgenden Ausführungen über die portugiesischen Modezeitschriften stützen sich in erster Linie auf die Angaben des von der Biblioteca Nacional Lisboa 1991 veröffentlichten Katalogs mit dem Titel „A Moda em Portugal através da Imprensa, 1807–1991".[38] Weitere Informationen bietet das 2005 erschienene Buch „Imagens da mulher na imprensa feminina de oitocentos" von Ana Maria Costa Lopes.[39] Ein kleiner Band mit dem Titel „Um século de periódicos femininos: Arrolamento de periódicos entre 1807 e 1926" von Maria Ivone Leal erschien 1992 in der Serie „Cadernos Condição Feminina". Hier werden allerdings Zeitschriften, die sich ausschließlich mit Mode, Schnittmustern und Handarbeiten befassen, nicht aufgeführt.[40]

Im Jahr 1807 erschien in Lissabon der *Correio das Modas*. Das kleine Buch (14,5 ×9,2 cm) mit 80 Seiten soll zum Teil Erklärungen von Modebildern enthalten. Da es keine Fortsetzung gibt, kann man nicht von einer Zeitschrift sprechen (Costa Lopes 2005:693).

Der nächste Titel *O Toucador* von 1822 erreichte sieben Ausgaben. Ein Nachdruck erschien 1957.[41] Die 16-seitige Ausgabe im Format 17,8×11,5 cm trägt den Untertitel „Periodico sem Politica dedicado ás Senhoras Portuguezas." Die Themen dieser Frauenzeitschrift ohne Politik stammen aus den Bereichen Mode, Liebe, Ball- und Theaterveranstaltungen, Spiele und Spaziergänge, Verschiede-

---

[38] Rego, Manuela, Muckniz, Lúcia und Alves , Manuel (Hrsg.) (1991). A Moda em Portugal através da Imprensa (1807–1991). Lisboa: Biblioteca Nacional.

[39] Costa Lopes, Ana Maria (2005). Imagens da mulher na imprensa feminina de oitocentos. Quimera.

[40] Leal,Maria Ivone (1992). Um século de periódicos femininos: Arrolamento de periódicos entre 1807 e 1926. Lisboa.

[41] Garrett, João Baptista da Silva Leitão de Almeida (1957²). O Toucador. Lisboa: Portugália Ed.

nes. Die Modeberichte werden in drei Rubriken eingeteilt: 1. Modas, 2. Últimas Modas De Paris, 3. Uso De Lisboa. Die unter Punkt 1 ausgeführten allgemeinen Abhandlungen über Bekleidung sind mit etwa zwei Textseiten am ausführlichsten. Wenige Zeilen reichen für die Berichte aus Paris und Lissabon. Von der dritten Ausgabe an fällt den Herausgebern dann kaum noch etwas Neues ein. So heißt es lapidar: „Últimas Modas De Paris: Continuam as mesmas. Uso De Lisboa: Nada de novo." (Garrett 1957[2]:39)

Der nächste Versuch in Lissabon eine Zeitschrift für Frauen herzustellen fand 1823/24 statt. Sechs Ausgaben in unregelmäßigen Abständen gab es vom *Periodico das Damas*. Die beiden ersten Hefte enthielten ein Kolumne über Mode. Von 1835–1842 erschien *O Recreio* mit regelmäßigen Berichten über Mode und speziell Mode aus Paris. Außerdem enthielt das Familienjournal Abbildungen, zum Teil in Farbe (Rego, Muckniz 1991:12).

In den folgenden Jahren erschienen nach den Ausführungen im Vorwort zum Katalog „A Moda em Portugal através da Imprensa, 1807–1991" die folgenden Titel:

A Abelha 1836–1843
O Correio das Damas 1836–1852, Lisboa
O Jardim das Damas 1845–1849, Lisboa
O Mensageiro das Damas 1853, Lisboa 12 Ausgaben
O Mundo Elegante 1858–1860, Porto
O Jornal das Damas 1867–1879, Lisboa
A Moda Illustrada 1878–1893, Lisboa (Rego, Muckniz 1991:12/13).

Einige Ergänzungen zu den oben genannten Titeln kann man im gleichen Buch der Liste „Jornais e Revistas de Moda" entnehmen. (Rego, Muckniz 1991:127–151)

So erschien *A Abelha* mit dem Untertitel „Jornal de utilidade, instrução e recreio: em portuguez e francez." Schon vom zweiten Heft an lautete der Titel *L'Abeille* und war ganz in französischer Sprache verfasst. Die Kolumne mit dem Titel „Modes "erschien nur unregelmäßig (Rego, Muckniz 1991:127).

O Correio das Damas mit dem Untertitel „Jornal de Litteratura e de Modas" wird bei Maria Ivone Leal ausführlich behandelt. Während für die Jahre 1836–41 Mode ein wichtiges Thema war, das immer auf den ersten Seiten des Hefts behandelt wurde (Leal 1992:38), galt für Zeit von 1842–52 die Literatur als Schwerpunkt (Leal 1992:50).

3.8 Moda Illustrada, A Avenida, A Moda Portugueza

Der Versuch, der französischen, spanischen und italienischen Zeitschrift eine zeitgleich erschienene portugiesische Ausgabe gegenüber zu stellen, ist nicht gelungen. Dennoch sollen hier drei Zeitschriften vorgestellt werden, von denen jeweils ein Heft zur Verfügung stand.

> Anno 1875 Novembro
> *Moda illustrada*
> Brinde aos snrs. assignates da empreza o romance
> Escriptorio da Empreza editoria O Romance, Rua do Ouro 220, 1.°andar

Moda Illustrada mit dem Untertitel „Brinde aos assignantes da empreza O Romance" existiert in je einer Ausgabe vom Oktober und November 1875 in der portugiesischen Nationalbibliothek (BNP) in Lissabon. Der Untertitel besagt, dass es sich um eine Beilage oder ein Geschenk für die Abonnenten der Firma O Romance handelt. Die vorliegende Titelseite vom November zeigt die Abbildung einer jungen Frau im Ballkleid, eingerahmt von zwei Textspalten mit einem Modebericht aus Paris, der unter anderem die Beschreibung der Abbildung enthält. Auf der zweiten Seite wird der Brief zu Ende geführt und mit Cecile de Maugérand unterzeichnet. Im folgenden Kapitel werden drei Kleiderbeschreibungen wiedergegeben. Das Blatt enthält keine weiteren Ausführungen zum Thema Mode.

Abbildung 11: Moda Illustrada

A Avenida
Revista da moda
N.° 1 — 1.°anno
Domingo 14 de novembro 1886

Das nächste Exemplar trägt den Titel *A Avenida*, Revista da Moda. Es handelt sich um die erste Ausgabe vom 14. November 1886 und nach den Angaben des Katalogs „A Moda em Portugal através da Imprensa, 1807–1991" erschien die sechste und letze Ausgabe im Januar 1887.

Das achtseitige Blatt enthält außer der geschmückten Titelzeile keine Abbildungen. Das Thema Mode wird in zwei Artikeln abgehandelt. Einleitend berichtet ein Alberto Braga aus Sicht eines Mannes über die Frage, warum die Frauen die Mode so sehr schätzen. Es folgt unter der Überschrift „Monitor das damas" ein Brief aus Paris, in dem eine Joanna de Sampayo Stoffe, Farben und Kleidungsstücke der neuesten Mode beschreibt. Die hier zur Wiedergabe ausgewählten Abschnitte zeigen, dass französische Kleiderbezeichnungen kursiv gedruckt in den portugiesischen Text aufgenommen werden.

N.º 1   REVISTA DA MODA   **1.º anno**

Domingo 14 de novembro de 1886

Assignatura   **Annuncios**

Em Lisboa: 40 réis pagos no acto da entrega.
Pelo correio: trimestre, ou 13 numeros, 500 réis,
adiantadamente.

Nacionaes: 40 réis a linha, sem d[...]
Estrangeiros: 60 réis a linha, [...]
pecial com a administração.

EXPEDIENTE

A AVENIDA, revista da moda, sairá regularmente aos domingos, com oito paginas, pelo menos. O numero de paginas (para mais de oito) fica dependente das conveniencias da re[d]acção e da administração. As condições de praço não soffrem alteração, qualquer que venha a ser o numero de paginas da AVENIDA. Todos os vendedores de jornaes recebem pedidos para a AVENIDA. A administração não se obriga a publicar annuncios que não tenha recebido até ao meio dia de sexta-feira. Correspondencia dirigida, provisoriamente, aos editores da AVENIDA, 38, calçada do Combro — Lisboa.

A MODA

Uma vez, ao canto de um salão elegante, onde os homens mais espirituosos de Paris discutiam, em volta de uma meza, as qualidades da mulher, um d'elles perguntou:

—Porque gostam as mulheres tanto da moda?

Respondeu-lhe madame de Puisieux:

—E' porque a moda, meu caro duque, dá, em cada mez, ás mulheres, uma nova juventude.

A explicação da conceituosa madame de Puisieux foi applaudida Applaudamol-a nós tambem.

A *toilette* nas mulheres é uma especie de florescencia.

Reveste-se de flores a natureza uma vez em cada anno. Quando chega a primavera, e o ceu é azul e tepido e o ar, esmalta-se de verdura o prado, rebentam nas arvores as folhas, murmuram mais limpidas as aguas do ribeiro e matizam-se de flores os alegretes dos jardins. E até parece que aquella harmonia de côres, sobre a terra, se reune a harmonia dos gorgeios, no espaço!

Quanto mais bella e mais risonha seria a vida, se, em vez de haver uma primavera em cada anno, houvesse uma primavera em cada mez! Não teria a rosa as lamentações de Malherbe, se, na tarde do mesmo dia em que morreu a outra, uma nova rosa surgisse na haste, abrindo-se ás doces caricias do sol poente, como a da manhã se abrira aos beijos frescos da alvorada!

Ter todo o anno a primavera! Sempre um raio de sól tepido a alegrar a paisagem, uma madresilva em flor a guarnecer o peitoril da janella, as arvores vestidas de verdura, e no doce recesso da folhagem o gorgeio trinado de um rouxinol amoroso!

Quando os antigos estatuarios symbolisavam as estações do anno em fórmas humanas, representavam o inverno na figura triste de um velho tremulo e carrancudo, com a fronte pendida para a terra; e representavam a primavera na figura esbelta de uma mulher formosa, risonha, cheia de mocidade e coberta de flores, que lhe engrinaldavam os cabellos, lhe perfumavam os seios e lhe alastravam o chão em que pisava!

Ora, a *toilette* é a primavera das mulheres, como a primavera é a mocidade da natureza.

Bem pensou então madame de Puisieux quando disse que as mulheres gostam da moda, porque lhes dá em cada mez uma nova juventude.

Este jornal vem, pois, substituir nos *boudoirs* os elixires da eterna mocidade, trazendo-nos cada semana uma *corbeille* de flores, isto é, um artigo sobre *toilettes*, escripto pela mão delicada de uma gentil senhora, que vive em Paris.

Temos a honra de offerecer ás nossas leitoras o formoso ramo de lilazes que ella nos envia.

ALBERTO BRAGA.

MONITOR DAS DAMAS

Paris, 9 de Novembro.

E' difficil a tarefa que os srs. editores da *Avenida* me impõem. Elles desculpam-se com as exigencias das leit[or]as, mas eu não creio na verdade das desculpas, porque conheço de todos estes [...] de toda a os editores presentes e futuros. Escrever, semanalmente, uma longa carta (1.ª imposição) sobre assumpto [...], em que se dê noticia de todas as novidades em [...], em enfeites, em chapeus, etc., etc. (2.ª imposição), sem nada esquecer, sem nada omittir, sem nada ter por superfluo ou [...], é trabalho que demanda grande assiduidade [...] que estou residindo no centro de todas as operações da moda e que [...] ligeiras notas, tomadas n'um passeio de manhã, p[o]deriam ter-se assumpto para a tal carta estiradamente minuciosa que elles desejam propinar ás leitoras da *Avenida*; receio, porém, tornar-me monotona e massadora, em detrimento do precioso tempo de vv. ex.ªˢ

Os srs. editores tiveram uma idéa cru[el], uma id[e]a stoeci[s]iana, quando se lembraram do meu humilde nome, para o inclu[i]rem na lista da redacção. Publicassem, muito embora, a *Avenida*: uma [...] tranquilla com as minhas aguarellas. Pobres aguare[l]las! [...] cousas concorreram para os trabalhos em que me vejo. Cito, textualmente, a carta dos srs. editores:

«Como v. ex.ª se dedica á pintura, a sua collaboração torna-se preciosissima. O perfeito conhecimento das côres, dos suas harmonias, contrastes e effeitos, dará ás cartas de v. ex.ª um tom artistico, muito apreciavel.»

Depois. que é necessario escrever nas terças-feiras impreterivelmente. . que as cartas devem ir registadas que avise em telegramma se não poder escrever. (até o caso de morte foi previsto!) —que torne o jornal conhecido entre as senhoras da colonia portugueza . . Só lhes esqueceram encarregar-me de arranjar annuncios para a *Avenida!*

Exigentissimos, os srs. editores!

Agora, que desabafei com vv. ex.ªˢ, gentilissimas leitoras, com o

A Moda Portugueza
Publicação quinzenal
1 de Novembro n°7

Das letzte Beispiel, *A Moda Portugueza,* trägt kein Erscheinungsdatum auf der Titelseite. Während im Katalog der Nationalbibliothek (http://www.bnportu gal.pt) nur 18– als Jahresangabe zu finden ist, nennt der Ausstellungskatalog (Rego, Muckniz 1991:142) 15 Out. 18– e 1 Nov. 189-. Schließlich gibt Ana Maria Costa Lopes 1860 als Erscheinungsdatum an (Costa Lopes 2005:707).

So muss versucht werden aus dem Inhalt Schlüsse zu ziehen, die eine zeitliche Einordnung des Blattes ermöglichen. Das Titelblatt zeigt das Dreiviertelportrait einer junge Frau in taillenkurzer Jacke mit Revers, Knopfverschluss und Ballonärmeln. Die Bildunterschrift lautet „Corpete-Figaro, que deve ser executado em astrakan. Vide secção de moldes." Im Modebericht auf der folgenden Seite gibt es einen Hinweis auf eine Journal *Bordadeira e Moda Portugueza.* Drei folgende Seiten sind gefüllt mit kleinen Zeichnungen verschiedener Textilien, deren Beschreibungen und Hinweisen zu Stoffverbrauch und Schnittmusterbestellung. Weiterhin gibt es zwei Seiten zur Unterhaltung der Leserinnen (Secção recreativa) und eine Seite mit der verkleinerten Darstellung der Schnittmuster von drei Modellen (Secção de moldes).

Man könnte zuerst die auffallenden Ärmel des Titelmodells mit Hilfe der Kostümkunde zeitlich einordnen. Ingrid Loscheck (1994:106) schreibt dazu: „Um 1893–96 war die Beliebtheit der extrem großen Oberarmpuffe, Ballon- Ä. genannt [...], sowie neuerlich umfangreicher Keulen- Ä. auf dem Höhepunkt." Die erwähnte Zeitschrift *Bordadeira e Moda Portugueza* lässt sich durch bibliografische Angaben auf 1897–99 datieren. (Rego, Muckniz 1991:130)

Für *A Moda Portugueza* kann also auch ein Erscheinungsdatum bis 1899 angenommen werden. Damit liegen die portugiesischen Quellen 5–30 Jahre von dem gewünschten Zeitraum entfernt. Außerdem kann der Umfang und die Qualität der Illustrationen nicht mit den französischen, italienischen und spanischen Exemplaren verglichen werden. Dennoch sollen die portugiesischen Textbeispiele nicht unberücksichtigt bleiben. Da sie sich nicht in die im nächsten Kapitel vorgestellte Ordnung einfügen lassen, werden sie unter Punkt 4.5 getrennt aufgeführt und in die Auswertung im 6. Kapitel einbezogen.

Abbildung 13: A Moda Portugueza

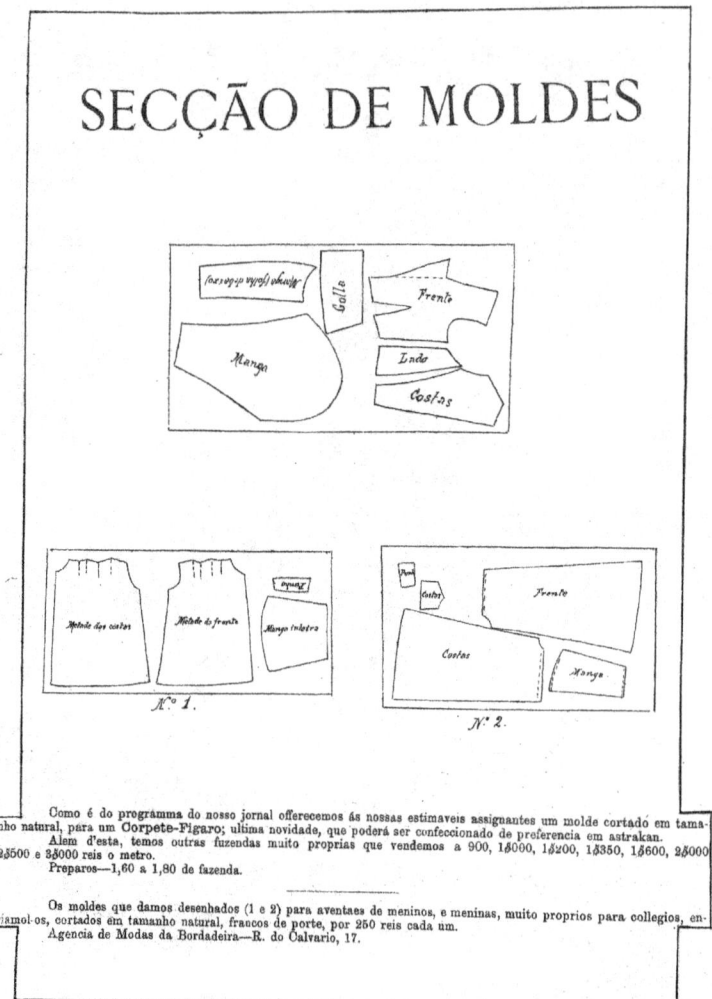

Abbildung 14: Secção de Moldes

4 Bezeichnung von Kleidung in den Modejournalen

Historische Modezeitschriften sind ein beliebtes Sammelobjekt. Bei der Auswahl fällt der Blick sicher zuerst auf die kunstvollen Abbildungen in den Heften. In dieser Arbeit wird der umgekehrte Weg gewählt. Ausgehend von der französischen Quelle werden Textstellen ausgesucht, die Modefachbegriffe enthalten, und die Abbildungen werden zur deren Klärung herangezogen.

In den etwa einhundert untersuchten Heften von *La Mode Illustrée* aus den Jahren 1869/1870 finden sich Beispiele für die angemessene Kleidung zu allen Gelegenheiten im Leben einer Frau. In jedem Heft steht ein anderer Themenbereich im Mittelpunkt. Sportkleidung zum Schwimmen, Eislaufen und Reiten wird je einmal vorgestellt. Tageskleider, Abendroben, wärmende Jacken und Mäntel nehmen den größten Raum ein. Unterwäsche und Korsetts werden zwar im Bild dargestellt und mit einer Bezeichnung untertitelt, für die Beschreibung und Nähanleitung wird jedoch immer auf die Schnittmusterbeilage verwiesen, die bei dieser Quelle nicht vorlag.

Die Seitengestaltung des Modejournals bringt die Bilder besonders zur Geltung. Die zwischen den Abbildungen angeordneten Modekommentare und Arbeitsanleitungen lassen sich nur mit Mühe zuordnen. Einerseits werden Modeneuigkeiten geschildert, die gar nicht im Zusammenhang mit den Abbildungen stehen, andererseits befinden sich Text und Bild oft auf verschiedenen Seiten. Dennoch ist es möglich an Hand des Journals Bezeichnung und Beschaffenheit einer kompletten Damengarderobe aus der zweiten Hälfte des 19. Jahrhunderts zu ermitteln. Auszüge aus den spanischen und italienischen Heften, die ähnliche oder identische Kleidungsstücke beschreiben, werden den französischen Begriffen zugeordnet.

Bei den entsprechenden Artikeln aus der spanischen Zeitschrift *La Moda Elegante Ilustrada* handelt es sich oft um wörtliche Übersetzungen des französischen Vorbildes (siehe Kapitel 3.6). Mit der italienischen Zeitschrift *Il Mondo elegante* gibt gibt es keine vollkommene Übereinstimmung in Bild und Text. Die Ähnlichkeit der abgebildeten und beschriebenen Mode ist jedoch so groß, dass vielfach die Zuordnung eines entsprechenden Abschnitts möglich ist. Im Unterschied dazu eignen sich die portugiesischen Quellen nicht für eine solche

Gegenüberstellung (siehe Kapitel 3.7). Sie werden daher im Kapitel 4.5 gesondert aufgeführt.

In den Kapiteln 4.1 bis 4.4 werden Kleidungsstücke der Ober- und Unterbekleidung mit Bild und Text vorgestellt. Schuhe, Strümpfe, Kopfbedeckungen und einige Accessoires konnten nicht berücksichtigt werden. Die Übersetzung der Fachbegriffe erfolgt im Wesentlichen mit Hilfe von Wörterbüchern aus dem 19. Jahrhundert.

Im fünften Kapitel folgen dann die etymologische Untersuchung der französischen Lemmata und der Vergleich mit dem Wortschatz der italienischen, spanischen und portugiesischen Sprache. Dabei ist natürlich die deutsche Modeterminologie Grundlage der Ausführungen und in einigen Fällen ist ein Blick in die englische Modesprache notwendig.

4.1 Mantel, Umhang und Jacke

Kleidungsstücke, die außerhalb des Hauses Schutz vor der Witterung bieten sollen, werden im Begleittext von *La Mode Illustrée, La Moda Elegante Ilustrada, Il Mondo Elegante*[42] folgendermaßen beschrieben:

Pardessus

> **Fr** „Nos abonnées recevront prochainement les patrons de ces pardessus. Je leur signale d'avance, pour être fait en cachemire noir la casaque *mi-ajustée*, le mantelet *Anna Bolena*, le paletot *Valentine*." (LMI 1869: 134)

> Unsere Abonnenten werden demnächst die Schnittmuster dieser Überzieher erhalten. Ich kündige ihnen im Voraus die halb taillierte Jacke aus schwarzem Kaschmir, den Kurzmantel *Anna Bolena* und das Paletot *Valentine* an.

---

[42] Der Titel *La Mode Illustrée* wird in den folgenden Zitaten LMI abgekürzt, der Titel *La Moda Elegante Ilustrada* LMEI und *Il Mondo Elegante* IME. Die Texte werden zusätzlich mit dem Anfangsbuchstaben der jeweiligen Sprache gekennzeichnet.

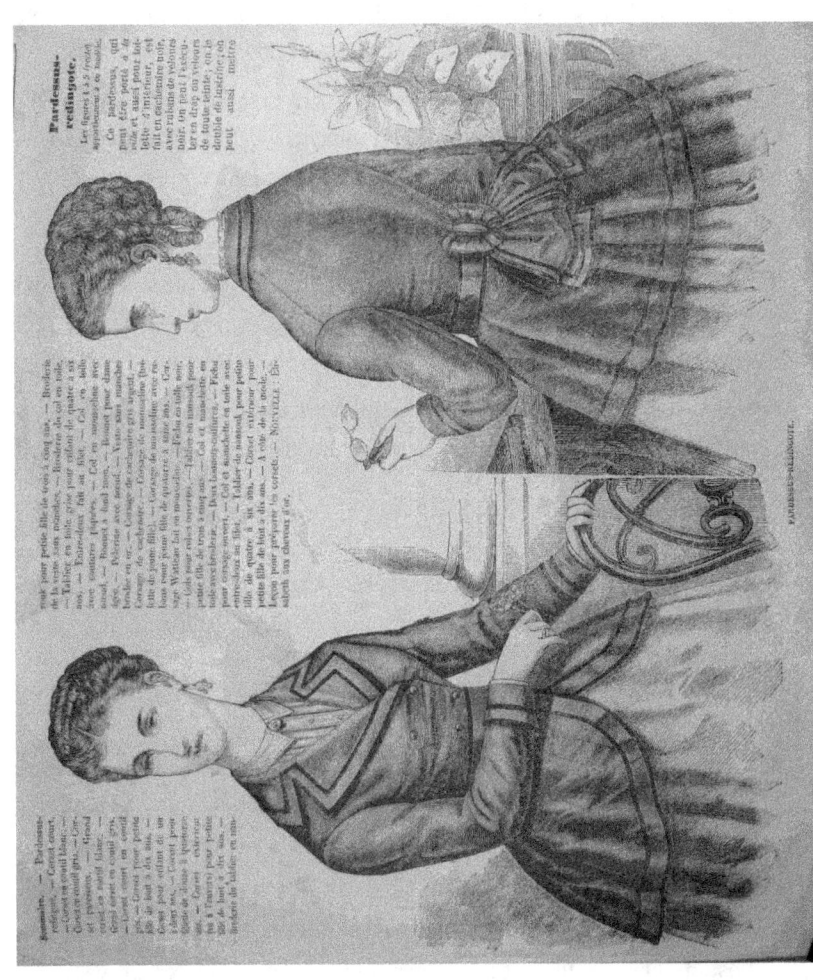

Abbildung 15: Pardessus-Redingote

Pardesús

Sp „Nuestras suscritoras recibirán muy en breve los patrones de estos pardesús. Entre ellos vendrán los de la levita *semi-ajustada*, la manteleta *Ana Bolena*, y el paletot *Valentina*." (LMEI 1869: 136)

Unsere Abonnenten werden demnächst die Schnittmuster dieser Überzieher erhalten. Darunter die (Schnittmuster) des halb taillierten Überziehers, des Kurzmantels *Anna Bolena* und des Paletots *Valentine*.

Pardessus-Redingote

Fr „Ce pardessus, qui peut être porté *à la ville* et aussi pour toilette d'intérieure, est fait en cachemire noir, avec rubans de velours noir." (LMI 1869: 353)

Sp „Este pardesús, que puede llevarse tanto fuera como dentro de casa, está hecho de cachemira negra, con cintas de terciopelo negro." (LMEI 1869: 345)

Reitrock

Dieser Überzieher, der in der Stadt ebenso wie im Haus getragen werden kann, ist aus schwarzem Kaschmir angefertigt, mit Bändern aus schwarzem Samt.

Vestiario da cavalcare

It „Vita accollata con rivolta e faldine pel vestiario da cavalcare. Il vestiario è fatto di panno fino azzurro guarnito d'un' orlatura di raso dello stesso colore, larga 3 centimetri ai i margini della rivolta del bavero e delle faldine." (IME 1869: 206)

Hochgeschlossenes Oberteil mit Revers und Rockschößen für das Reitkostüm. Das Kostüm ist aus feinem blauem Tuch angefertigt, verziert an den Kanten des Kragenumschlags und der Rockschöße mit einer gleichfarbigen 3 Zentimeter breiten Einfassung aus Satin.

Abbildung 16: Paletot

Paletot

Fr „Le paletot est légèrement ouaté, piqué, doublé en lustrine[43] bleu; boutons dorés; bouclettes en cordon d'or; sur le bord inférieur une frange angora." (LMI 1869:11)

Sp „El paletot va lijeramente entretelado de algodon, pespunteado, forrado de lustrina azul; botones dorados; presillas de cordon de oro; en el borde inferior un fleco angora." (LMEI 1869:26)

Der Paletot ist leicht wattiert, gesteppt und mit blauer Glanzseide gefüttert; vergoldete Knöpfe; Schlaufen aus Goldkordel; an der unteren Kante Fransen aus Angora.

Paltò

It „Paltò con mostreggiature a scialle. Il paltò di reps nero di seta, aperto a tutte le cuciture, è guarnito di nastro di velluto nero largo 2 centimetri, filettato da una sola banda di raso dello stesso colore." (IME 1870: 227)

Paletot mit Schalkragen. Der Paletot aus schwarzem Seidenrips, mit Schlitzen an allen Nähten, ist mit einem 2 Zentimeter breiten Samtband verziert, das mit einem Satinband der gleichen Farbe eingefasst ist.

Casaque

Fr „Casaque en velours noir à laquelle se trouve adapté un gilet Louis XIV, en reps de soie noir avec broderie en soie noire. Sur le devant du corsage, une aiguillette en dentelle de Bruges blanche. La casaque est bordée d'un biais de reps. Poches, poignets et revers en même reps noir." (LMI 1870: 353).

Jacke aus schwarzem Samt, verbunden mit einer Weste im Stil Louis XIV., aus schwarzem Seidenrips mit schwarzer Seidenstickerei. Auf dem vorderen Oberteil ein Nestel aus weißer Brüsseler Spitze. Taschen, Ärmelaufschläge und Revers aus dem gleichen schwarzen Rips.

---

[43] „Tissu de soie ou de coton d'aspect brillant utilisé pour la doublure des vêtements." (Leloir 1951: 246).

Sp „Paletó de terciopelo negro con adornos de gro tambien negro. Chaleco de gro negro bordado al pasado con seda del mismo color. En el escote del chaleco, de forma de corazon, se pone una guarnicon de encaje blanco. Por delante, en el remate del escote, se fija una roseta de encaje, de la cual sale una banda que va fijada en el delantro de la derecha del paletó, siguiendo las indicaciones del dibujo." (LMEI 1871: 65)

Paletot aus schwarzem Samt mit Verzierungen aus ebenfalls schwarzem Seidenstoff[44]. Weste aus schwarzem Seidenstoff, soweit herausreichend, bestickt mit gleichfarbiger Seide. Am herzförmigen Ausschnitt der Weste wird eine Verzierung aus weißer Spitze angebracht. Vorn, am Abschluss des Ausschnitts befestigt man eine Spitzenrosette, von der ein Band ausgeht, das am rechten Vorderteil des Paletots befestigt wird, den Hinweisen der Abbildung folgend.

Hier ist die Abbildung, die im französischen Heft vom 6.11.1870 unter dem Titel „Casaque en velours noir, de chez Mme Fladry"erschienen ist, in der spanischen Zeitschrift vom 6.3.1871 mit dem Titel „Traje de paseo" und abweichendem Begleittext abgedruckt worden.

Casacchino

It „Casacchino con scollatura a cuore. L'elegante casacchino può farsi della stoffa stessa dell'abito, ovvero di velluto d'un colore a piacimento. - Si fodera di seta e si cuce insieme, secondo le indicazioni dei modelli n° 6 a 9, ornandolo in ultimo di una guarnizione di guipure o frivolita, o di un galoncino ricamato allo foggia turchesca. - Si serra sul dinanzi per mezzo d'occhielli e di bottoni con una fusciacca di nastro di velluto e di raso all'affibiatura." (IME 1869: 340)

Jacke mit herzförmigem Ausschnitt. Die elegante Jacke kann aus dem gleichen Stoff wie das Kleid angefertigt werden oder aus Samt in einer beliebigen Farbe. - Sie wird mit Seide gefüttert und zusammengenäht

---

[44] „Gró, Grodetúr, *sm. H.* Gros De Tours *m.* Art starker Seidenzeug." (Teubner 1881: 586) und „...Gros, ein dichtes, schweres, geripptes oder feinkörniges Seiden- oder Halbseidengewebe in Taft- oder Ripsbindung mit zwei- oder dreifädiger Kette und mehrfachem Schuß." (Loschek 1994:433)

nach den Angaben der Modelle 6 bis 9 und man schmückt sie zuletzt mit einer Verzierung aus Guipure-Spitze oder Frivolitäten-Arbeit oder mit einer nach türkischer Art besticken Borte. - Sie wird vorne durch Kopflöcher und Knöpfe geschlossen, mit einer Schärpe aus Samt- und Satinband am Verschluss.

Abbildung 17: Casaque

Châle

Fr „Costume fait avec un châle de cachemire noir. On fait ce costume avec un châle carré ayant quatre pointes brodées. Dans le cas plus général, où ce châle n'aurait qu'une pointe brodée, on la réservera pour le mantelet." (LMI 1869: 177)

Sp „Vestido hecho con un chal de cachemira negra. Se hace con un chal cuadrado que tenga cuatro puntas bordadas. En el caso mas general, de que este chal no tenga sino una punta bordada, se la reservará para la manteleta." (LMEI 1869: 185)

Kostüm mit Schultertuch aus schwarzem Kaschmir. Man fertigt dieses Kostüm mit einem quadratischen Tuch an, das vier bestickte Spitzen aufweist. Im Allgemeinen, wenn das Tuch nur eine bestickte Spitze hätte, würde man diese für den Kurzmantel auswählen.

It „Scialle di casimiro con ricami. Lo scialle di casimiro nero è arrotondato agli angoli a festoni alti 12 centimetri e larghi 26 centimetri ed ornato di ricami di vari colori sino all'altezza di 50 centimetri. - Una frangia di seta nera con un galloncino turco intornia dappertutto i margini di festoni." (IME 1870: 180)

Schultertuch aus Kaschmir mit Stickerei. Das Schultertuch aus schwarzem Kaschmir ist an den Ecken durch Bögen abgerundet, die 12 Zentimeter hoch und 26 Zentimeter breit sind, und es ist verziert mit Stickereien in verschiedenen Farben bis zu einer Höhe von 50 Zentimetern. - Fransen aus schwarzer Seide und eine türkische Borte umgeben überall die Ränder der Bögen.

Manteau

Fr „Manteau d'été pour dame âgée." (LMI 1870: 180)

Sp „Capa de verano para señora mayor." (LMEI 1870: 188)

Sommermantel für ältere Dame.

Fr „Petit manteau en cachemire blanc, garni d'une ruche de taffetas bleu, bornée d'une etroite dentelle noire." (LMI 1870: 393)

Kleiner Mantel aus weißem Kaschmir, verziert mit einer Rüsche aus blauem Taft, eingefasst von einer schmalen schwarzen Spitze.

It „Mantello con cappuccio." (IME 1869: 332)

Mantel mit Kapuze.

Abbildung 18: Manteau

Mantelet

Fr „Mantelet pour dame âgée." (LMI 1869: 403)

Sp „Mantelet(a)[45] para señora de edad." (LMEI 1870: 3)

Kurzmantel für ältere Dame.

Fr „Mantelet fait avec un chale carré (sans le couper)." (LMI 1869: 211)

Sp „Manteleta hecha con un chal cuadrado (sin cortarlo)." (LMEI 1869: 211)

Kleiner Mantel, angefertigt aus einem rechteckigen Tuch (ohne es zu zerschneiden).

It „Vestiario Madelaine con mantelletto a fisciù." (IME 1869: 206)

Kostüm Madelaine mit Kurzmantel mit Schultertuch.

---

[45] Wahrscheinlich ein Druckfehler, denn im Inhaltsverzeichnis auf Seite 1 des gleichen Hefts steht „manteleta".

Abbildung 19: Mantelet

Talma

    Fr „Talma en cachemire gris. Ce talma, fait en cachemire gris très-clair, est garni d'un volant coupé en biais ayant 11 centimètres de hauteur, et de biais en satin blanc, passementerie en soie blanche." (LMI 1870:18)

    Sp „Talma de cachemira gris. Este talma, hecho de cachemira gris muy claro, se guarnece con un volante cortado al sesgo de 11 centímetros de alto, y con bieses de raso blanco; pasamanería de seda blanca." (LMEI 1870:35)

    Talma aus grauem Kaschmir. Dieser Talma aus sehr hellem grauem Kaschmir ist mit einem schräg geschnittenen, 11 Zentimeter breiten Volant besetzt, mit Schrägstreifen aus weißem Satin und mit Borten aus weißer Seide.

    It „Talma di stoffa listata. La talma è tagliata in modo che le liste vadano di dietro ad incontrarsi ad angolo, come scorgesi dalla figura. - Lo svolazzo, alto 12 a 15 centimetri, disposto a sghembo ed orlato di velluto nero, termina alla cima in un' increspatura della stessa stoffa. - La medesima orlatura di velluto si ripete al lembo del cappuccio, guarnito di una fusciacca di velluto." (IME 1870:350)

    Talma aus gestreiftem Stoff. Der Talma ist so zugeschnitten, dass die Streifen nach hinten laufen und dort rechtwinklig zusammentreffen, wie aus der Abbildung hervorgeht. Der Volant von 12 bis 15 Zentimetern Höhe, schräg angebracht und mit schwarzem Samt eingefasst, endet oben in einer Kräuselung aus dem gleichen Stoff. Die gleiche Einfassung aus Samt wiederholt sich am Rand der Kapuze, welche mit einer breiten Samtschleife verziert ist.

Der Begriff *manteau* wird stets durch einen Zusatz ergänzt. Weitere Variationen in der Bezeichnung dieser lockeren Mantelformen sind *mantelet* und *talma*. *Talma*[46] ist ein am Hals geschlossenes, hüftlanges Cape, das den Armen wenig Bewegungsfreiheit lässt. Ein *mantelet* hingegen ist seitlich so kurz, dass es nur die Oberarme bedeckt.

---

[46] Benannt nach dem französischen Schauspieler Joseph François Talma (1763-1826).

Abbildung 20: Talma

Water-Proof

Fr „Water-Proof garni de caoutchouc." (LMI 1870:106)

Sp „Water-Pruf o impermeable guarnecido de cautchuc." (LMEI 1870:122)

Gummierter Regenmantel.

Fr „Tous les ans, à cette époque, on me presse de demandes au sujet des *nouveaux* patrons de waterproof. On ignore, paraît-il, que le water-proof n'est pas un vêtement, soumis, en cette qualité, aux changements de la mode; c'est une enveloppe,-rien de plus,-un abri ambulant au même titre que le parapluie..." (LMI 1870:283)

Jedes Jahr um diese Zeit bedrängt man mich mit Anfragen nach neuen Schnittmustern für Regenmäntel. Man scheint nicht zu wissen, dass der Regenmantel in dieser Eigenschaft kein dem Wechsel der Mode unterworfenes Kleidungsstück ist; er ist eine Umhüllung und nicht mehr, ein beweglicher Schutz wie der Regenschirm.

Sp „Los watter-proof, no han cambiado, ni pueden cambiar de forma, por estar solo destinados á cubrir el traje en totalidad, llevándose come el año anterior; solamente puede añadirse, según los últimos modelos, un volantito rizado, de la misma tela, al borde del impermeable y en lugar de pelerina una capuchita." (LMEI 1869: 328)

Die Regenmäntel haben sich nicht verändert und können die Form nicht ändern, da sie nur dazu bestimmt sind die Kleidung vollkommen zu bedecken, man trägt sie wie im Vorjahr; nur kann man nach den neuesten Modellen einen gekräuselten Volant aus dem gleichen Stoff am Saum des Regenmantels und anstelle einer Pelerine eine Kapuze hinzufügen.

Pastrano

It „Il pastrano rimane sciolto, ovvero si affibbia dinanzi o di dietro con una cintola. Al lembo inferiore si guarnice delle volte con un svolazzo." (IME 1869: Heft 35. Titelseite)

Der Regenmantel verbleibt lose, oder er wird vorne oder hinten mit einem Gürtel zusammengehalten. Am unteren Rand wird er manchmal mit einem Volant verziert.

It „Mantello lungo con pellegrina di stoffa scozzese (Waterproof)." (IME 1869:421)

Langer Mantel aus Schottenstoff (Regenmantel).

Für alle hier genannten Kleidungsstücke gilt, dass sie kürzer sind, als die darunter getragenen Röcke. Der Regenmantel ist entsprechend seiner Funktion am längsten, verfügt aber im Inneren über eine Vorrichtung, die eine Drapierung und damit eine Verkürzung ermöglicht.

Abbildung 21: Water-Proof

4.2 Oberbekleidung

Kleidung, die aus mehreren Einzelteilen zusammengestellt ist, wird im Französischen als *robe, costume* oder *toilette* bezeichnet. Der Begriff wird immer mit einer Ergänzung verbunden, die entweder die Person, für die es bestimmt ist oder den Anlass, zu dem es getragen werden soll, näher bezeichnet. Als Ergänzung zu *robe* kann auch eine Materialbezeichnung[47] gewählt werden. Ein Kleid wird aus mehreren Einzelteilen kombiniert: Das Oberteil bildet eine eng anliegende Bluse (*corsage*), je nach Anlass hochgeschlossen oder dekolletiert. Darüber kann ein großer Kragen (*Berthe*) oder ein Tuch (*fichu*) getragen werden. Ein Spitzen- oder Krageneinsatz (*chemisette*), eine Pelerine (*pèlerine*) oder breite Träger (*bretelles*) ermöglichen weitere Variationen. Der Rock besteht aus zwei sichtbaren Elementen. Der Unterrock (*jupon*) schaut mehr oder weniger unter dem Oberrock (*tunique*) hervor. Zur Betonung der Rückseite kann ein Gürtel mit Rockschoß *(ceinture à basques)* umgelegt werden. Wenn die Ausstattung *costume* oder *toilette* bezeichnet wird, gehört meist ein Umhang oder eine Jacke und immer ein Hut dazu. Beides sind Zusammenstellungen von passenden Kleidungsstücken. *Costume* wird eher zur Bezeichnung von Tageskleidung verwendet, *toilette* für eine festliche Ausstattung.

Bei der Übersetzung der folgenden Modekommentare besteht die Schwierigkeit, dass einige Begriffe auch im Deutschen existieren, jedoch unterschiedliche Bedeutung haben. Während das deutsche Wort *Kostüm* - abgesehen von der Bedeutung Verkleidung - nur für die Bezeichnung von Rock und Jacke aus gleichem Stoff für Damen verwendet wird, kann man mit dem französischen Wort *costume* auch Herren oder Sportanzüge bezeichnen, jedoch dem Damenkostüm im heutigen Sinne entspricht das Wort *tailleur*.[48]

---

[47] Materialbezeichnungen werden oft nach dem Rohstoff (crin), nach der Herkunft (satin) oder nach der Herstellungsmethode (tricot) gewählt.

[48] Der Bedeutungswandel einzelner Wörter in verschiedenen Sprachen wird im 5. Kapitel untersucht.

Costume

Fr „Costume pour jeune garçon de quatorze à seize ans." (LMI 1869: 75).

Sp „Vestido para señorito de 14 á 16 años." (LMEI 1869: 100)

Anzug für einen vierzehn- bis sechzehnjährigen Jungen.

It „Vestiario per ragazzi di 11 a 13 anni." (IME 1869: 341)

Anzug für elf- bis dreizehnjährige Jungen.

Fr „Costume de voyage." (LMI 1870: 180)

Sp „Traje de viaje." (LMEI 1870: 188)

Reisekostüm

Abbildung 22: Costume pour garcon

Fr „Costumes d'hiver (Patinage). Costume hongrois. Pantalon, robe courte et paletot en velours anglais noir, garni de petit-gris. Le pantalon froncé se rattache à une petite bande qui le maintient un peu au-dessus de la cheville. Chapeau rond en velours noir, garni de plumes noires. Gants en peau de daim, doublés et garnis der fourrure. Bottes bordées de fourrure." (LMI 1869:41).

Sp „–Trage húngaro.– Pantalon, trage corto y paletot de terciopelo inglés negro, guarnecido de piel de ardilla. El pantalon fruncido vá pegado á una tira que lo sujeta un poco encima del tobillo. Sombrero redondo de terciopelo negro, guarnecido con plumas negras. Guantes de piel de gamo, forrados y guarnicidos de pieles. Botas rizadas de pieles." (LMEI 1869:66)

Winterkleidung (Schlittschuhlauf). Ungarisches Kostüm. Lange Hose, kurzes Kleid und Paletot aus schwarzem englischem Samt, verziert mit russischem Eichhörnchenfell. Die geraffte lange Hose wird mit einem kleinen Band wieder zusammengebunden so dass sie etwas oberhalb des Knöchels hält. Runder Hut aus schwarzem Samt, verziert mit schwarzen Federn. Handschuhe aus Hirschleder, gefüttert und mit Pelz verziert. Stiefel mit Pelz eingefasst (Abbildungen 5/6).

Fr „Costume de printemps. Ce costume ce compose d'un jupon de cachemire noir, à bord dentelé, liséré en satin. Sous ce bord se trouve une bande de satin noir, posée de façon à former une sorte de pli entre chaque courbe. Casaque ajustée en même cachemire, ou bien (à volonté) corsage montant, et robe courte, garnie comme le jupon. Sur le corsage, bretelles assorties à la garniture. La robe courte est attachée à une ceinture de cachemire; par-dessus cette ceinture on en met une en satin noir." (LMI 1869: 97).

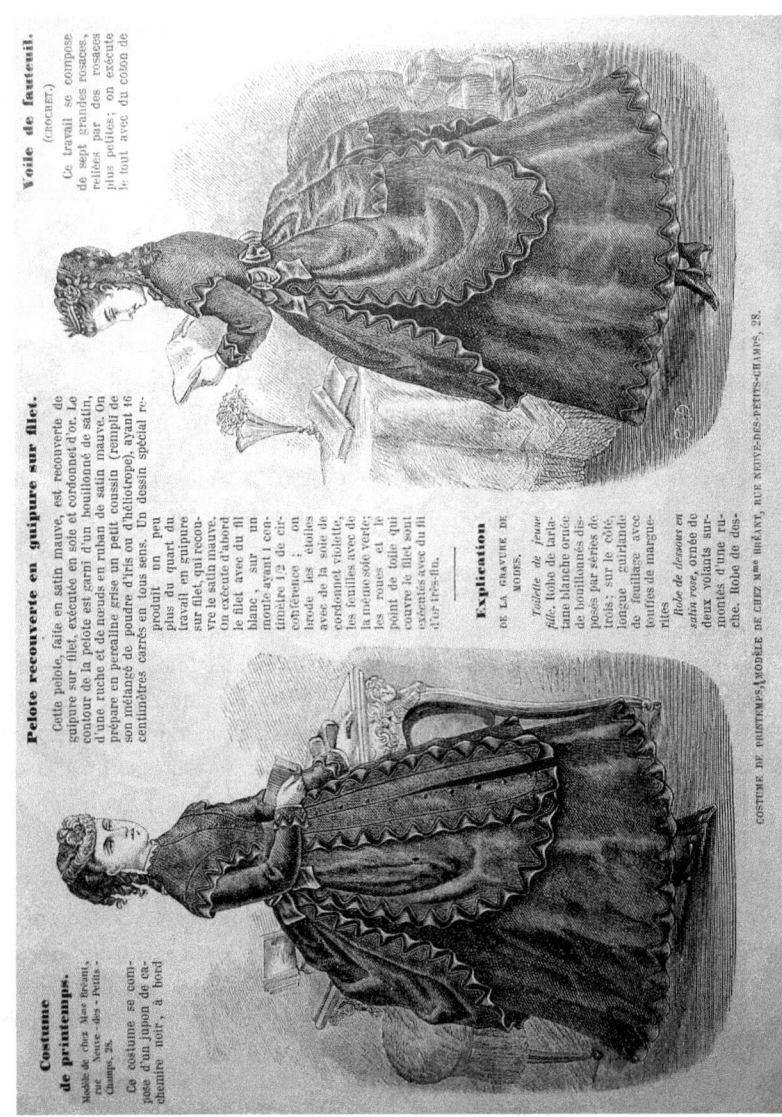

Abbildung 23: Costume de printemps

Sp „Vestido corto para Primavera. Este vestido se compone de un guardapiés de cachemira negra, borde dentado, con vivos de raso. Debajo de este borde va una tira de raso negro, puesta de modo que forme una especie de pliegue entra cada curva. – Levita ajustada de la misma cachemira, ó bien, si se quiere, corpiño montante y trage corto, guarnecido come el guardapiés. Sobre el corpiño, tirantes correspondientes á la guarnicion. El trage corto va unido á un cinturon de cachemira. Por encima de este cinturon se pone otro de raso negro." (LMEI 1869:105)

Frühjahrskleidung. Dieses Kostüm besteht aus einem schwarzen Kaschmirunterrock, der am Rand gezackt und mit einer Satinborte eingefasst ist. Unter diesem Rand befindet sich ein schwarzes Satinband, das so angebracht ist, dass es eine Art Falte in jedem Bogen bildet. Taillierte Jacke aus dem gleichen Kaschmir, oder (nach Wunsch) hochgeschlossenes Oberteil und kurzer Rock[49], verziert wie der Unterrock. Auf dem Oberteil Träger im gleichen Stil. Der kurze Rock ist an einem Kaschmirgürtel befestigt, über diesem Gürtel trägt man einen weiteren aus schwarzem Satin.

It *„Abbigliamento per la passeggiata con paltò attillato.* - La prima gonnella di stoffa *écru* a righe gialle è intagliata al fondo a festoni orlati di velluto, sotto ai quali è assicurato un falpalà pieghettato, alto 20 centimetri. La seconda gonnella ed il paltò sono guarniti ambedue di sghembi di velluto, e l'ultimo anche di liste pieghettate al margine inferiore ed all'estremità delle maniche. -Grandi bottoni di velluto serrano il paltò sul dinanzi.- Cappello bruno di paglia guarnito di velluto, pizzi, piume e balza." (IME 1870: Num. 24)

Kleidung für den Spaziergang mit anliegendem Paletot. Der erste Rock aus naturfarbenem Stoff mit gelben Streifen ist am unteren Ende bogenförmig eingeschnitten und mit Samt eingefasst, darunter befestigt ist ein gefälteter Falbel, 20 Zentimeter hoch. Der zweite Rock und der Paletot sind beide mit Schrägstreifen aus Samt verziert und der letztere auch noch mit gefälteten Stoffstreifen am Saum und am Ende der Ärmel. - Große Samtknöpfe schließen den Paletot auf der Vorderseite. - Brauner Strohhut, verziert mit Samt, Spitzen, Federn und Stoffband.

---

[49] Robe kann hier nicht mit Kleid übersetzt werden, weil aus dem Text hervorgeht, dass nur der Rock gemeint ist.

Abbildung 24: Toilette

Toilette

Fr „Toilette de chez Mme Fladry. *Robe en faye violette* avec volant surmonté de petites coquilles; au-dessus se trouvent encore trois rangées de mêmes coquilles; casaque ajustée et drapée en faye noire, garnie de franges.

Robe en foulard écru; grand volant et coquilles; sur le devant même, coquilles disposées en biais; pardessus pareil avec pouff.

Robe de faye nuance caroubier *foncée*; casaque ajustée en faye noire, avec frange et cocardes en ruban de satin noir.

Robe de dessous en taffetas gris à volants; robe de dessus en linos gris, avec pardessus pareil, garni de biais gris et de coques en ruban de satin.

Jupon à rayures écossaises avec volant; pardessus en taffetas écru." (LMI 1869:129)

Sp „Explicacion del grabado de modas. *Trage de faya violeta* con volante, sobre el que van puestas conchas pequeñas; mas arriba se encuentran otras tres filas de conchas como las anteriores; levita ajustada y drapeada, de faya negra, guarnecida con flecos.

Trage de fulard crudo; gran volante y conchas; sobre el delantero mismo, conchas dispuestas al sesgo, pardesús igual con *puff.*

Trage de faya color de algarrobo oscuro; levita ajustada de faya negra, con fleco y escarapela de cinta de raso negro.

Trage de debajo de tafetan gris con volante: trage de encima de linós gris, con pardesús igual, guarnecido de bieses gris y cocas de cinta de raso.

Guardapiés á listas escocesas con volante; pardesús de tafetan crudo." (LMEI 1869:145)

Kleidung von Mme Fladry. (LMI) / Erläuterung der Mode-Gravur. (LMEI)

Kleid aus violettem Seidenrips mit Volant überragt von kleinen Muscheln, darüber befinden sich noch drei Reihen der gleichen Muscheln;

taillierte und drapierte Jacke aus schwarzem Seidenrips, mit Fransen verziert.

Kleid aus naturfarbener Foulard-Seide[50], großer Volant und Muscheln, auf dem Vorderteil ebenso, diagonal angebrachte Muscheln, gleiche Jacke mit Puff.

Kleid aus Seidenrips in einem dunklen Farbton des Johannisbeerbrotbaums, auf Taille gearbeitete Jacke aus schwarzem Seidenrips, mit Fransen und Kokarden aus schwarzem Satinband.

Unterrock aus grauem Taft mit Volants, Oberrock aus grauem Linos[51], mit gleicher Jacke, verziert mit grauen Schrägstreifen und Schlaufen aus Satinband.

Unterrock mit Schottenstreifen und Volant, Jacke aus naturfarbenem Taft.

Fr „Toilettes de bal de chez Mme Fladry." (LMI 1869: 20)

Ballkleider von Mme Fladry.

Sp „Vestidos de baile y de soirées." (LMEI 1869: 20)

Ball- und Abendkleider.

It „Abito da ballo a tablier. La porzione visibile della gonnella di garza listata di seta è disposta a forn(m)a di grembiale ed ornata di svolazzi e ghirlandine di fiori. La lunga tunica a strascico è fatta di taffetà con un largo svolazzo al margine esterno." (IME 1870: Num. 8)

Ballkleid mit Schürze. Der sichtbare Teil des Rocks aus gestreifter Seidengaze ist schürzenförmig angebracht und mit Volants und Blumengirlanden geschmückt. Die lange Tunika mit Schleppe ist aus Taft angefertigt mit einem breiten Volant am äußeren Rand.

---

[50] Foulard, (frz.), weicher, dünner, bedruckter Seiden-St. in Köper- oder Atlasbindung (Loschek 1994:433).

[51] Diese Stoffbezeichnung ist nicht verbreitet. Im Spanischen bezeichnet *lino* sowohl den Flachs als auch einen Leinenstoff. Möglicherweise handelt es sich um eine Variante von *Linon*.

Robe

Fr „Toilette de chez Mme Fladry. Robe de dessous en foulard gris, garnie de trois volants surmontés chacun par un biais; sur chaque côté de ce biais ce trouve une très petite frange grise, mélangée de houppes violettes. Tunique courte, corsage à pointe ouvert en carré, et manches larges en crêpe de Chine gris. La garniture se compose d'un volant à gros plis et du biais bordé de frange à houppes violettes; ce biais borde l'échancrure du corsage. Chemisette montante en mousseline blanche plissée; sous-manches larges en même mousseline.

Robe en cachemire brun, avec seconde jupe en même cachemire, drapée de chaque côté. La robe de dessous est garnie d'un volant liséré en satin brun clair, avec *tête* et biais en même satin; le corsage montant est à basques plissées, doublées de satin brun clair; même doublure à la ruche qui garnit les entournures; les gros bouton sont recouverts en satin brun clair." (LMI 1870:345).

Kleidung von Mme Fladry. Unterrock aus grauem Seidenstoff, verziert mit drei Volants über welchen sich ein Schrägstreifen befindet; auf jeder Seite dieses Schrägstreifens befindet sich eine sehr kleine graue Fransenborte, gemischt mit violetten Quasten. Kurze Tunika, Oberteil mit rechteckigem Ausschnitt, und weite Ärmel aus grauem Crêpe de Chine. Die Verzierung besteht aus einem Volant mit breiten Falten und einem Schrägstreifen, der der von einer Fransenborte mit violetten Quasten eingefasst wird; dieser Schrägstreifen umgibt den Ausschnitt des Oberteils. Geschlossener Bluseneinsatz aus weißem, plissiertem Musselin; weite Unterärmel aus dem gleichen Musselin.

Kleid aus braunem Kaschmir, mit zweitem Rock aus dem gleichen Kaschmir, auf jeder Seite drapiert. Das Unterkleid ist mit einem Volant verziert, der mit hellbraunem Satin eingefasst ist, mit Köpfchen[52] und Schrägstreifen aus dem gleichen Satin; das hochgeschlossene Oberteil hat in Falten gelegte Rockschöße, die mit hellbraunem Satin gefüttert sind; gleiches Futter an der Rüsche, die die Ärmeleinsätze verziert; die großen Knöpfe sind mit hellbraunem Satin überzogen.

---

[52] Nähtechnik, die besagt, dass der Stoffstreifen nicht direkt an der Kante gekräuselt und angenäht ist sondern mit einem kleinen Überstand.

Abbildung 25: Robe en cachemire

Sp *„Dos trajes para señoritas. Traje de doble falda y corpiño descolado con aldetas.*-La guarnicion de este traje se compone de volantes rizados y una franja de la misma tela del vestido. Camisolin y manguitos de muselina blanca, guarnecidos de entredoses y encajes.

Vestido con corpiño y aldetas de gros negro.-La aldeta es aplastada por delante, y por detrás va dispuesta en pliegues, como lo indica la figura. La guarnicion de este traje consiste en volantitos y botones de gros negro. La aldeta y los volantitos van ribeteados con un biés de gros tambien negro, de medio centímetro de ancho." (LMEI 1870:332)

Zwei Kleider für junge Damen. Kleid mit doppeltem Rock und ausgeschnittenem Oberteil mit Rockschößen. Die Verzierung dieses Kleides besteht aus gekräuselten Volants und einer Borte aus dem Kleiderstoff. Bluseneinsatz und Ärmel aus weißem Musselin, Verzierungen aus Einsatzstreifen und Spitzen.

Kleid mit anliegendem Oberteil und Rockschößen aus schwarzem Seidenstoff. Der Rockschoß ist vorn anliegend und hinten in Falten gelegt, wie es die Abbildung zeigt. Die Verzierung dieser Kleidung besteht aus Rüschen und Knöpfen aus schwarzem Seidenstoff. Der Rockschoß und die Rüschen werden mit einem ½ cm breiten Schrägstreifen eingefasst, auch aus schwarzem Seidenstoff.

Hier weicht die spanische Bildbeschreibung vom französischen Vorbild ab. Zum einen wird die Farbe des zweiten Kleides von braun zu schwarz umgedeutet, zum anderen fehlen die Details, die im Original mit *houppes* und *tête* bezeichnet werden. Bei der Beschreibung der Bluse wurden die Begriffe *entredoses y encajes* hinzugefügt, wo in der Vorlage nur von plissiertem Musselin die Rede ist. Man könnte vermuten, dass die Redaktion mit der genauen Übersetzung dieser Feinheiten überfordert war.

It „Abito per la passeggiata con fiscù a pellegrina. Il leggiadro abbigliamento (di stoffa operata o mista) è composto d'una blusa accollata, d'una gonnella e di un fiscù a pellegrina stretto ai fianchi da una cintola. - Gli svolazzi che guarniscono la gonnella sono di taffetà per gli abiti di lana, e di mussola per quei di percalle operato. - I galani consistono di sghembi di stoffa disposti in giro e pieghettati a forma di farfalla." (IME 1869: Num. 38)

Kleid für den Spaziergang mit Tuch in Pellerinenform. Die anmutige Kleidung (aus gemustertem oder meliertem Stoff) setzt sich zusammen aus einem hochgeschlossenen Oberteil, einem Rock und einem Tuch in Pellerinenform, an den Seiten anliegend durch einen Gürtel. - Die Volants, welche den Rock verzieren, sind aus Taft bei den Kleidern aus Wolle und aus Musselin bei denjenigen aus gemustertem Baumwollstoff. - Die Schleifen aus schräg zugeschnittenen Stoffstreifen werden wie Schmetterlinge gefaltet und rundherum befestigt.

94   Modeterminologie des 19. Jahrhunderts in den romanischen Sprachen

Abbildung 26: Robe de chambre

Robe de chambre

Fr „Robe de chambre en cachemire. En cachemire lila clair, avec garniture composée de biais en reps violet. Boutons en même reps. La ceinture, cousue sous le pli de derrière, ressort par deux ouvertures faites sous les bras et se ferme sur le côté. Cette ceinture, de même étoffe que la robe, est bordée de reps violet." (LMI 1870:297)

Sp „Bata de cachemira. Se hace esta bata de cachemira color de lila claro, con guarnicion compuesta de bieses de reps violeta. Botones de la misma reps. El cinturon, cosido debajo de los pliegues de detrás, sale por dos aberturas hechas debaho de los brazos y se cierra en el costado. Este cinturon, de la misma tela del vestido, va ribeteado de reps violeta." (LMEI 1870:281)

Morgenrock aus Kaschmir. Aus helllila Kaschmir mit einer Verzierung, die aus violetten Schrägstreifen aus Rips gebildet wird. Knöpfe aus dem gleichen Rips. Der Gürtel, der unter der rückwärtigen Falte angenäht wird, tritt aus zwei seitlich unter den Armen angebrachten Öffnungen hervor und wird an der Seite geschlossen. Dieser Gürtel aus dem gleichen Stoff wie der Morgenrock wird mit violettem Rips eingefasst.

It „Tre accappatoi, od abbigliamento da mattino. *Accappatoio con pellegrina rialzata*, piuttosto lungo con maniche della forma ordinaria, ed una grande pellegrina rialzata di dietro da un galano di nastro colorato. -La guarnizione ripete quella della gonnella e consiste di striscioline pieghettate e tramezzi bucherati, un pizzo di guipure circonda il margine esterno." (IME 1869:97)

Drei Hauskleider oder Morgenröcke. Hauskleid mit hochgezogener Pelerine, ziemlich lang mit gewöhnlicher Ärmelform und einer großen Pelerine, die hinten von einer Schleife aus farbigem Band hochgezogen wird. Die Verzierung wiederholt diejenige des Rocks und besteht aus gefältelten Streifen und durchbrochenen Einsätzen, eine Gipürespitze umgibt den äußeren Rand.

It „Abbigliamento per la mattina, *négligé.*" (LME 1869: Num. 36)

Morgenrock, Negligé.

Corsage

    Fr „Corsage décolleté." (LMI 1869:18)

    Sp „Corpiño escotado." (LMEI 1869:51)

    Ausgeschnittenes Oberteil.

    Fr „Divers corsages."(LMI 1869:42/43)

    Sp „Diversos corpiños." (LMEI 1869:66/67)

    Verschiedene Oberteile.

    It „Vita accollata con mostreggiature a crepaci." (IME 1869:340)

    Hochgeschlossenes Oberteil mit aufspringenden Aufschlägen.

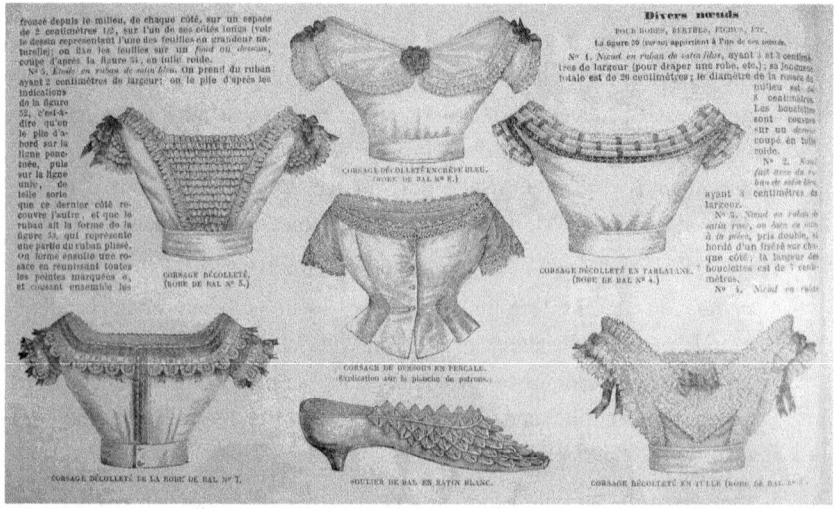

Abbildung 27: Corsage décolleté

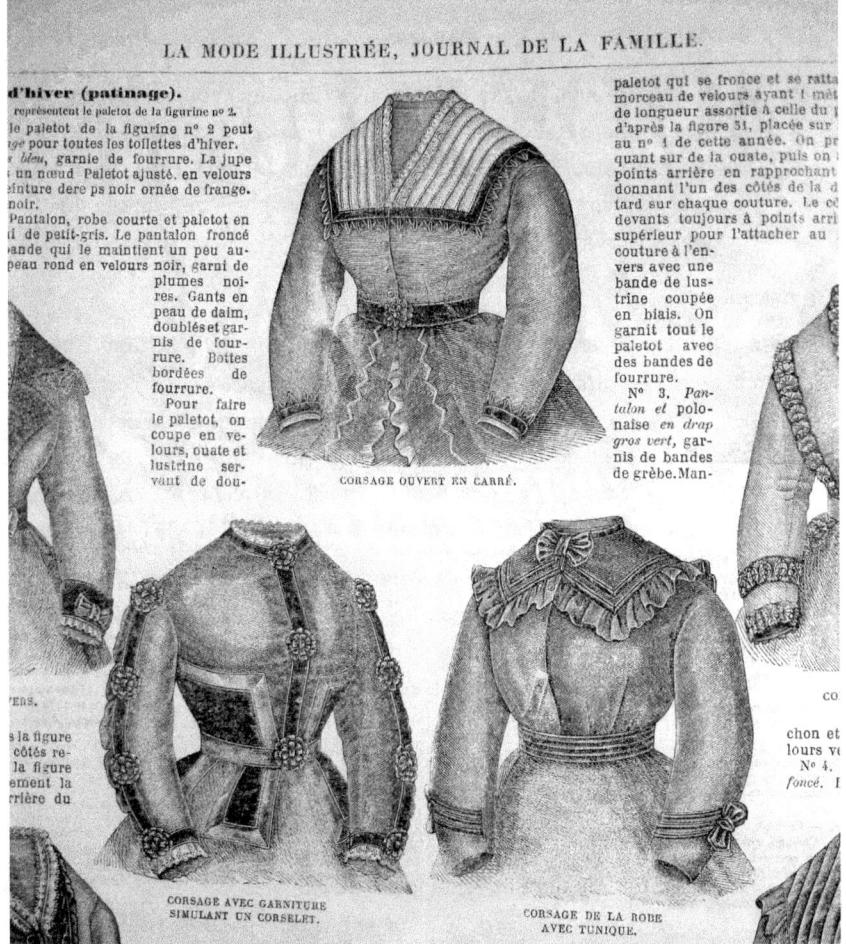

Abbildung 28: Divers corsages

Jupon

Fr „Jupon[53] long ou court à volonté. Il sera sans nul doute agréable à nos abonnées de trouver ici les indications nécessaires pour porter un jupon (ou bien, comme l'on dit aujourd'hui, une *robe de dessous)* long ou court à volonté. (...) Le bord supérieur, caché par la tunique, est coupé en percaline et doit être au moins de 50 centimètres plus court que la tunique, surtout si celle-ci est drapée sur les côtés." (LMI 1869:210)

Guardapiés

Sp „Guardapiés largo ó corto segun se quiera. Sin duda será agradable á nuestras suscritoras el encontrar aquí las indicaciones necesarias para llevar un guardapiés (ó bien como hoy se dice, un trage de debajo) largo ó corto según se desee. (...) El borde superior, cubierto por la túnica, se corta de percalina, y debe ser por lo menos 50 cent. mas corto que la túnica, sobre todo si esta va drapeada por los lados." (LMEI 1869:209)

Unterrock, lang oder kurz nach Wunsch. Es wird für unsere Abonnentinnen sicher angenehm sein, hier die notwendigen Angaben zu finden um einen Unterrock (oder, wie man heute sagt, Unterkleid) nach Wunsch lang oder kurz zu tragen. (...) Das obere Ende, das von der Tunika verdeckt wird, ist aus Perkal[54] zugeschnitten und soll mindestens 50 Zentimeter kürzer sein als die Tunika, besonders wenn diese an den Seiten drapiert ist.

It „Gonnella per abiti a strascico." (IME 1869:411)

Unterrock für Kleider mit Schleppe.

Tunique

Fr „Casaque en velour noir. Jupon en taffetas violet prune garni d'un volant surmonté d'un biais et d'une ruche. Tunique pareille, garnie d'un volant plissé posé *à tête.* " (LMI 1870:353)

Tunika (Damenüberrock). Jacke aus schwarzem Samt. Unterrock aus blauviolettem Taft, verziert mit einem Volant über dem ein Schrägstrei-

---

[53] Der Jupon wird zur Oberbekleidung gerechnet, weil er zum Teil sichtbar getragen wird.
[54] (Loschek 1994:432) Feinfädiger, dichtgewebter Baumwollstoff von pers. *pergâlah.*

fen und ein Rüsche angebracht ist. Passende Tunika, die mit einem plissierten, mit Köpfchen angenähten Volant verziert ist.

Sp „Vestido de doble falda de gro color castaño. La falda de debajo va adornada con un volante ancho y una franja que cubre su costura; volante y franja son de la misma tela del vestido. La túnica va ornada por un volantito encañonado tambien la misma tela." (LMEI 1871:65)

Kleid mit doppeltem Rock aus braunem Seidenstoff. Der Unterrock wird mit einem breiten Volant verziert und einem Stoffstreifen, der die Naht verdeckt, Volant und Streifen sind aus dem Kleiderstoff. Die Tunika wird von einem kleinen, in Falten gelegten Volant verziert, ebenfalls aus dem gleichen Stoff.

It „Tunica col dinanzi rialzato a pieghe." (IME 1870:58)

Tunika, deren Vorderteil durch Falten angehobenen wird.

Abbildung 29: Jupon et tunique

Abbildung 30: Fichu

Fichu

Fr „Fichu en drap gros-bleu. On met ce fichu, qui peut aussi être fait en drap ou velours noir, sur tous les corsages de robe. Si on le fait en drap, on se borne à le doubler en velours ou reps de soie noire; on peut le ouater et le doubler; on le garnit d'une frange à houppes, ou bien de toute autre frange; on le fixe à l'aide d'une ceinture garnie par derrière de plusieurs bouclettes disposées en grappe." (LMI 1870:337)

Tuch aus dickem blauem angerautem Wollstoff. Man trägt dieses Tuch, das auch aus schwarzem Wollstoff oder Samt angefertigt werden kann, über allen Kleideroberteilen. Wenn man es aus Wollstoff anfertigt, beschränkt man sich darauf, es mit Samt oder schwarzer Seide zu füttern; man kann es wattieren und füttern; man garniert es mit es mit einer Fransenkante aus Quasten oder jeder anderen Fransenart; man befestigt es mit einem Gürtel, der hinten mit traubenförmig angeordneten Schlaufen verziert ist.

Fichú

Sp „Fichú de gros negro. Este fichú, de gros negro, va ribeteado con un vivo del mismo gros y adornado con una tirita de terciopelo negro; por los lados va dispuesto en forma de sisa. En el contorno exterior del fichú se pone un fleco de seda negra. El cinturon es también de gros negro, sirve para sujetar los delanteros, y lleva en medio por detrás un lazo con cocas y caidas de gros negro." (LMEI 1870:321)

Tuch aus schwarzem Seidenstoff. Dieses Tuch aus schwarzem Seidenstoff wird eingefasst mit einem Paspel aus dem gleichen Stoff und verziert mit einer Band aus schwarzem Samt; an den Seiten in der Form des Armausschnitts angebracht. Am äußeren Rand des Tuches befestigt man eine Franse aus schwarzer Seide. Der Gürtel ist auch aus schwarzem Seidenstoff, er hält die Vorderteile fest und hat hinten in der Mitte eine Schleife mit Schlaufen und herabhängenden Teilen aus schwarzer Seide.

It „Fisciù a berta. La figura 23 rappresenta il dinanzi d'un fisciù di tulle nero con pizzo di guipure, ornato di sghembi ed arricciature di raso." (IME 1869:238)

Tuch im Bertastil. Die Abbildung 23 zeigt die Vorderseite eines Tuchs aus schwarzem Tüll mit Gipürespitzen, geschmückt mit Schrägstreifen und Satinrüschen.

It „Fisciù o camicetta riquadrata. Il fondo del fisciù è composto d'una porzione di tulle bianco tagliata sul modello n° 30, e guarnita a due riprese di pizzo bianco arricciato, largo 4 centimetri. -Una bordura di tulle, ricamata secondo le indicazioni della figura 33, orna il margine superiore del fisciù, e nasconde nello stesso tempo l'appiccatura del pizzo." (IME 1869:380)

Fichu oder viereckiger Bluseneinsatz. Die unterste Lage des Einsatzes besteht aus einem Stück weißen Tülls, welches nach dem Modell Nr. 30 zugeschnitten und mit zwei Ansätzen von gekräuselter, weißer, 4 Zentimeter breiter Spitze verziert wird. - Eine Tüllbordüre, welche nach den Angaben der Abbildung 33 gestickt wird, schmückt den oberen Rand des Einsatzes und versteckt gleichzeitig den Ansatz der Spitze.

Ceinture

    Fr „Ceinture en satin noire." (LMI 1869:139)

    Sp „Cinturon de faya negra." (LMEI 1870:35)

    Gürtel aus schwarzem Satin.

    It „Accappatoio con cintura a sciarpa."(IME 1869: Num. 45)

    Hauskleid mit Schärpengürtel.

Basque

    Fr „Basque garnie de dentelle." (LMI 1870:266)

    Sp „Aldeta guarnecida de encaje." (LMEI 1870:266)

    Rockschoß mit Spitze.

    Fr „Ceinture à basques." (LMI 1870:193).

    Sp „Cinturon con aldetas."(LMEI 1870:203)

    Gürtel mit Rockschößen.

    It „Vita accollata con rivolta e faldine pel vestiario da cavalcare." (IME 1869:206)

    Hochgeschlossenes Oberteil mit Revers und Rockschößen für das Reitkostüm.

Abbildung 31: Ceinture à basques

Pèlerine

Fr „Diverses pèlerines." (LMI 1869:12)

Sp „Diversas pelerinas." (LMEI 1869:53)

Verschiedene Pelerinen.

Fr „Pèlerine avec nœud. Se fait soit en cachemire noir, pour être portée sur toutes les robes en guise de veste, soit à l'étoffe pareille à la robe." (LMI 1869:355)

Sp „Esclavina con lazo." (LMEI 1869:347)

Pelerine mit Schleife. Sie wird entweder aus schwarzem Kaschmir angefertigt, um über allen Kleidern als Weste getragen zu werden, oder aus dem gleichen Stoff wie das Kleid.

It „Pellegrina guernita di plume. Pellegrina guernita di nastro a cannoncini." (IME 1869:388)

Mit Federn verzierte Pelerine. Pelerine, geschmückt mit Band, das durch Falten in wechselnder Richtung röhrenförmig erscheint.

Abbildung 32: Pèlerines

Traîne

Fr „La traîne de cour est garnie de la même façon avec volant et velours plus étroits." (LMI 1870:74)

Die Schleppe ist auf gleiche Art mit schmalerem Volant und Samt verziert.

Sp „La túnica que forma tambien la cola, se guarnece del mismo modo." (LMEI 1870:77)

Die Tunika, die auch die Schleppe bildet, wird auf gleiche Art verziert.

It „La lunga tunica a strascico è fatta di taffetà con un largo svolazzo al margine esterno." (IME 1870: Num. 8)

Die lange Tunika mit Schleppe ist aus Taft angefertigt mit einem breiten Volant am äußeren Rand.

Abbildung 33: Robe avec traîne

Berthe

  Fr „Berthe croisée."(LMI 1869:20)

  Sp „Berta cruzada."(LMEI 1869:50)

  Überkreuzter Spitzenkragen.

  Fr „Berthe avec garniture de satin rouge."(LMI 1869:21)

  Sp „Berta con guarnicion de raso encarnado."(LMEI 1869:49)

  Bertha (Spitzenkragen) mit Verzierung aus rotem Satin.

  It „Berta di tulle con guarnizione di raso. Il fondo della berta di tulle bianco insaldato si taglia sul modello n° 43 e si ricopre di tulle illusione anche bianco disposto a pieghe.- La guarnizione del margine inferiore si compone di un' arricciatura di raso colorato, larga 4 centimetri, sfrangiata per altezza di 1 centimetro e ½; segue poscia una arricciatura doppia di tulle illusione, larga 2 centimetri e ½ ed uno sghembo di raso colorato, alto 3/4 centimetro.- Una fusciacca di nastro di raso, largo 6 centimetri, assicurata ad un pezzo di tulle insaldato, largo 4 centimetri, coi capi sfrangiati per un tratto di 6 centimetri, orna l' affibbiatura della berta nel mezzo del petto." (LME 1870:227)

  Bertha aus Tüll mit Satinverzierung. Die untere Stofflage aus steifem, weißem Tüll wird nach dem Modell Nr. 43 zugeschnitten und wird bedeckt von ebenfalls weißem Seidentüll, der in Falten angeordnet wird. - Die Verzierung des unteren Rands setzt sich zusammen aus einer Kräuselung aus farbigem Satin, 4 Zentimeter breit, ausgefranst auf eine Höhe von 1½ Zentimetern, es folgt danach eine doppelte Kräuselung aus Seidentüll, 2½ Zentimeter breit und ein Schrägstreifen aus farbigem Satin, ¾ Zentimeter hoch. Eine Schleife aus 6 Zentimeter breitem Satinband befestigt auf einem Stück steifem Tüll von 4 Zentimetern Breite mit 6 Zentimeter lang ausgefransten Enden schmückt den Verschluss der Bertha auf der Brustmitte.

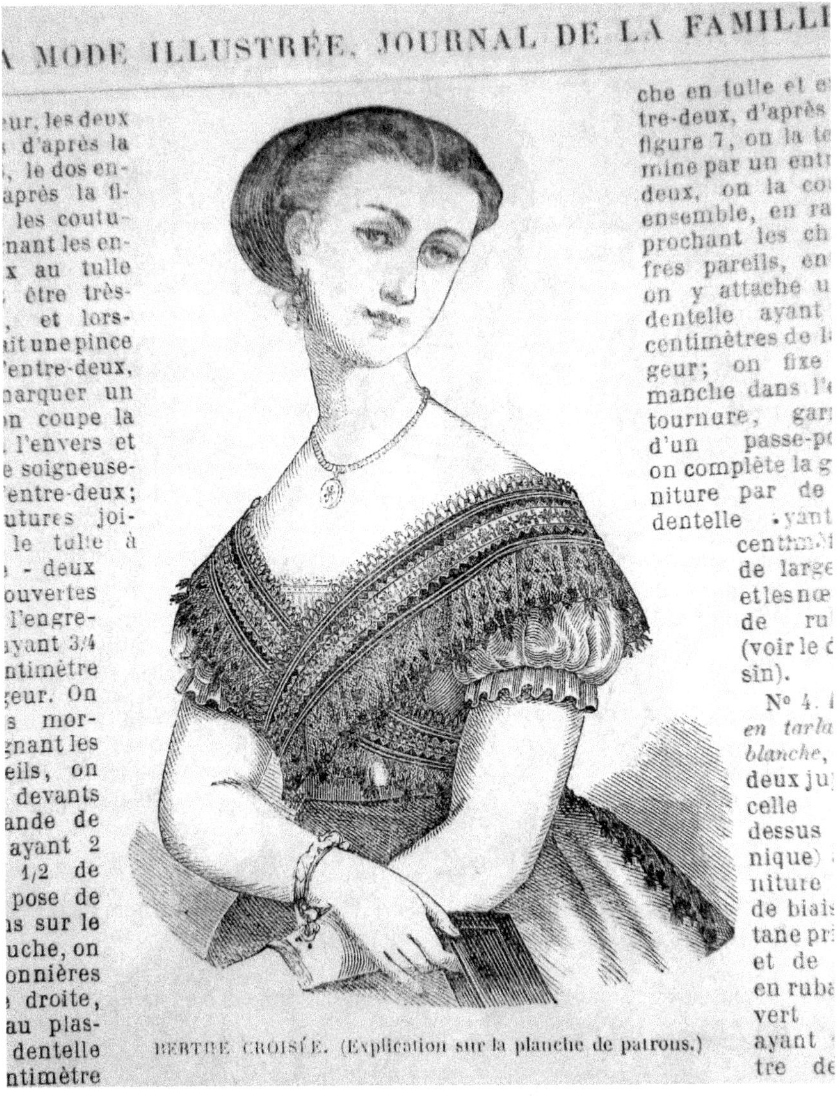
A MODE ILLUSTRÉE, JOURNAL DE LA FAMILLE

eur, les deux
d'après la
, le dos en-
après la fi-
les coutu-
nant les en-
x au tulle
être très-
, et lors-
ait une pince
'entre-deux,
narquer un
n coupe la
l'envers et
e soigneuse-
'entre-deux;
utures joi-
le tulle à
- deux
ouvertes
l'engre-
ayant 3/4
ntimètre
geur. On
s mor-
gnant les
eils, on
devants
ande de
ayant 2
1/2 de
pose de
ns sur le
uche, on
onnières
droite,
au plas-
dentelle
ntimètre

che en tulle et e
tre-deux, d'après
figure 7, on la te
mine par un entr
deux, on la co
ensemble, en ra
prochant les ch
fres pareils, en
on y attache u
dentelle ayant
centimètres de la
geur; on fixe
manche dans l'e
tournure, gar
d'un passe-p
on complète la g
niture par de
dentelle ayant
centim
de large
et les nœ
de ru
(voir le d
sin).

N° 4.
en tarla
blanche,
deux ju
celle
dessus
nique)
niture
de biais
tane pri
et de
en ruba
vert
ayant
tre de

BERTHE CROISÉE. (Explication sur la planche de patrons.)

Abbildung 34: Berthe

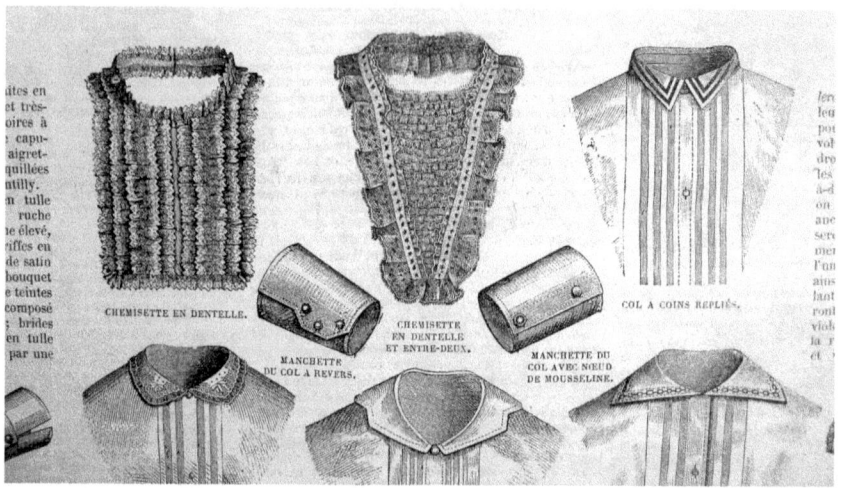

Abbildung 35: Chemisette en dentelle

Chemisette

    Fr „Chemisette ouverte." (LMI 1869:60)

    Sp „Camiseta abierta." (LMEI 1869:84)

        Ausgeschnittener Einsatz.

    Fr „Chemisette en dentelle et entre-deux." (LMI 1869:253)

    Sp „Camiseta de encage y entredos." (LMEI 1869:253)

        Einsatz aus Spitze und Borte.

    It „Camicetta con colletto alla Stuarda. Camicetta con scollatura a cuore." (IME 1869:388)

        Einsatz mit Stuartkragen. Einsatz mit herzförmigem Ausschnitt.

    It „Camicetta con arricciatura alla Stuarda."(IME 1870:60)

        Einsatz mit Stuartkräusel.

Col

Fr „Col droit avec ruban bleu." (LMI 1869:60)

Sp „Cuello recto con cinta azul." (LMEI 1869:84)

Stehkragen mit blauem Band.

It „Colletto diritto e polsino. [...] colletto guarnito di nastro di velluto colorato che si appicca ad un cinturino di tulle, largo 2 centimetri." (IME 1870:356)

Stehkragen und Manschette. [...] verzierter Kragen mit einem farbigen Samtband, welches man auf einem 2 Zentimeter breiten Tüllstreifen befestigt.

Jabot

Fr „Col droit avec jabot." (LMI 1869:60)

Sp „Cuello recto con chorrera." (LMEI 1869:84)

Stehkragen mit Hemdkrause.

It „Coletto diritto con jabot."(IME 1869:2)

Stehkragen mit Hemdkrause.

It „Camicetta con gala."(IME 1870:60)

Einsatz mit Hemdkrause.

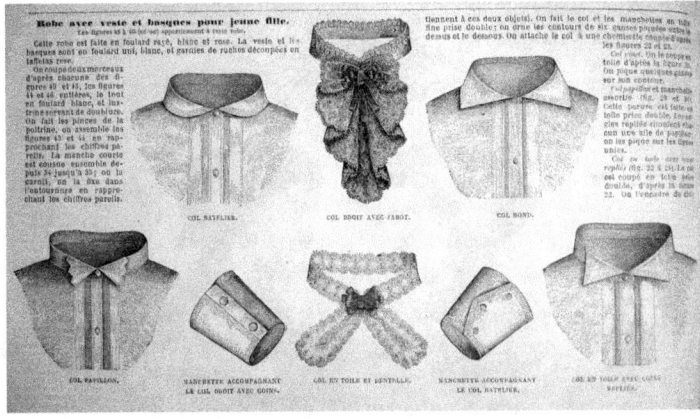

Abbildung 36: Col avec jabot

Fraise

Fr „Fraise en mousseline et dentelle." (LMI 1869:387)

Sp „Gorguera de muselina y encage." (LMEI 1869:379)

Kräuselkragen aus Musselin und Spitze.

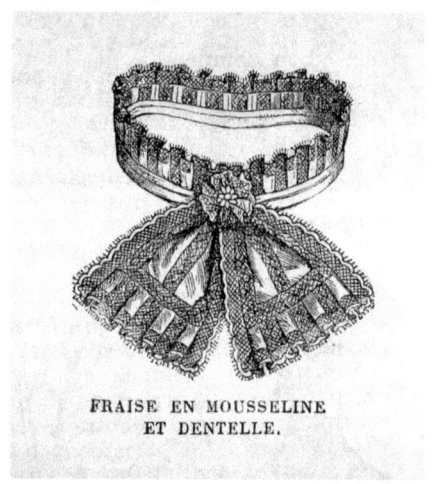

Abbildung 37: Fraise

Cravate

Fr „Cravate en tulle et dentelle." (LMI 1869:60)

Sp „Corbata de tul y encage." (LMEI 1869:84)

Kravatte aus Tüll und Spitze.

Fr „Cravate en crêpe de chine." (LMI 1869:252)

Sp „Corbata de crespon de china." (LMEI 1869:252)

Kravatte aus Krepp.

Fr „Cravate en satin grenat." (LMI 1869:252)

Sp „Corbata de raso granate." (LMEI 1869:252)

Kravatte aus rotem Satin.

It „Cravatta guernita di piume di cigno."(IME1869:420)

Mit Schwanenfedern verzierte Kravatte.

Abbildung 38: Cravate

Plastron

    Fr „Plastron piqué pour homme." (LMI 1870:28)

    Sp „Peto pespunteado para caballero." (LMEI 1870:50)

    Gestepptes Plastron für einen Mann.

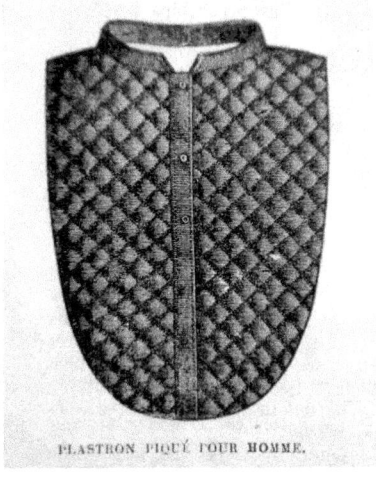

Abbildung 39: Plastron

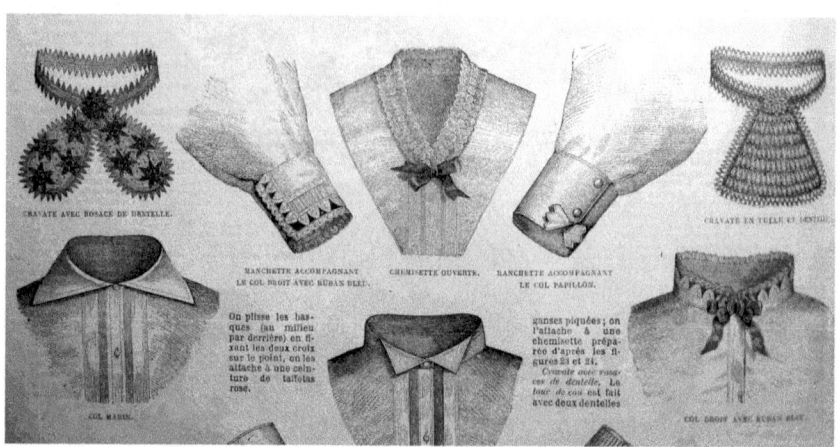

Abbildung 40: Manchette

Manchette

Fr „Manchette accompagnant le col droit avec ruban bleu." (LMI 1869:60)

Sp „Puño correspondiente al cuello recto con cinta azul." (LMEI 1869:84)

Manschette zum Stehkragen mit blauem Band.

It „Manica con polsino di pizzo."(IME 1869:411)

Ärmel mit Spitzenmanschette.

Abbildung 41: Veste

Veste

    Fr „Veste sans manches brodée en or." (LMI 1869:355)

    Sp „Chaqueta sin manga, bordada." (LMEI 1869:337)

    Ärmellose,(gold-) bestickte Weste.

116   Modeterminologie des 19. Jahrhunderts in den romanischen Sprachen

Abbildung 42: Corselet

Corselet

Fr „Corselet pour fille de douze à quatorze ans." (LMI 1869:92)

Sp „Coselete para niña de 12 à 14 años." (LMEI 1869:116)

Mieder für zwölf- bis vierzehnjähriges Mädchen.

Abbildung 43: Corselet pour fille

118 Modeterminologie des 19. Jahrhunderts in den romanischen Sprachen

Abbildung 44: Pouff

Pouff

    Fr „Pouff en taffetas noir." (LMI 1869:179)

    Sp „Puff de tafetan negro." (LMEI 1869:187)

    Turnüre aus schwarzem Taft.

4.3 Wäsche und Korsett

Tournure

Fr „On ne s'habille plus sans *tournure;* je parle de celle que l'on pose sur la crinoline; il y a de plus la tournure extérieure, celle qui se compose des *pouffs* volumineux, des nœuds gigantesques, de tous les ornements que l'on suspend actuellement au bas du dos. La tournure de dessous, celle qui sert de base à ces édifices variés, et parfois prodigieux, se fait en tissu de crin plissé, ou, plus économique, se compose de plusieurs volants de mousseline roide, superposés." (LMI 1869:54)

Sp „Ya nadie se viste sin *polison*: hablo del que se pone sobre el ahuecador; hay además el polison esterior, el que se compone de *puffs* voluminosos, de lazos gigantescos, de todos los adornos que se cuelgan actualmente en la parte inferior de la espalda el polison de debajo, el que sirve de base á estos edificios variados, se hace de tegido de crin plegado, ó, para mas economía, se compone de muchos volantes de muselina rígida, colocados unos encima de otros." (LMEI 1869:64)

Man kleidet sich nicht mehr ohne Turnüre; ich spreche von jener, die man über der Krinoline platziert; außerdem gibt es noch äußere Turnüren, solche, die sich aus einem voluminösen Puff, riesigen Schleifen und allen Verzierungen zusammensetzen, die man zur Zeit am unteren Ende des Rückens anbringt. Die innere Turnüre, jene welche als Grundgerüst dient für diese vielseitigen und manchmal erstaunlichen Aufbauten, wird aus plissiertem Rosshaarstoff, oder, sparsamer, aus mehreren übereinander gesetzten Volants aus steifem Musselin zusammengesetzt.

Fr „Tournure en crin." (LMI 1869:179)

Sp „Polison de crin." (LMEI 1869:187)

Turnüre aus Rosshaar.

Fr „Tournure en gaze roide." (LMI 1869:179)

Sp „Polison de gasa rígida." (LMEI 1869:187)

Turnüre aus steifer Gaze.

It „Faldiglia (panier à tricornes)." (IME 1869:5)

Krinoline (Reifrock mit drei Ausbuchtungen)

u jupon par derrière. On devra tenir compte pour tous es jupons de la direction du droit fil, telle qu'elle est ndiquée sur chacune des figures composant la totalité u patron. Si l'on fait une robe avec une étoffe à desns, on ne négligera pas de veiller à ce que le dessin

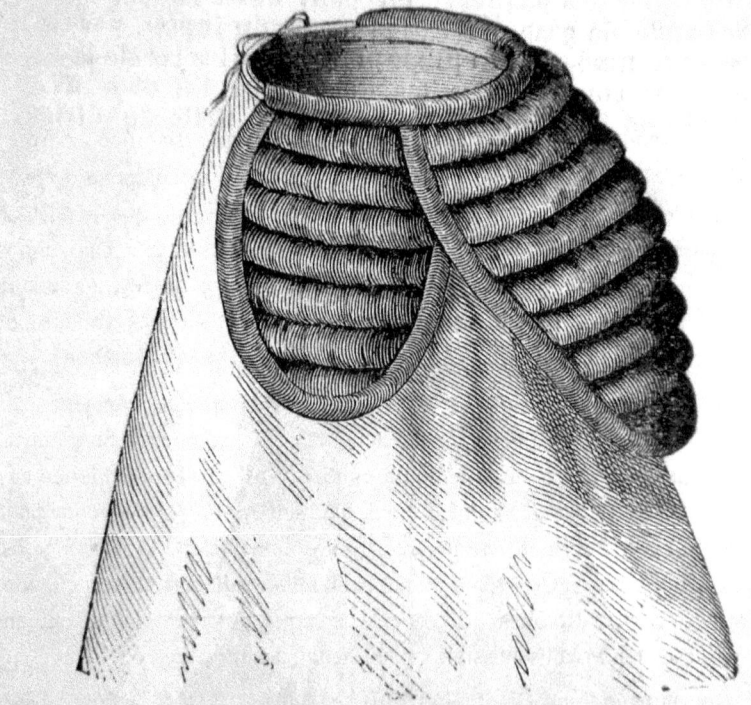

TOURNURE EN CRIN.

toujours la même direction. Pour les étoffes de soie i ont généralement des lisières larges et épaisses, on vra faire dans ces lisières quelques entailles transveres, un peu en biais, très-courtes, afin d'éviter que

Abbildung 45: Tournure en crin

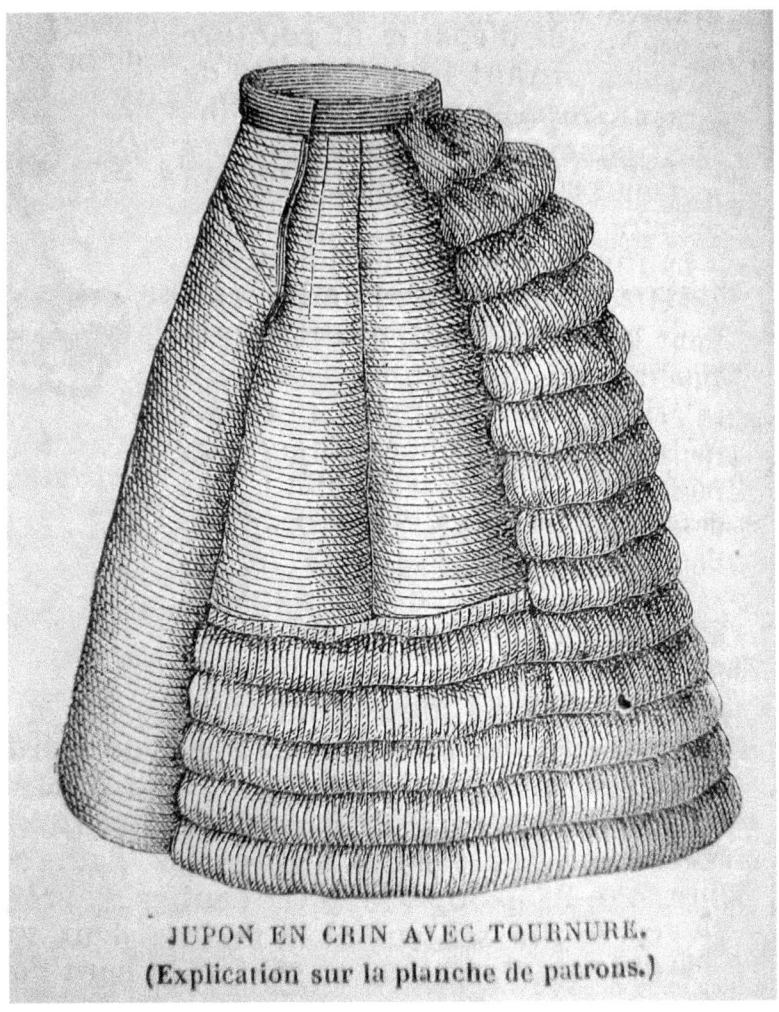

Abbildung 46: Jupon en crin avec tournure

Jupon

    Fr „Jupon avec crinoline, tournure et volants." (LMI 1870:59)

    Sp „Enagua con miriñaque, polison y volante." (LMEI 1870:82)

    Versteifter Unterrock mit Turnüre und Volants.

Fr „Jupon en crin avec tournure." (LMI 1869:386)

Sp „Enagua de crin con polison." (LMEI 1869:378)

Unterrock aus Rosshaarstoff mit Turnüre.

It „La gonnella che serve di compimento al crinolino, più lunga di 12 a 14 centimetri, è composta di cinque teli e di un falpalà alto 38 centimetri e largo 368 centimetri." (IME 1869:228)

Der Unterrock, welcher die Krinoline ergänzt, ist 12 bis 14 Zentimeter länger. Er besteht aus fünf Stoffbahnen und einem Volant von 38 Zentimetern Höhe und 368 Zentimetern Weite.

Crinoline

Fr „Crinoline avec tournure et volant." (LMI 1869:43)

Sp „Ahuecador con polison y volante." (LMEI 1869:67)

Krinoline mit Turnüre und Volant.

It „Mezzo crinolino. Il mezzo crinolino è composto di due teli posteriori sgheronati, e due laterali quasi diritti; il telo dinanzi è surrogato da una striscia di stoffa alta 9 centimetri al margine inferiore." (IME 1869:228)

Halbkrinoline. Die Halbkrinoline ist aus zwei schräg zugeschnittenen rückwärtigen Stoffbahnen, zwei seitlichen fast geraden zusammengesetzt; die vordere Stoffbahn ist ersetzt durch einen Stoffstreifen am unteren Rand von 9 Zentimetern Höhe.

It „Crinolino per fanciulle di 6 ad 8 anni. I teli della sottana tagliati della stessa stoffa grigia che ordinariamente si adopra pei crinolini si cuciono insieme con un passamano colorato nelle costure, per esempio di casimiro o di *tibet ponsò*." (IME 1868:26)

Krinoline für Mädchen von 6 bis 8 Jahren. Die Stoffbahnen des Unterrocks, die aus dem gleichen grauen Stoff zugeschnitten sind, welcher gewöhnlich für Krinolinen verwendet wird, werden mit einer farbigen Borte in der Naht zusammengenäht, zum Beispiel aus Kaschmir oder roter Tibetwolle.

Abbildung 47: Jupon avec crinoline

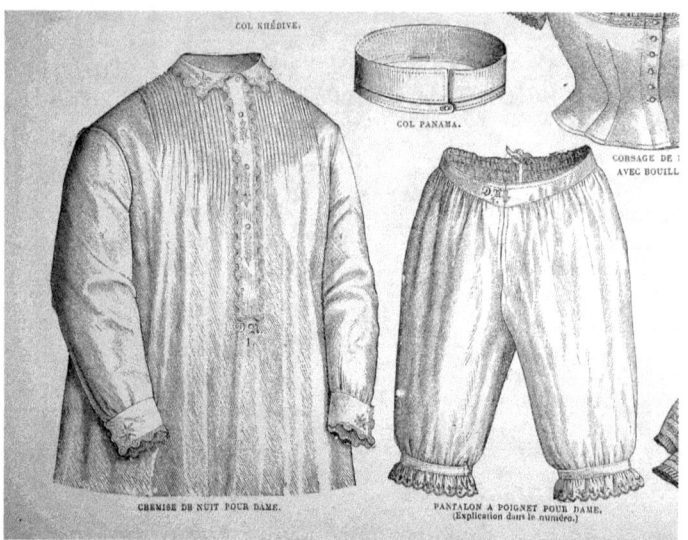

Abbildung 48: Chemise de nuit et pantalon

Chemise

Fr „Chemise de nuit pour dame." (LMI 1870:300)

Sp „Camisa de dormir para señora."(LMEI 1870:316)

It „Camicia da notte per dame." (IME 1869:98)

Damennachthemd.

Fr „Chemise de jour pour dame." (LMI 1870:300)

Sp „Camisa de dia para señora." (LMEI 1870: 316)

It „Camicia a scollatura quadrangolare per dame." (IME 1869:100)

Damenunterhemd mit rechteckigem Ausschnitt.

Pantalon

Fr „Pantalon pour dame." (LMI 1870:301)

Sp „Pantalon para señora." (LMEI 1870:316)

Damenunterhose.

It „Calzoni per dame. I calzoni sono fatti di shirting. La guarnizione consiste d'una lista di stoffa larga di 7 centimetri pieghetata, come si scorge dalla figura, e munita ai due lati di striscioline ricamate e di mezze rosette." (IME 1869:102)

Damenunterhose. Die Damenunterhose ist aus Baumwollstoff angefertigt. Die Verzierung besteht aus einem 7 Zentimeter breiten Stoffstreifen, der, wie aus der Abbildung hervorgeht, in Falten gelegt und an beiden Seiten mit bestickten Borten und halben Rosetten ausgestattet ist.

Peignoir

Fr „Peignoir en nansouk." (LMI 1870:300).

Sp „Peinador de nansuk."(LMEI 1870:316)

Frisierjacke aus Nansok (Batist).

It „Accappatoio. La lunghezza dinanzi dell'accappatoio, a cominciare dalla scollatura è di 97 centimetri, quella di dietro, di 109 centimetri, mentre ai fianchi partendo dal giro della manica, è lungo appena 71 centimetri." (IME 1869: Num. 44 vom 25.10)

Frisierjacke. Die vordere Länge der Frisierjacke beträgt vom Halsausschnitt aus 97 Zentimeter, die hintere Länge 109 Zentimeter, während sie an den Seiten, vom Armausschnitt an, gerade noch 71 Zentimeter lang ist.

Abbildung 49: Chemise de jour et peignoir

Abbildung 50: Camisole

Camisole

Fr „Camisole en percale avec broderie." (LMI 1870:301)

Nachtjacke aus Perkal mit Stickerei.

Sp „Camisola de piqué." (LMEI 1869:284)

Nachtjacke aus Pikee.

It „Casacchino da notte." (IME 1869:100)

Nachtjacke

Abbildung 51: Gilet

Gilet

    Fr „Gilet tricoté pour dame." (LMI 1869:378)

    Sp „Chaleco a punto de aguja para señora." (LMEI 1869:371)

        Gestricktes Damenunterjäckchen.

    It „Corpetto a maglia per dame." (IME 1869:99)

        Gestricktes Damenunterjäckchen.

Abbildung 52: Robe de chambre et corsage

Robe de chambre

Fr „Robe de chambre a pèlerine" (LMI 1870:107)

Sp „Bata con esclavina." (LMEI 1870:124)

Morgenrock mit Pelerine.

Corsage

Fr „Corsage de dessous avec broderie." (LMI 1870:300)

Sp „Corpiño de debajo, con bordados." (LMEI 1870:314)

Unterziehbluse mit Stickerei.

It „Corpetto con liste ricamate e mezze rosette." (IME 1869:101)

Unterziehbluse mit gestickten Borten und Halbrosetten.

Corset

Fr „Corset court en coutil gris" (LMI 1869:354)

Sp „Corsé corto de cutí gris " (LMEI 1869:346)

Kurzes Korsett aus grauem Drell.

It „Busto. Il nostro modello è calcolato per una donna di mezza statura; sarà facile di modificarlo secondo il bisogno, stringendo od allargando i gheroni del petto e della falda, conformi le indicazioni della misura e dopo averlo attentamente provato sul dorso.- Nel tagliarlo si aggiunge dappertutto un rimesso di 1 centimetro, che s'impuntisce nelle costure longitudinali per cacciarvi dentro le stecchine di balena; i due gheroni del petto, numeri 8 e 9, devono tagliarsi di 4 centimetri, più lunghi alle estremità con una larghezza di 2 centimetri.- Al margine posteriore della schiena si ripiega la stoffa dalla banda interna per abbracciare le due stecchine dei margini; per le altre stecchine ognuna delle porzioni della schiena si fodera intieramente di *shirting*. - Nel mezzo del dinanzi si cuce al disotto un nastro per un'altra stecchina, prolungandolo sino alla metà della falda; un nastro simile per una stecchina alquanto più larga s'impuntisce sulla cucitura che collega il dinanzi alla schiena (*vedi figura 4*). - Il margine esterno delle porzioni della schiena si rinforza con un cordone riempiono lo spazio tra le due stecchine dei margini sino al lembo superiore del busto. - La lamina metallica sul dinanzi scende sino a 3 centimetri al disopra del margine inferiore. - Dalla par(e)te dritta si cuce quivi un cappietto di cordone e dalla parte sinistra un gangherino per serrare i due dinanzi strettamente tra loro. - Il busto è guarnito alla sommità di dentelli di nastro." (IME 1868:25)

Korsett. Unser Modell ist für eine mittelgroße Frau berechnet; es wird leicht sein, es nach Bedarf zu verändern indem man die Zwickel am Brust- und am Schoßteil nach den Maßangaben und nach einer sorgfältigen Anprobe verkleinert oder erweitert. Beim Zuschneiden fügt man überall eine Nahtzugabe von 1 Zentimeter hinzu, die bei den Längsnähten festgesteppt wird um darin die Fischbeinstäbchen zu verstecken; die beiden Brustzwickel, Nummer 8 und 9, müssen am Ende 4 Zentimeter länger zugeschnitten werden mit einer Breite von 2 Zentimetern. Am hinteren Rand des Rückenteils wird der Stoff des inneren Streifens umgelegt um die beiden Randstäbchen zu umgeben; für die anderen Stäbchen wird jedes Rückenteilstück ganz mit Baumwollfutter versehen. - In der Mitte des Vorderteils näht man unten ein Band an, welches bis zur Hälfte des Schoßteils reicht, für ein weiteres Stäbchen; ein gleiches Band für ein etwas breiteres Stäbchen wird auf die Verbindungsnaht von Vorder- und Rückenteil gesteppt *(siehe Abbildung 4).* Der äußere Rand der Rückenteile wird mit einer Kordel verbunden, die den Raum zwischen den beiden Randstäbchen bis zum oberen Saum des Korsetts ausfüllt. Das Metallblatt auf der Vorderseite reicht bis 3 Zentimeter vor den unteren Rand hinab. - Dort näht man auf der rechten Seite eine Kordelschlaufe und auf der linken Seite ein Häkchen an um die beiden Vorderteile eng miteinander zu verbinden. Das Korsett ist an den Außenkanten mit Zackenlitze verziert.

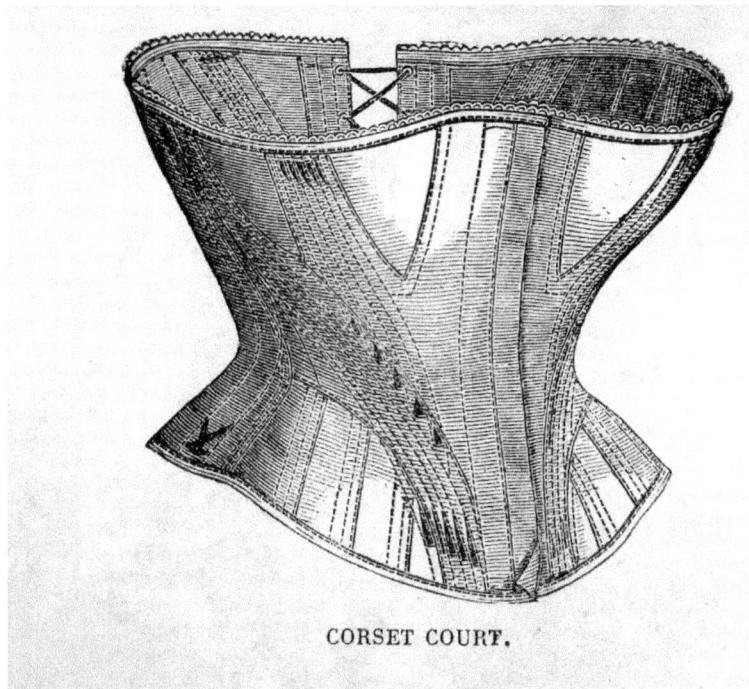

Abbildung 53: Corset court

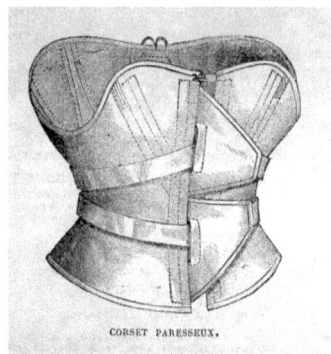

Abbildung 54: Corset paresseux

Fr „Corset paresseux." (LMI 1869:354)

Sp „Corsé perezoso." (LMEI 1869:346)

Morgenkorsett.

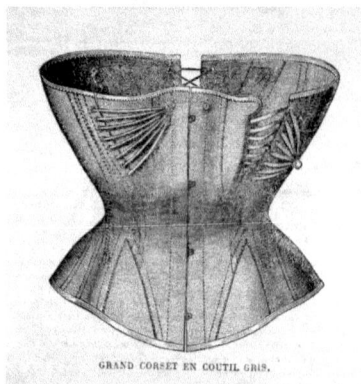

Abbildung 55: Gran corset

Fr „Gran corset en coutil gris." (LMI 1869:354)

Sp „Gran corsé de cutís[55] gris." (LMEI 1869:346)

Großes Korsett aus grauem Drell.

---

[55] Die unterschiedliche Schreibweise der Stoffbezeichnung cutí- cutís ist entspricht dem Originaltext.

Abbildung 56: Corset pour fillettes

Fr „Corset pour maintenir la taille des fillettes." (LMI 1870:283)

Sp „Corsé para sujetar el talle de las jovencitas." (LMEI 1870:291)

Korsett um der Taille junger Mädchen Halt zu geben.

It „Busto per ragazze di 12 a 14 anni." (IME 1869:204)

Korsett für Mädchen von 12 bis 14 Jahren.

4.4 Details aus dem Schneiderhandwerk

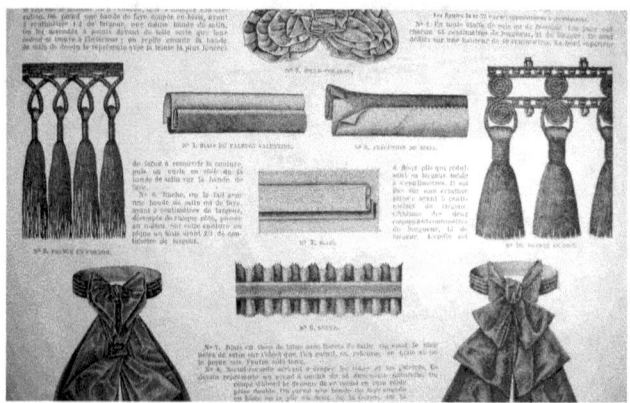

Abbildung 57: Biais

Biais

> **Fr** „Biais en faye noire et satin noir. Le dessin n° 3 le représente terminé ou á l'endroit, le n° 5 indique son exécution. On prend und bande de faye coupé en biais, ayant 2 centimètres ½ de largeur, une même bande de satin. On les assemble à point devant de telle sorte que leur *endroit* se trouve à l'intérieure; on replie ensuite la bande de satin (le dessin la représente avec la teinte la plus foncée) de façon à recouvrir la couture, puis on ourle ce côté de la bande de satin sur la bande de faye." (LMI 1869:139)

> **Sp** „Biés de faya negra y raso negro. El dibujo n.° 4 le representa terminado ó por el derecho, el n.° 5 indica su ejecucion. Se toma una tira de faya, cortada al sesgo, de 2 cent.^{s} y medio de ancho, y otra tira igual de raso. Se las reune por una bastilla de modo que el derecho se encuentre hácia adentro; se repliega la tira de raso (el dibujo la representa con la tinta mas oscura) de modo que cubra la costura, luego se se cose este lado de la tira de raso sobre la tira de faya."(LMEI 1869:154)

Schrägstreifen aus schwarzem Seidenrips und schwarzem Satin. Die Zeichnung n°3 (im spanischen Text n°4) stellt ihn fertiggestellt oder von rechts dar. Die n° 5 zeigt die Ausführung. Man nimmt einen Streifen schräg zum Fadenlauf geschnittenen Seidenrips von 2½ Zentimeter Breite und einen entsprechenden Streifen aus Satin. Man setzt sie mit Vorstichen derart zusammen, dass ihre rechte Seite sich im Inneren befindet; anschließend schlägt man den Satinstreifen (auf der Zeichnung in der dunkleren Farbe) soweit zurück, dass die Naht verdeckt wird, dann säumt man die Kante des Satinbandes auf das Seidenripsband.

It „Sghembo triplo (reps e raso) pel mantello." (IME 1870:357)

Dreifacher Schrägstreifen aus Rips und Satin für den Mantel.

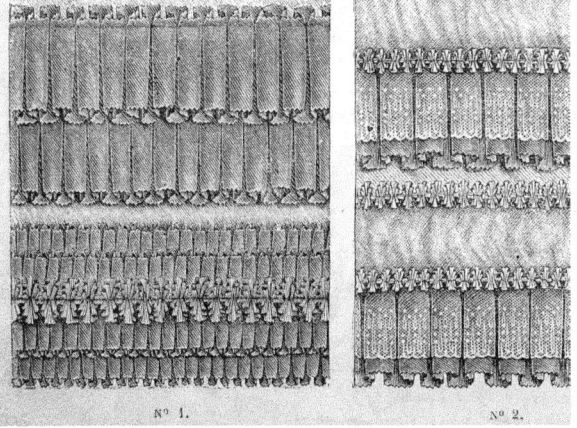

Abbildung 58: Ruche

Ruche

Fr „Ruche. On la fait avec une bande de satin ou de faye, ayant 2 centimètres de largeur, découpée de chaque côté, plissée au milieu. Sur cette couture on pique un biais ayant 2/3 centimètres de largeur." (LMI 1869:139)

Sp „-Rizado.- Se le hace con una tira de raso ó de faya de 2 cent.[s] de ancho, recordada de ambos bordes, plegado por su parte media. Sobre esta costura se pespuntea un biés de 2/3 de centímetro de ancho." (LMEI 1869:154)

Rüsche. Man stellt sie aus einem 2 Zentimeter breiten Satin- oder Seidenripsstreifen her, der an beiden Seiten gezackt und in der Mitte gekräuselt ist. Auf diese Naht steppt man einen Schrägstreifen von 2/3 Zentimeter Breite.

It „Abbigliamento da state con arricciature."(IME 1870:180)

Sommerkleid mit Rüschen.

It „La prima gonnella di stoffa *écru* a righe gialle è intagliata al fondo a festoni orlati di velluto, sotto ai quali è assicurato un falpalà pieghettato, alto 20 centimetri." (IME 1870: Num. 24)

Der erste Rock aus naturfarbenem Stoff mit gelben Streifen ist am unteren Ende bogenförmig eingeschnitten und mit Samt eingefasst, darunter befestigt ist ein gefältelter Falbel, 20 Zentimeter hoch.

It „L'abito è guarnito al fondo di due falpalà alti 27 e 19 centimetri, fermati da sghembi di velluto nero larghi 2 centimetri." (IME 1869: Num. 39)

Das Kleid ist unten mit zwei Falbeln verziert, 27 und 19 Zentimeter hoch, welche mit 2 Zentimeter breiten Schrägstreifen aus schwarzem Samt befestigt sind.

Franges

Fr „Franges en cordon." (LMI 1869:139)

Sp „Fleco de cordon."(LMEI 1869:154)

Schnurfransen.

It „Il paltò a forma di mantelletto è ornato di frangie e galloncini di passamano." (IME 1870: Num. 24)

Die Jacke in Form eines Kurzmantels ist mit Fransen und Posamentborten geschmückt.

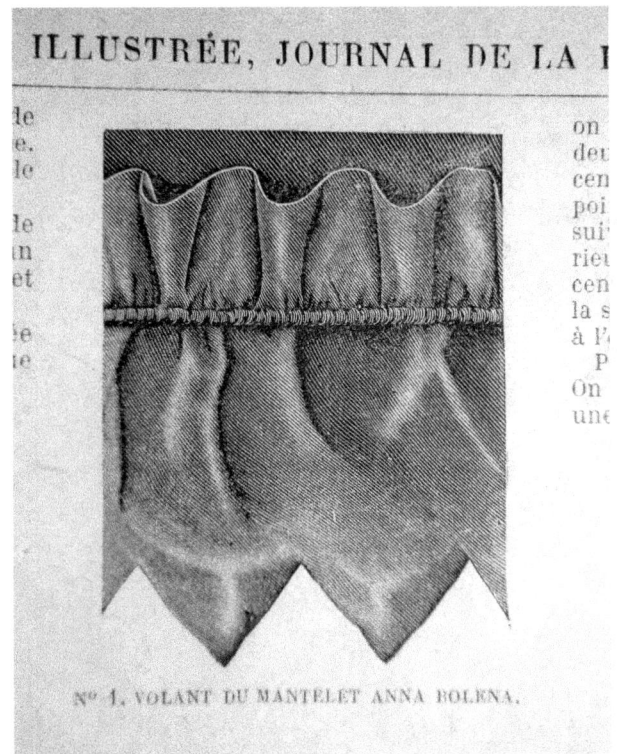

Abbildung 59: Volant

Volant

    Fr „Volant du mantelet Anna Bolena." (LMI 1869:139)

    Sp „Volante de la manteleta Ana Bolena."(LMEI 1869:154)

    Volant am Kurzmantel Anna Bolena.

    It „Gli svolazzi che guarniscono la gonnella sono di taffetà per gli abiti di lana, e di mussola per quei di percalle operato." (IME 1869: Num. 38 vom 15.09.)

    Die Volants, welche den Rock verzieren, sind aus Taft bei den Kleidern aus Wollstoff und aus Musselin bei denjenigen aus gemustertem Baumwollstoff.

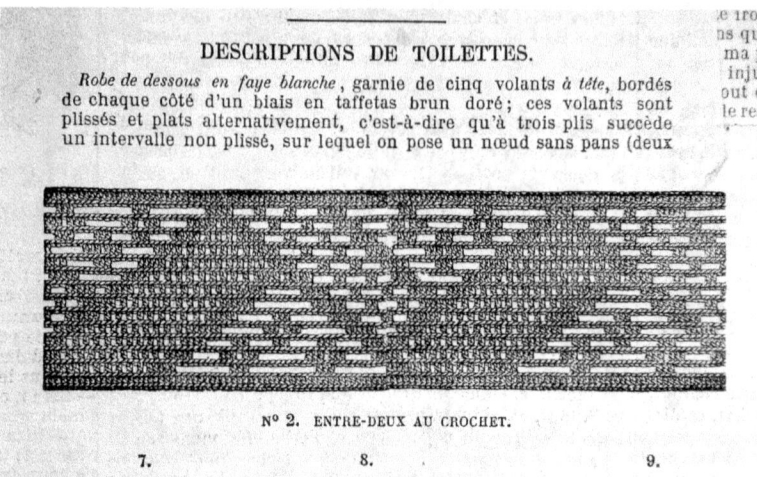

Abbildung 60: Entre-deux

Entre-deux

    Fr „Entre-deux au crochet." (LMI 1869:165)

    Sp „Entredos." (LMEI 1869:291)

        Gehäkelter Einsatzstreifen.

    It „Tramezzo a maglia per biancherie." (IME 1869:155)

        Gestrickter Einsatzstreifen für Wäsche.

Passementerie

    Fr „Passementerie en soie blanche." (LMI 1870:18)

    Sp „Pasemanería de seda blanca." (LMEI 1870:35)

        Borten aus weißer Seide.

    It „Il paltò a forma di mantelletto è ornato di frangie e galloncini di passamano." (IME 1870: Num. 24)

        Die Jacke in Form eines Kurzmantels ist mit Fransen und Posamentborten geschmückt.

Abbildung 61: Passementerie

Houppe

Fr „Houppe." (LMI 1870:337)

Quaste. (Abbildung 30: Fichu)

It „Nappa per la cravatta." (IME 1870:357)

Quaste für die Kravatte.

Aiguillette

Fr „Aiguillette." (LMI 1870:353)

Nestelband. (Abbildung 17: Casaque)

Revers

Fr „Paletot droite pareil à la jupe avec col et revers en velours noir." (LMI 1870:257)

Sp „Paletó recto igual á la falda con cuello y vueltas de terciopelo negro." (LMEI 1870:257)

Gerader Paletot, dem Rock gleich, mit Kragen und Revers aus schwarzem Samt.

It „Vita accollata con rivolta e faldine pel vestiario da cavalcare. Il vestiario è fatto di panno fino azzurro guarnito d'un' orlatura di raso dello stesso colore, larga 3 centimetri ai i margini della rivolta del bavero e delle faldine." (IME 1869:206)

Hochgeschloßenes Oberteil mit Revers und Rockschößen für das Reitkostüm. Das Kostüm ist aus feinem blauem Tuch angefertigt, verziert an den Kanten des Kragenumschlags und der Rockschöße mit einer gleichfarbigen 3 Zentimeter breiten Einfassung aus Satin.

Poignet

Fr Poignet. (LMI 1870:353)

Ärmelaufschlag. (Abbildung 17: Casaque)

It „La manica è munita di mostreggiature." (IME 1869: Num 45)

Der Ärmel ist mit Aufschlägen versehen.

Poche

Fr Poche. (LMI 1870:353)

Tasche. (Abbildung 17: Casaque)

4.5 Portugiesische Quellen

MODA ILLUSTRADA 1875

Pt *Toilette de baile.*-O figurino que remetto é o que está sendo mais em voga, e, quinta feira passada, uma intima amiga minha alcançava com esse *toilette* as honras da noite na *soirée* da elegantissima condessa G. Poupo me a descripção muito detalhada porque o figurino vae bastante minudente. Saia de *faye* azul claro, longa cauda, com folho alto, franzido, e enfeitada com grinalda de flores. *Tablier* longe, em curva, rematado posteriormente por um laço de fita larga azul claro, encimada por enfeites de flores e preso atraz por uma larga *écharpe* de setim branco. Corpete decotado em quadro guarnecido d'uma *ruche* de rendas com enfeites de flores. O penteado alto, adornado de flores e canudos. Collar e brincos de perolas. Bracelete de ouro no braço direito, luvas *gris-perle* e sapatos de setim branco.

Balltoilette. Ich sende ein Modebild, das darstellt, was gerade ganz aktuell ist und am vergangenen Donnerstag erlangte meine enge Freundin mit dieser Toilette die Ehrerweisungen des Abends bei der Soirée der hocheleganten Gräfin G. Ich erspare mir eine allzu detaillierte Beschreibung, weil die Abbildung genug Einzelheiten zeigt. Rock aus hellblauem Seidenrips, lange Schleppe, mit großem, gekräuseltem Volant und geschmückt mit einer Blumengirlande. Lange, bogenförmige Schürze[56], die rückwärtig durch eine Schleife aus breitem hellblauem Band vollendet wird, überragt von Blumenschmuck und hinten mit einer breiten Schärpe aus weißem Satin befestigt. Rechteckig ausgeschnittenes Oberteil, verziert mit einer Rüsche aus Spitze und Blumengirlanden. Hochfrisur, geschmückt mit Blumen und Locken. Kette und Ohrringe aus Perlen. Arm-

---

[56] „Eine bunte Sch. war zur Zeit der → Turnüre (1869-75) in Mode, die danach zur Zeit der engen Mode (1875- 81) und der zweiten → Turnüre (→Kleid 1882-88) aus dem Kleiderstoff gearbeitet, querdrapiert und in der Kleidertaille befestigt war, so daß sie Teil des Oberrocks wurde." (Loscheck 1994, 413)

band aus Gold am rechten Arm, perlgraue Handschuhe und Schuhe aus weißem Satin.

Pt Toilette de passeio.-Vestido de veludo preto, longa cauda. *Tablier* de seda de côr orlado de veludo e enfeitado de rendas, preso posteriormente por uma *écharpe* da mezma fazenda. Corpete de seda, de forma *courace* e tambem adornado de veludo e rendas. Mangas lisas, com as hombreiras guarnicadas de franjas de malhas. Chapeu de veludo preto ou de côr escura, enfeitado de rosas com fofos de gaze.

Toilette für den Spaziergang.-Kleid aus schwarzem Samt, lange Schleppe. Farbige Seidenschürze, mit Samt eingefasst und mit Spitzen geschmückt, hinten mit einer Schärpe aus gleichem Material befestigt. Seidenoberteil als Küraßtaille und ebenfalls mit Samt und Spitzen verziert. Glatte Ärmel mit Achselstücken und Fransenverzierung. Hut aus schwarzem oder dunklem Samt, geschmückt mit Rosen und Bäuschen aus Gaze.

Pt Vestido de *faye* verde-escuro. Saia com leve cauda, tendo em baixo um grande folho franzido e *bouillonnnés* adornado de renda. Duplo-*tablier,* em *biais* preso por uma *écharpe.* Corpete redondo, sem enfeites, com golla e bandas de casaca. Chapeu de *faye* de côr escura com plumas, e fitas de veludo preto.

Kleid aus dunkelgrünem Seidenrips. Rock mit leichter Schleppe und einem breiten gekräuselten Volant unten und Raffungen mit Spitzenschmuck.[57] Schräg gefertigte Doppelschürze, die mit einer Schärpe befestigt ist. Abgerundetes Oberteil ohne Verzierungen mit Kragen und Besätzen nach Art des Fracks. Dunkler Ripshut mit Federn und schwarzen Samtbändern.

A AVENIDA, REVISTA DA MODA 1886

Pt Em *jaquettes,* temos o que ha de mais elegante e de mais simples. Variedade de modelos, de modo a satisfazer todas as exigencias. Umas,

---

[57] „...bouillonierte Röcke sind senkrecht gerafft; sie waren 1869-88 und in den 1930er und 1950er Jahren bei Abendkleidern modern." (Loscheck 1994, 133)

interamente justas, de pequenas abas, deixando ver um collete cujas bandas assentam sobre a frente do corpo do vestido. A gola d'estas *jaquettes* é direita e muito alta, manga um tanto larga. Na parte posterior, as abas formam prégas, de um comprimento variavel, segundo o gosto das modistas.

Kurze Jacken gibt es in hocheleganter und in ganz schlichter Form. Verschiedenartige Modelle, um alle Ansprüche zu erfüllen. Einige ganz eng mit kleinen Schößen, die eine Weste sehen lassen, welche seitlich über dem vorderen Kleideroberteil sitzt. Der Kragen dieser Jacken ist gerade und sehr hoch, der Ärmel erheblich weiter. Am rückwärtigen Teil formen die Schöße Falten von verschiedenem Ausmaß, je nach dem Geschmack der Schneiderin.

Pt Outro modelo, muito preferido, ajusta sómente nos quartos trazeiros, ficando pendentes e fluctuantes os de diante; abotoa verticalmente ou em diagonal, de cima até abaixo. As abas, cujo comprimento não excede 20 centimetros, cáem direitas, na frente, terminando em bico ou n'um ligeiro chanfrado. Alguns machos assentam sobre a tornure, quando não se prefere a forma postillon do modelo antecedente.

Ein anderes, sehr beliebtes Modell ist nur am Rückenteil eng anliegend, vorne befinden sich herabhängende und flatternde Teile; senkrecht oder diagonal geknöpft, von oben bis unten. Die Schöße, deren Länge zwanzig Zentimeter nicht überschreitet, fallen gerade und enden vorne in einer Spitze oder einer leichten Abschrägung. Einige Faltenpartien sitzen über der Turnüre, wenn man nicht die Postillionmachart des vorherigen Modells bevorzugt.

Pt Um terceiro typo de *jaquette,* lembrarei ainda. E' no genero denominado *tailleur;* uma especie de *corpo* de amazona. Abotoa com botões cobertos de velludo ou de pelucia, conforme o tecido escolhido para a gola e canhões, ou, excepcionalmente com travincas de passemaneria. A par das *jaquettes,* cuja admissão nas *toilettes* do inverno está definitivamente decretada, figuram mil variedades de *visites,* de *capas* e de *manteletes* custosos e confortaveis.

An einen dritten Jackentyp möchte ich noch erinnern. Es ist die Form, die Tailleur genannt wird; eine Art von Reitjacke. Knöpfe mit Samt oder Plüsch überzogen, entsprechend dem Stoff für Kragen und Manschetten, oder, ausnahmsweise, mit Schließen in Posamentierarbeit.

Neben den Jacken, deren Aufnahme in die Wintergarderobe unbedingt angezeigt ist, erscheinen tausend Variationen von kostbaren und bequemen Ausgehmänteln, Capes und Kurzmänteln.

Pt Pelo que respeita a *redingotes*, os tecidos mais usados são o panno preto, azul ferrete ou castanho, sendo a gola de velludo ou de pelles de Astrakan.

Was die Redingotes betrifft, sind die meist verwendeten Stoffe schwarzes, stahlblaues oder braunes Tuch mit einem Kragen aus Samt oder Plüsch.

A MODA PORTUGUEZA

Pt Vestido de luxo em bengaline azul pavão e musselina de seda palha. A saia é guarnecida a galão bordado a perolas e o panno da frente, da mesma fazenda mais escura, é guarnecido, d'alto a baixo, pelo mesmo *galão* e por uma especie de encanudado de musselina de seda que o desenho indica. Corpete liso reintrante na saia, abrindo sobre um plastron de musselina de seda, guarnecido a galão. Dos lados nascem folhos de musselina de seda que cahem sobre as mangas e terminam em bico na cinta. Gola franzida de musselina. Mangas balão, muito largas.

Luxuskleid aus pfauenblauem Bengaline[58] und Seidenmusselin. Der Rock ist mit perlenbestickter Borte verziert und der Stoff der Vorderseite aus dem gleichen Material, jedoch etwas dunkler, ist von oben bis unten mit der gleichen Borte und mit einer Art Kräuselbesatz aus Seidenmusselin verziert, was auf der Abbildung zu sehen ist. Glattes, in den Rock reichendes Oberteil, das oben durch ein mit Borten geschmücktes Plastron aus Seidenmusselin unterbrochen ist. An den Seiten treten Volants aus

---

[58] Gerippter Stoff aus bengalischer Seide (http://www.stofflexikon.com/bengaline/107/bengaline.html 05.06 2009)

Seidenmusselin hervor, die über die Ärmel fallen und in einer Spitze am Rockbund enden. Halsbund mit Kräuseln aus Musselin. Sehr weite Ballonärmel.

Pt Vestido de sarja de lã côr de louza, com entremeios de seda preta. Saia em forma de sino, guarnecida em volta com tres ordens de entremeios. Corpete justo, preso nas costas e debaixo dos braços, com guarnições de entremeios na frente. Abas de cabeção guarnecidos a contas de azeviche. Laços de fita de setim sobre as espaduas. Cinto do mesmo tecido e manga globo com punhos guarnecidos a entremeios.

Kleid aus Woll-Serge in schiefergrau mit Einsätzen aus schwarzer Seide.[59] Glockenrock umlaufend verziert mit drei Reihen von Einsätzen. Enges Oberteil, anliegend am Rücken und unten an den Armen, mit Verzierungen durch Einsätze vorne. Der Rand des Kragens ist verziert mit Gagatperlen (Pechkohle). Schleifen aus Satinband auf den Schultern. Gürtel aus dem gleichen Stoff und Ballonärmel mit Bündchen, die mit Einsätzen verziert sind.

Pt Vestido para senhora nova em sarja de lã, guarnecido a galão prateado e velludo preto. Saia cortada em forma de sino, caindo em grandes encanudadas. Deve ser guarnecida como indico o desenho, d'um estreite cordão prateado entre duas fitas de velludo preto. Corpete bluza franzido na frente, fechando na cinta com guarnição de velludo e cordão prateado. Mangas duble balão, separadas por bracelete da velludo e cordão.

Kleid aus Woll-Serge für eine junge Frau, verziert mit Silberborte und schwarzem Samt. Rock in Glockenform geschnitten, der stark gekräuselt herabfällt. Er soll, wie die Abbildung zeigt, mit einer schmalen Silberlitze zwischen zwei Bändern aus schwarzem Samt verziert werden. Blusenoberteil, vorne gekräuselt an der Taille schließend mit einer Verzierung aus Samt und Silberlitze. Doppelter Ballonärmel, getrennt durch ein Armband aus Samt und Litze.

---

[59] Seit dem 12. Jh. gab es den SERGE (von mlat. *sargium,* lat. *sericus* ›seiden‹; ahd. *sarsche*), ein glattes Köpergewebe, (heute Sammelbezeichnung für glatte Köpergewebe), urspr. aus Seide...(Loscheck 1994: 428)

5 Etymologie und Wortgeschichte

Im folgenden Kapitel wird die etymologische Untersuchung der französischen Lemmata in alphabetischer Reihenfolge vorgestellt. Als Arbeitsgrundlage dienen dabei besonders die etymologischen Wörterbücher der französischen Sprache, TLF[60] und FEW. Die hier nur auszugsweise wiedergegebenen Lexikoneinträge entsprechen in Orthografie und Interpunktion den Quellen. Durch die Kürzung der Artikel ist die fortlaufende Gliederung der der Abschnitte mit Zahlen oder Buchstaben nicht mehr folgerichtig.

Um diachrone und diatopische Entwicklungen im Wortschatz der Mode zu dokumentieren, werden dann Lexikoneinträge der französischen, italienischen, spanischen und portugiesischen Sprache aus dem 19.–21. Jahrhundert zum Vergleich herangezogen. Der französische Einfluss auf die deutsche Modeterminologie wird zum einen durch die Verwendung zweisprachiger Bedeutungswörterbücher deutlich, zum anderen wird zur Ergänzung das etymologische Wörterbuch der deutschen Sprache von Kluge dienen.

Der Artikel zu jedem Stichwort setzt sich aus den wörtlichen Zitaten und einem persönlichen Kommentar zusammen. Um die Lesbarkeit der zitierten Abschnitte zu erhalten, sind weder Anführungszeichen noch der Zitatblocksatz verwendet worden, sondern ein einleitendes Kürzel für jedes Wörterbuch.

AIGUILLETTE, subst. **fém.**

> **TLF:** Petit cordage destiné à lier ensemble deux objets, c'est-à-dire à faire un aiguilletage (*cf. aiguilletage*):
> **B.** PASSEMENTERIE. Cordon, tresse ou ruban ferré aux deux extrémités.
> **1.** Servant anciennement à lacer un vêtement et plus particulièrement le haut-de-chausses au pourpoint. *Aiguillette de fil, de soie:***2.** Utilisé plus récemment comme ornement.
> **ÉTYMOL. ET HIST. 2.** 1376 « cordon ferré par les deux bouts » (9 janv. 1376, *Mand. de Charles V,* p. 684 ds GDF. 1534 « cordon servant à

---

[60] Das Verzeichnis der Wörterbücher und der verwendeten Abkürzungen befindet sich in der Bibliographie.

attacher les chausses (au plur.)» XVIe s. milit. « ornement porté sur l'uniforme, qui varie selon le grade »

Dér. de *aiguille** l'étymon lat. **aquilia* (lat. class. *aculeus* « aiguillon »)

FEW (I:24): acucula – nadel Afr. aguille, nfr. aiguille (tritt seit dem 15. jhnif. auf und setzt sich im 16. jh. durch.) Ablt. fr. aiguilette

Peschier (1862): Nestel, Nestelband, Nestelschnur, Nestelriemen

Sachs-Vilatte (1900): Nestel, Schnürband, Nestelschnur, Nestelriemen

Ital. (2002): gugliata f. - Faden(länge)

Span. (2001): agujetas f. pl. -Muskelkater

Port. (2006): agulheta f. 1. remate metálico de cordões e atacadores; 2. agulha grossa para enfiar cordões e fitas

Aiguille f.- die Nadel entspricht dem lateinischen Wort ACUS F. Die mit dem Diminutiv-Suffix *-ette* gebildete Ableitung *aiguillette* bezeichnet eine Kordel, die an beiden Enden mit Metallspitzen versehen ist. Solche Schnüre dienten dazu, verschiedene Teile der Bekleidung, besonders Oberteil und Beinkleider, miteinander zu verschnüren. Seit der Mitte des 17. Jahrhunderts wurden sie durch Haken oder Knöpfe ersetzt (Leloir 1951:3).

In dem angeführten Beispiel von 1870 wird ein Spitzenband, das nur dekorativen Zweck erfüllt, *aiguillette* genannt. Ähnlich gebildete Wörter bezeichnen im Italienischen ein Stück Faden, im Spanischen den Muskelkater. Das portugiesische Wort steht für die Metallspitze einer Kordel oder eine besonders grobe Nadel.

Aiguillette ist im französischen Wortschatz heute ebenso selten zu finden wie Nestel im deutschen. Die einzige im Frz. 2004 angegebene Übersetzung bezeichnet ein Stück Fleisch, nämlich das Filet.

BASQUE, subst. fém.

> **TLF: A.** HABILLEMENT 1. Partie découpée du vêtement qui descend au-dessous de la taille. *Habit à petites, à grandes basques* (*Ac.* 1835–1932).
> **ÉTYMOL. ET HIST. 2.** 1532 basque « partie d'étoffe située au-dessous de la ceinture du corsage ou du pourpoint [ici du corsage] » Tous ces

mots remontent au germ. *bastjan* (*bâtir**). 2 est dû à une contamination avec *basquine**.

Peschier (1862): (Rock) Schoß

Sachs-Vilatte (1900): (Rock-) Schoß

Frz. (2004): Rockschoß

Span. (2001): basquiña f. – schwarzer Unterrock

R. A. Esp. (2001): basquiña (De vasco).
1. f. Saya que usaban las mujeres sobre la ropa para salir a la calle, y que actualmente se utiliza como complemento de algunos trajes regionales.

Basque bezeichnet die an der Taille angesetzten Stoffteile der Oberbekleidung, welche die Oberschenkel bedecken. Die Ableitung aus dem germanischen *bastjan* führte im Altfranzösischen zu der Form *baste* und durch eine Annäherung an *basquine*, spanisch *basquiña* 'Rock der baskischen Frauen' entstand die Form *basque* (Le Petit Robert 1992: 166). Der Begriff wurde im 16. Jahrhundert aus dem Französischen in die italienische Sprache übernommen mit den Formen *basca* und *baschina* (Rüfer 1981:35).

Bei den ausgewählten Modellen aus dem 19. Jahrhundert sind die Rockschöße zu einem separaten Bestandteil der Damengarderobe geworden. Zur Betonung von Hüfte und Gesäß wurden sie über dem Rock angelegt. Entweder waren die beiden seitlichen und ein rückwärtiger Rockschoß an einem Gürtel befestigt oder das Gebilde wirkte wie ein zweiter Rock aus drapierten Stoffbahnen unterschiedlicher Länge.

BERTHE, subst. fém.

TLF: HABILL. Garniture en forme de petite pèlerine généralement de dentelle posée sur le décolleté d'une robe ou d'un corsage:
ÉTYMOL. ET HIST. 1847, janv. habill. « sorte de pèlerine » (J. LORMEAU, *Modes* dans *Journal des Femmes*, p. 44 : Le Magasin des Armes de Flandre se recommande par ses charmants objets de lingerie; ... des volants de robes, des *berthes* en point de Venise ou autres, et de riches valenciennes, aux prix les plus modérés); 2). Du nom de la reine *Berthe*, mère de Charlemagne, rendue célèbre par la chanson de geste *Berte aus*

grans piés de la 2e moitié du XIIIe s. et modèle de sagesse et de modestie.

Sachs-Vilatte (1900): kleiner Kragen, Besatz am Leibchen eines Frauenkleides

Zingarelli (2003): berta [fr. berthe 'leggera pellegrina per coprire la scollatura', vc. pubblicitaria richiamantesi alla saggia e modesta madre di Carlo Magno, Berta; 1913]
Nell'abbigliamento femminile ottocentesco, ampia bordura di merletto nelle scollature | Scialle di merletto.

R. A. Esp. (2001): berta (Del n. p. *Berta*).
1. f. desus. Tira de punto o blonda que adornaba generalmente el vestido de las mujeres, por el pecho, hombros y espalda.

Berthe oder *Bertha*, bezeichnet ein breites Spitzenband, das in der zweiten Hälfte des 19. Jahrhunderts in vielen Varianten auf einem Kleid getragen wurde. Meist umrahmte es das Dekolletee, wurde auf der Brust gekreuzt und die Bandenden hingen auf den Rock herab oder wurden wieder zum Rücken geführt. Nach Leloir (1951:34) handelt es sich um eine Reminiszenz an die großen Spitzengarnituren, die zur Zeit Ludwig XIV. getragen wurden.

Der Verweis auf die Benennung dieser Verzierung nach der Mutter Karls des Großen entfällt im Spanischen: „berta f. desus. - Tira de punto o blonda, que adornaba el vestido de las mujeres" (Alvar 1987). Die Ergänzung 'desus.' bedeutet, dass der Begriff nicht mehr gebräuchlich ist. Da Spitzenbänder außer Mode gekommen sind, findet man *Berthe* heute kaum noch im Wörterbuch. Der Begriff war von der Mitte bis des 19. Jahrhunderts bis zum Beginn des 20. Jahrhunderts üblich.

BIAIS, BIAISE, subst. masc. et adj.

TLF: I. *Substantif* **A.** Direction, forme, position oblique. *Le biais d'un mur* : *En partic., COUT.* La diagonale d'un tissu par rapport à la direction des fils : *De biais.* Anton. *de droit fil.*

ÉTYMOL. ET HIST. 1. *Ca* 1250 loc. adv. *de biais* « qui n'est pas coupé dans le droit fil » (DOUIN DE LAVESNE, *Trubert,* éd. G. Raynaud de Lage);

Peschier (1862): Schiefe, Schräge

Sachs-Vilatte (1900): schräge Fläche, Linie, Richtung

Frz. (2004): Umweg, de biais, en biais - schräg, Schrägstreifen

Ital. (2002): sbieco m. Quer-. Schrägband, Querstreifen

Span. (2001): bies m. Besatzstreifen

R. A. Esp. (2001): bies (Del fr. *biais,* sesgo). m. Trozo de tela cortado en sesgo respecto al hilo, que se aplica a los bordes de prendas de vestir.

Port. (2006): viés m. 1. direcção obliqua; esguelha; 2. tira de pano cortada da peça, em diagonal

Biais bedeutet in adjektivischer oder adverbialer Verwendung schräg und ist damit ein Synonym von *oblique*. Als Substantiv bezeichnet das Wort eine schräge Linie. Übertragen auf die Schneiderei ist damit ein schräg zum Fadenlauf zugeschnittener Stoffstreifen gemeint, der in der deutschen Fachsprache auch Paspel genannt wird. In der Bezeichnung und in der Bedeutung gibt es bis heute keine Veränderung. Der Ursprung des Wortes soll im griechischen EPIKARSIOS liegen und über das Altprovenzalische in die französische Sprache gelangt sein (Le Petit Robert 1992:179).

Für das Italienische wird im DELI eine Ableitung von *bieco* angeben, was aus dem provenzalischen *biais* entstanden sein könnte (DELI 1999: 1440 u. 212). Nicht nur in den vier romanischen Sprachen ist der gleiche Wortstamm vertreten, auch in der englischen Sprache bedeutet *biais* „schräg, schräger Schnitt, Keil" (Cassell's 1951).

CAMISOLE, subst. fém.

TLF: A. Vêtement court ou long et à manches, qui se portait sur la chemise. *Camisole de flanelle, de toile; mettre sa camisole, être en cami-*

sole. En partic., vx. Court vêtement de nuit porté par les femmes sur la chemise de jour.
B. Camisole de force. Vêtement à manches fermées utilisé pour ligoter les malades mentaux agités:
ÉTYMOL. ET HIST. 1. 1547 *camizolle* (*Comptes des funérailles de François I*^{er} ds GAY); 1578 *camisole* (H. EST., *Nouv. lang. franç.-ital.*, I, 347 ds GDF. *Compl.* : J'en sais qui disent chemisole, non pas **camisole**); **2.** 1832 *camisole de force* (LAND.). Empr. au prov. *camisola* (BL.-W.^{5}; *FEW* t. 2, p. 142a; *EWFS*^{2}), dim. de *camisa* (suff. *-ola*), attesté dep. 1524 (*quamisolla* ds PANSIER t. 5). Un empr. à l'ital. *camic(u)ola* dimin. de *camicia* « chemise » (*REW*^{3}, n° 1550; DAUZAT 1973; *DG*; *DEI*) attesté dep. la fin du XVIe s. (d'apr. *DEI*).

FEW (II,1:140): camisia - hemd

Peschier (1862): Kamisol, Wamms, Westchen, - de flanelle, Flanelljacke; - de force, Zwangsjacke.

Sachs-Vilatte (1900): kurzes Wams, Unterjacke, - de force Zwangsjacke.

Frz. (2004): Mieder, camisole de force Zwangsjacke

Ital. (2002): camicia f. Hemd, camicia di contenzione/ forza Zwangsjacke. camiciola f. 1.leichtes Hemd, Sommerhemd 2. Unterhemd

Span. (2001): camisa f. Oberhemd, - de fuerza Zwangsjacke camisola f. 1. Vereinstrikot 2. feines Herren(ober)hemd 3. Spitzenhemd

Port. (2006): camisa f. - 1. peça de vestuário de tecido leve para tronco e braços, geralmente com colarinho e botões à freinte; 2. peça de vestuário feminino para dormir, Camisa-de-forças

Camisole, abgeleitet vom italienischen *camicia* mit dem Suffix *–ola* ist seit dem 16. Jahrhundert in der französischen Sprache belegt. Im 16./17. Jahrhundert wurde eine Jacke für Männer, die zwischen Hemd und Wams getragen wurde, so bezeichnet, im 19. Jahrhundert ist der Begriff auf eine Nachtjacke für Frauen aus leichtem Wäschestoff übertragen worden. Während *camisole* im Petit Robert (1992:242) in gleicher Weise erklärt wird, mit der Ergänzung 'veraltet', ist die im zweisprachigen Pons Wörterbuch (Frz. 2004) angeführte Übersetzung 'Mieder' ungewöhnlich. In der Bezeichnung für Zwangsjacke hat sich im Französischen eine Wortverbindung mit *camisole* erhalten. In den übrigen romanischen Sprachen wird das Morphem ohne Diminutivsuffix als Bezeichnung für ein Herrenoberhemd verwendet.

Im Wörterbuch von Peschier (1862) erscheint Kamisol als deutsche Bezeichnung, ebenso im etymologischen Wörterbuch der deutschen Sprache (Kluge 2002). Für die Kölner Mundart wird der Begriff in der Schreibweise Kamesol angeführt (Kramer 1992:166). Ein Hinweis auf einen ehemals regen Gebrauch des Begriffs liefern die mundartlichen Ableitungen: *Kamesölche* in Köln (Windisch 1990:105) und die Verbform *f^{e}rkamm^{e}sō'ln* im Siegerland mit der Bedeutung 'verprügeln' (Kowallik 1990:168).

CASAQUE, subst. fém.

> **TLF: A.** HABILL. Vêtement masculin de dessus, à larges manches. **B.** *P. ext.* Blouse longue à manches, demi-ample ou ajustée portée par les femmes.
>
> **ÉTYMOL. ET HIST. 1.** 1413 « vêtement de dessus à larges manches » (J. DES URSINS, *Hist. de Charles VI*, s. réf. ds GAY, *s.v. huque*); **2.** 1509 *hazaque* (J. LEMAIRE DE BELGES, *Illustr. de la Gaule*, I, 43, éd. J. Stecher, t. 1, p. 328 : habillement [...] de tel sorte, que les Turcz le portent à présent); **3.** 1534 « vêtement militaire » (ISAMBERT, *Recueil gén. des anc. lois fr.*, XII, 385 ds BARB. *Misc.* 17, n° 10); **4.** [XVIIe s. s. réf. ds *Lar. Lang. fr.*] 1863 « sorte de manteau de femme » (LITTRÉ); **5.** 1846 « veste de jockey », *supra*. Étymol. obsc. L'hyp. la plus probable semble être celle d'un empr. au turc « aventurier, vagabond, nomade » (BARB. *Misc., loc. cit.*) ou « *id.* » (LOK., n° 1143), nom donné à un peuple turc de la côte septentrionale de la mer Noire, constitué en un corps de chevaliers légers par les Polonais au XIVe s. (d'apr. BARB. *Misc., loc. cit.*), d'où *casaque* (alternant en m. fr. avec *cosaque**) appliqué ultérieurement au vêtement porté par ces cavaliers. L'hyp. de l'empr. au persan « espèce de jaquette » (*FEW* t. 2, p. 562; BL.-W.[5]; v. aussi A. Thomas ds *Romania*, t.

35, p. 600) par apocope de l'élément *-and* considéré comme suff. est moins plausible.

FEW (II,1:562): kasagand (pers) jacke

I. Afr. *casingan* „jaquette d'étoffe riche,comme velours et drap de soie, avec ou sans broderie" (ca 1196)

II. 1 Apr. *cassaqua* „esp. de paletot sans ceinture, tombant aux genoux, à courtes et larges manches refendues et laissant l'avant-bras à découvert" (1450, Pans)

Peschier (1862): Reise-, Reitrock, Regenmantel

Sachs-Vilatte (1900): 1.(weit-armiger) Reiserock 2. † Kasacke (Mantel der Musketiere, der Leib- kompanien) 3. grober Kittel

Frz. (2004): 1. Flügelhemd, 2. Jockeydress

Ital. (2002): casacca f. 1. (giacca da donna) Kasack 2. Uniformjacke, Soldatenrock 3. (sport) Hemd

Zingarelli (2003): casacca [da (veste) cosacca 'veste dei cosacchi'; 1480] s. f.

1 Lunga giacca chiusa fino al collo in certe uniformi militari | (fig.) Voltare, mutare casacca, cambiare idee politiche e sim.

2 Specie di giacca di taglio diritto e piuttosto ampia.

3 Nell'ippica, giubba indossata dai fantini e dai guidatori di trotto | Maglia dei giocatori di calcio, dei corridori ciclisti e sim. quale simbolo di appartenenza a una squadra.

|| casacchetta, dim. | casacchina, dim. | casacchino, dim. m. | casaccone, accr. m. | casaccuccia, dim.

Span. (2001): casaca f. - (de hombre) Gehrock, (de mujer) Kasack

R. A. Esp. (2001): casaca. (De or. inc.; cf. fr. *casaque*, it. *casacca*).
1. f. Vestidura ceñida al cuerpo, generalmente de uniforme, con mangas que llegan hasta la muñeca, y con faldones hasta las corvas.

Port. (2006): casebeque m. - casaco curto de senhora (De origem obscura) casaca f. - peça do vestuário masculino, de cerimónia, com abas que descem a partir da cintura – Frack casaco m. - 1. peça do vestuário com mangas que se usa, como agasalho, sobre a camisa, a camisola, o colete, o vestido, etc. 2. jaqueta (de casaca) casacão m. - {aumentativo de casaco} casaco grande que se veste sobre outro; sobretudo (De casaco + ão)

Casaque wird oder wurde in jeder hier untersuchten Sprache zur Bezeichnung eines Kleidungsstücks verwendet. Variationen bestehen in der Orthografie und der Wortendung. Im Portugiesischen und Italienischen wird das Wort je nach Bedeutung im Genus und durch Suffixe variiert.

Das FEW gibt Frankreich als Ausgangspunkt für die Verbreitung des Wortes an. Bei der Klärung von Herkunft und Bedeutung stimmen die Angaben in den entsprechenden Wörterbüchern weniger überein. „Da (veste alla) cosacca" lautet die Erklärung in DELI 1999, in Larousse 2008 wird das persische Wort *kasagand* als Ursprung angegeben und bei Kluge 2002 heißt es: „Es ist umstritten, ob die Bezeichnung auf den Namen (und die Sache auf die Kleidung) der Kosacken zurückgeht."

In der Damenkleidung des 19. Jahrhunderts wird mit *casaque* stets eine Jacke bezeichnet, die über dem Kleid getragen wird. In der Verwendung für Herren kann es sich im Italienischen um einen Soldatenrock, im Spanischen um einen Gehrock und im Portugiesischen um einen Frack handeln. Hinzu kommt im Französischen die Bedeutung 'Jockeydress'. Die Übersetzung 'Flügelhemd' scheint aus dem Rahmen zu fallen, da mit dieser deutschen Wortschöpfung kein konkretes Kleidungsstück in Verbindung gebracht wird. Eine Erklärung dazu findet sich bei Leloir mit der Beschreibung der *Casaque des mousquetaires:* „Elle était ouverte des deux côtés, et au lieu de manches, les épaules et bras étaient garnis de deux ailes, cousues à l'entournure des épaules, qui se boutonnaient aux pièces du devant et du dos." (Leloir 1951:70)

Boucher fasst in seiner Kostümgeschichte die unklare Herkunft und die wechselnden Bedeutungen zusammen:

> Casaque: Sorte de paletot sans ceinture, demi-long, à courtes et larges manches. [...] L'origine du nom a été cherchée dans un vêtement de cosaque, dans la casack hébreu et même dans la caracalla gauloise.[...] son nom a servi au XIXe s. à designer des vêtements ou parties de vêtements féminins portés soit en dessus de robe, soit en manteaux et, au Xxe s., il designe tout corsage porté par dessus la jupe.
> (Boucher 1965:428)

CEINTURE, subst. fém.

TLF: I. Ce qui entoure le corps de l'homme. **A.** Objet placé autour de la taille.1. Bande de matière souple ou flexible (cuir, étoffe, matière plastique, métal, etc.) nouée, agrafée ou bouclée autour du corps au-dessus des hanches et qui sert à tenir ou à orner un vêtement, à maintenir à portée de main divers objets (armes, bourse, etc.).

ÉTYMOL. ET HIST. 1. Début XIIe s. *ceingture* « bande de tissu maintenant un vêtement à la taille » (*Psautier Oxford,* éd. Fr. Michel, 108, 18); *ca* 1175 *ceinture* (CHR. DE TROYES, *Chevalier Lion,* éd. W. Foerster, 1891); **2. a)** 1160-74 « région du corps où l'on porte la ceinture » (WACE, *Rou,* éd. H. Andresen, II, 1316); **b)** 1611 « partie du vêtement qui entoure la taille » (COTGR.); Du lat. class. « bande de tissu enserrant la taille ».

FEW (II,1:677): cinctura – gürtel

1.fr. *ceinture* „bande d'étoffe, de cuir, etc., destinée à serrer les vêtements à la taille" (seit 12. jh.)

CINCTURA ist im lt. selten. Es lebt weiter in it. *cintura*, piem. *sentura*, kat. sp. pg. *cintura*, sowie im gallorom.

Aus dem fr. entlehnt ndl. *ceintuur*, fläm. *centure* Teirlinck, lothrd. *sendür*, els. schweizd. *sentüre*.

Peschier (1862): Gurt, Gürtel, Leibbinde, Lendengegend, Rock-, Hosenbund

Sachs-Vilatte (1900): Gürtel, Gurt, Lendengegend, Bund (an Hosen und Weiberröcken)

Frz. (2004): Gürtel, Bund, Taille

Ital. (2002): cintura f.-1. Gürtel, 2. Gürtellinie, Taille, 3. Bund, Saum

Span. (2001): cinto m. - Gürtel, Taille
cintura f. - Taille, Bund

R. A. Esp. (2001): cinto (Del lat. *cinctus*, de *cingĕre*, ceñir).
1. m. Faja de cuero, estambre o seda, que se usa para ceñir y ajustar la cintura con una sola vuelta, y se aprieta con agujetas, hebillas o broches.
m. cintura (parte estrecha del cuerpo sobre las caderas).

Port. (2006): cinto m. - faixa de couro ou de outro material com que se ajusta o vestuário à cintura,
cintura f. - 1. região do corpo humano, imediatamente acima dos quadris; 2. parte do vestuário que rodeia e aperta essa região do corpo

Abgeleitet vom lateinischen CINGERE haben sich in den romanischen Sprachen sehr ähnliche Wörter entwickelt, die entweder den Gürtel oder die Stelle am Körper bezeichnen an der er angelegt wird. Anne Potthoff erwähnt CINCTUS, -ŪS m. und die Ableitung CINCTICULUS mit der Bedeutung 'Gürtel, Gurt, Schurz' in der Liste lateinischer Kleidungsbezeichnungen mit dem Zusatz, dass es sich um ein selten belegtes Wort handelt (Potthoff 1992:226).

Aus dem Französischen gibt es Entlehnungen in den angrenzenden germanischen Dialekten und Sprachen in Schweiz, Elsass, Lothringen, Belgien und den Niederlanden. In der deutschen Schriftsprache gibt es keinen Einfluss durch irgendeine der romanischen Bezeichnungen für den Gürtel.

CHÂLE, subst. masc.

TLF: A. Longue pièce d'étoffe que les Orientaux portent en turban, en ceinture ou sur les épaules
B. Pièce d'étoffe carrée ou triangulaire que les femmes portent sur leurs épaules en la croisant sur la poitrine. *Châle de cachemire, de laine, de soie; châle français, turc, de l'Inde; châle à palmes, à franges.*
ÉTYMOL. ET HIST. [1663 *chalou* (Remontr. de Fr. Pelsart, p. 3 ds KÖNIG, p. 62)]; 1665 *scial* (*Les fam. Voy. de Pietro della Valle*, t. IV, p. 215, *ibid.* [trad. de l'ital.]); 1670 [d'apr. ARV., p. 10] *chale* (F. BERNIER, *Hist. de la dern. Révol. des Estats du G^d Mogol*, t. 1, p. 160, *ibid.*, p. 63); 1770 *chaale* (G. RAYNAL, *Hist. du commerce des Européens dans les 2 Indes*, I, 434 ds BRUNOT t. 6, p. 1233); 1791 *schal de Kachemire* (VOLNEY, *Les Ruines* ds *Œuvres*, éd. 1821, 1, 24 d'apr. Barbier ds *Mod. Lang. R.* t. 16, p. 255, note); 1793 *schawl* (MACKINTOSCH, *Voyages*,

1, p. 301, *ibid.*). Empr. à l'hindi *shāl* « *id.* », d'orig. persane. La forme *schawl* 1793 révèle l'infl. de l'angl. *schawl* (dep. 1662, récit de voyage ds *NED*); cette infl. est difficile à établir pour les autres formes.

Peschier (1862): Schahl, Shawl, Umschlagtuch

Sachs-Vilatte (1900): Shawl, Umschlagtuch

Frz. (2004): [Schulter]tuch

Ital. (2002): scialle m. - Schulter-, Umschlagtuch

Zingarelli (2003): scialle o (rom.) sciallo [dal fr. châle, risalente al persiano sal; 1621]
Riquadro o triangolo di tessuto, seta o lana, che si indossa per ornare e proteggere le spalle.
|| sciallettino, dim. | scialletto, dim. | sciallone, accr. | scialluccio, dim.

Span. (2001): chal m. - Schal, Halstuch, Schultertuch

R. A. Esp. (2001): chal (Del fr. *châle*, y este del persa *šāl*).
m. Paño de seda o lana, mucho más largo que ancho, y que, puesto en los hombros, sirve a las mujeres como abrigo o adorno.

Port. (2006): xaile m. /xale m. - peça de vestuário com a forma de um triângulo ou de um quadrado dobrado na diagonal, em geral franjado e utilizado sobre os ombros (Do pers. xál, «id.»)

In allen aufgeführten Sprachen gibt es ein ähnlich ausgesprochenes Wort. Während 'Schal' im Deutschen heute meist ein Zubehörteil der Wintergarderobe bezeichnet, handelte es sich im 19. Jahrhundert um ein eigenständiges Kleidungsstück, das entweder als Quadrat, als Dreieck oder als langes, rechteckiges Tuch beschrieben wird. Die Schreibweise dieser persischen Bezeichnung für ein Umschlagtuch musste in jeder Sprache nach eigenen Regeln gefunden werden. Aus den Beispielen im TLF, Peschier und Sachs-Vilatte lässt sich ablesen, dass zeitweise die englische Schreibweise *shawl* Einfluss auf die französische und deutsche Sprache hatte. In welcher europäischen Sprache das Wort zuerst auftaucht, ist nach den vorliegenden Angaben unklar. Die Italienischen und spanischen Angaben verweisen auf eine Verbreitung über das Französische. Die Beliebtheit des *châle* in der Damenmode des 19. Jahrhunderts steht jedoch außer Frage.

Man war nicht mehr auf Importe aus fernen Ländern angewiesen sondern profitierte vom technischen Fortschritt der Textilindustrie im eigenen Land.

On a fait des châles de soie, des châles de dentelle d'un prix considérable. [...] Une maison française copia les dessins indiens du cachemire et transforma le tissage à la main en tissage mécanique. Le châle était ainsi beaucoup plus léger et moins cher. Il devint donc sous Louis-Philippe et Napoléon III d'un usage bourgeois et même populaire.
(Leloir 1951:83)

CHEMISE, subst. fém.

>**TLF:** I. [La chemise est un vêtement] A. Partie de l'habillement d'homme et de femme couvrant le buste et les bras, généralement porté sur la peau. **B.** *Spécialement* **1.** [En tant que vêtement d'homme] Pièce du vêtement masculin en tissu léger, souvent porté à même le corps, couvrant le torse, à manches généralement longues, comportant un col et se fermant ordinairement par-devant au moyen de boutons:
>**2.** [En tant que vêtement d'homme et de femme]*Chemise de nuit*. Vêtement de nuit d'un seul tenant, souvent ample, couvrant le torse et les jambes, porté actuellement surtout par les femmes.
>REM. Se dit auj. surtout pour un sous-vêtement de femme (*cf. Pt* ROB. et DAVAU-COHEN 1972).
>**ÉTYMOL. ET HIST. 1.** Xe s. *chamisae* « vêtement de toile porté à même la peau » (*Passion*, éd. d'Arco Silvio Avalle, 267); Du b. lat. *camisia* au sens 1 au IVe s. (Saint-Jérôme ds *TLL s.v.*, 207, 30).
>
>**FEW (II,1:140):** camisia - hemd
>I.1 Fr. chemise „vêtement le plus souvent de linge, qu'on porte sur la peau et qui couvre le corps du cou au genoux" Ablt.- Nfr. chemisette „brassiere que portent les femmes de basse condition" (Ac 1694 -Fé 1787), „corsage léger, non doublé, non ajusté" (seit Lar 1869)
>
>**Peschier (1862):** Hemd, Taghemd, Nachthemd, Mannshemd, Weiberhemd
>
>**Sachs-Vilatte (1900):** Hemd
>
>**Frz. (2004):** Hemd
>
>**Ital. (2002):** camicia f.- Hemd, chemisier m. - Hemdblusenkleid

Zingarelli (2003): chemisier fr. [vc. fr., da chemise 'camicia'; 1963] Abito femminile d'un solo pezzo, semplice e sobriamente rifinito, che si ispira alle caratteristiche della camicia maschile.

Span. (2001): camisa f. . - Hemd

Port. (2006): camisa f. . -1. peça de vestuário de tecido leve para tronco e braços, geralmente com colarinho e botões em frente; 2. peça de vestuário feminino para dormir com forma de vestido ou túnica; (Do gr. kámasosos, « túnica », pelo lat. med. camisia-, « camisa »)

Camisia zur Bezeichnung eines Hemdes hat sich in allen romanischen Sprachen durchgesetzt. Das Hemd gehört jedoch nicht zu den Kleidungsstücken, die zu Caesars Zeiten in Rom getragen wurden. Im Vulgärlatein ist der Begriff im 4. Jahrhundert nachgewiesen. Zur Herkunft des Wortes gibt es im Petit Robert die Anmerkung „o.i.- origine inconnue ou très incertaine." (Robert 1992) Das portugiesische Wörterbuch (Port. 2006) nennt das griechische Wort KÁMASOSOS als Ursprung und Guillemard zitiert in ihren Worterklärungen ein persisches Wort *camis* zur Bezeichnung eines Kleidungsstücks mit angesetzten Ärmeln. (Guillemard 1991:63) Kluge gibt in seinem Eintrag über das Hemd folgende Erklärung zum lateinischen CAMISIA ab: „L. camīsia f. gr. kamásion n. sind wohl aus einem urverwandten Wort einer Balkansprache entlehnt worden." (Kluge 2002:406) Es ist also unklar, wie das Wort in die romanischen Sprachen gekommen ist.

Im Französischen hat sich aus *camisia* durch den historischen Lautwandel die Form *chemise* ergeben. Diese Grundform wurde in keine andere Sprache integriert. In der italienischen Sprache ist die Ableitung *chemisier* zur Bezeichnung eines Hemdblusenkleides nachgewiesen (DELI 1999:328).

In der deutschen Modefachsprache gibt es den zusammengesetzten Begriff 'Chemisekleid' für die aus Frankreich übernommenen Empirekleider, die in den beiden ersten Jahrzehnten des 19. Jahrhunderts in ganz Europa getragen wurden. Eine weitere Entlehnung in den deutschen Sprachraum wird unter dem folgenden Stichwort *chemisette* abgehandelt.

CHEMISETTE, subst. fém.

> **TLF**: A. Petite chemise d'homme ou de femme, avec ou sans col, portée sur la peau.
> B. [En tant que vêtement d'homme]1. Vx. Devant de chemise généralement de linge fin. *Nos élégants portent la chemisette et le jabot plissés à la russe (L'Observateur des modes,* 15 mai 1821, no 7, p. 216). **2.** Chemise légère d'homme ou d'enfant à col et à manches courtes. *Chemisette de coton, de soie; chemisette d'été.*
>
> C. [En tant que vêtement de femme] **1.** *Vx.* Petite chemise souvent brodée ou plissée, portée sous une robe ouverte ou décolletée. *On voit une foule de chemisettes charmantes pour mettre avec les robes ouvertes (Journal des femmes,* mars 1850, p. 92). **2.** Corsage léger, non doublé, avec ou sans col, à manches généralement courtes, porté sur une jupe ou un pantalon. *Chemisette de toile, de coton, de flanelle; chemisette d'été*
> **ÉTYMOL. ET HIST. 1.** *Ca* 1220 « guimpe » (G. DE COINCY, *Mir. Vierge,* 570, 623 ds T.-L.); **2.** spéc. **a)** 1845 « devant d'une chemise » (BESCH.); **b)** 1845 (*ibid.* : les femmes appellent chemisette une sorte de col orné de broderies ou de dentelles). Dér. de chemise*; suff. -ette*.

Peschier (1862): Ueberhemdchen, Halbhemd, Chemisett

Sachs-Vilatte (1900): 1. Vor- , Über-hemdchen 2. Mieder (der Frauen)

Frz. (2004): kurzärmeliges Hemd

Ital. (2002): camicetta f. -Bluse

Span. (2001): camiseta f. -T-Shirt, Unterhemd, Trikot

Port. (2006): camiseta f. - 1. camisa de manga curta para homem; 2.espécie de camisa feminina, com ou sem mangas; blusa; (Do fr. chemisette, «id.»)

Chemisette, ein Diminutivum zu *chemise*, bezeichnet im ursprünglichen Wortsinn ein kleines Hemd. Kleiner, im Vergleich zum Hemd, ist ein gekürztes Hemd oder eines mit kurzen Ärmeln. Eine Bluse für Frauen oder ein Hemd aus besonders leichtem Stoff kann ebenso als *chemisette* bezeichnet werden. Diese Wortbedeutungen beschränken sich auf die französische Sprache. In den anderen romanischen Sprachen gibt es analoge Wortbildungen aus Grundwort und Diminutivum. Verbreitung im deutschen Sprachraum fand 'Chemisette' in seiner Bedeutung als 'Hemdbrust' oder 'Bluseneinsatz'. Zur Beschaffenheit dieser Hemd- und Blusenteile, die von der Mitte des 19. Jahrhunderts bis in die ersten Jahrzehnte des 20. Jahrhunderts getragen wurden, gibt Reclams Mode& Kostümlexikon Auskunft.

> Die Ch. wurde an das Herrenoberhemd geknöpft oder um dieses gebunden, um so den sichtbaren Teil des Hemdes öfter wechseln und das Oberhemd aus einfachem Stoff (z.B. Flanell) arbeiten zu können. [...] Bei der Dame ein weißer Brusteinsatz oder falscher, das Dekolleté mit bedeckender Kragen oft auch Stehkragen, aus Spitzen oder Musselin an Kleidern der 2. Hälfte des 19./Anfang des 20. Jh.s.
> (Loschek 1987:149)

COL, subst. masc.

 TLF: A. *Vx, littér.* Cou.

 C. P. méton. 1. [Pour désigner des choses] Partie du vêtement qui entoure le cou.

 ÉTYMOL. ET HIST. B. 1. 1177-80 « partie d'un vêtement qui entoure le cou » (CHR. DE TROYES, *Chevalier Lion,* éd. M. Roques, 1890); 2. 1838 *col de dentelle* « parure de lingerie chez les femmes » (E. DE GUÉRIN, Lettres, p. 236). Du lat. *collum* class. «cou»

 FEW (II,2,:911): collum hals

 2.a. Kragen. - Afr. *col* „partie d'un vêtement qui entoure le cou" (Chrestien, Rathb)

 Fr. *collet* „partie d'un vêtement qui entoure le cou" (seit 1280) Klt. COLLUM „hals" im älteren lt. COLLUS m., lebt mit ausnahme des vegl. und sard. in allen rom. sprachen.

 Peschier (1862): Halsband, Halsbinde, Kragen, Cravatte

 Sachs-Vilatte (1900): Halsbinde, Kragen

 Frz. (2004): Kragen

 Ital. (2002): collo m. -Hals, colletto m. - Kragen

Span. (2001): cuello m. - Hals, Kragen

Port. (2006): colo m. - parte do corpo humano formada pelo pescoço e ombros

Das lateinische Wort COLLUM-'Hals' hat sich in allen romanischen Sprachen erhalten. Teilweise hat sich jedoch eine Bedeutungserweiterung ergeben. In der italienischen und der portugiesischen Form bezeichnet es den Hals, im Spanischen sowohl den Hals als auch den Kragen. Im Französischen kam es zur Ausbildung von zwei Formen, eine mit erhaltenem und eine mit vokalisiertem ⟨l⟩ (Reiner 1980:46). Für *col* hat sich die metonyme Bedeutung 'Kragen' durchgesetzt, und die Form *cou* steht für die anatomische Bedeutung 'Hals'. Das Diminutivum *collet*, das im 13. Jahrhundert einen Kragen bezeichnete, wird heute nur noch für das Halsstück beim Fleisch gebraucht.

COLLERETTE, subst. fém.

TLF: A. HABILLEMENT **1.** Tour de cou généralement plissé que les hommes et les femmes portaient autrefois:1. Frans Hals peignait avec autant de volupté la fraise d'une *collerette* ou la frange d'une écharpe que le rire luisant d'une servante. É. FAURE, Hist. de l'art, 1921, p. 37 **2.** Petit volant froncé ou plissé garnissant le bord d'une encolure ou le décolleté d'une robe: 2. Les corsages ont alors des décolletés carrés, profonds, des collerettes à plusieurs rangs, qui les entourent en fuyant derrière la nuque. G. VILLARD, *Hist. abr. du cost.*, 1956, p. 87.

ÉTYMOL. ET HIST. 1309 (LOBINEAU, *Pr. de l'hist. de Bretagne*, t. 2, col. 1639 ds GAY). Dér. de *collier** par substitution de *-erette* (v. suff. *-eret* et *-ette*) à *-ier.*

Peschier (1862): WPE: Hals-kragen mit -krause, Halsbinde

Sachs-Vilatte (1900): ESV: (Weiber-) Kragen, Halskrause

Frz. (2004): Halskrause

Port. (2006): colar m. - 1. ornato para o pescoço ; 2. gola; colarinho (Do lat. collāre-,) «do pescoço»

colareta f. -parte da camisa sobre a qual assenta o colarinho (De colar + -eta)

colarinho m.- parte da camisa que rodeio o pescoço; gola ; colar (De colar +-inho)

Ein feiner, gekräuselter Spitzenkragen oder eine große, steife Halskrause können im Französischen als *collerette* oder als *fraise* bezeichnet werden. Die entsprechenden Bezeichnungen im Italienischen *collaretto* m. und im Spanischen *cuello de volantes* m. sind im Bildwörterbuch zu finden (Pons 2003:363). Eine analoge Wortbildung zeigt sich also im Französischen, Italienischen und Portugiesischen. Aus den Erläuterungen geht jedoch hervor, dass mit *colareta* im Portugiesischen der Teil des Hemdes bezeichnet wird, an den der Kragen angesetzt wird; der Kragen selbst heißt *colarinho*.

CORSAGE, subst. masc.

> **TLF:** A. *Vx* ou *archaïsme littér.* Partie du corps. **1.** Partie du corps humain comprise entre les hanches et les épaules. *Avoir du* corsage; un corsage engageant; le corsage maigre, plat.
> **B.** *P. méton.* [Vêtement].**1.** *Vx.* Partie du vêtement féminin qui recouvre le buste.
> **2.** *Usuel.* Vêtement féminin qui recouvre le buste.
> **ÉTYMOL. ET HIST. 1.** 1130-60 « ensemble du corps, spécialement le buste (d'un homme) » (*Couronnement Louis*, 1336 ds T.-L.), qualifié de „vieux" et de „burlesque" dep. RICH. 1680; *Ac.* 1835 précise „on ne le dit guère qu'en parlant des femmes"; **2.** av. 1778 « vêtement féminin qui recouvre le buste » (J.-J. Rousseau ds *Lar. 19ᵉ*). Dér. de l'a. fr. *cors* (*cf.* a. fr. *cors* « buste, tronc »), *corps**; suff. *-age**.

FEW (II,2:1212): corpus körper

> 1.1.a Afr. *cors* „ensemble des parties matérielles qui composent l'organisme de l'homme, de l'animal" (sei 9. jh.)
> Ablt.- Fr. *corsage* „partie du corps humain qui va des épaules á la ceinture (surtout de la femme)"(seit12. jh.)
> LT. CŎRPUS, -ORIS bedeutet vorerst „körper (von menschen und tieren)", im gegensatz zur seele. Es lebt in der ganzen Romania weiter. [...] Speziell bezeichnet dann das wort überall auch den rumpf, im gegensatz zu den gliedmaßen, s. oben b. Von da aus wird dann das wort auf das den

rumpf bedeckende kleidungsstück übertragen, ein wandel, der in den meisten rom. sprachen (it. *corpetto*) und auch im d. (*leibchen* usw.) seine genauen entsprechungen hat.

Peschier (1862): Leibchen, Mieder

Sachs-Vilatte (1900): weitS. (im weiteren Sinne) Leibchen, Mieder, Bluse

Frz. (2004): Bluse, ~d'une robe Oberteil

Ital. (2002): corpetto m. - 1. Leibchen; 2. Weste, 3. Mieder, Oberteil des Kleides

Span. (2001): corpiño m. - Mieder, Leibchen

Port. (2006): colete m. - peça de vestuário sem mangas que se veste geralmente por cima da camisa

Die Bedeutungsentwicklung vom lateinischen Wort CORPUS 'Körper' bis zur Bezeichnung von Kleidungsstücken, die am Körper getragen werden, hat sich in der gesamten Romania vollzogen. Bei den hier aufgeführten Wörtern für das Mieder handelt es sich in jeder romanischen Sprache um eine eigene Wortbildung aus Grundwort und Suffix. Während das französische Wort *corsage* jedes eng anliegende Kleideroberteil bezeichnet, versteht man im Deutschen unter Korsage ein enges, oft schulterfreies Oberteil von Abend- oder Brautkleidern.

CORSELET, subst. masc.

TLF: A. 1. *Région.* Petit corsage lacé sur le devant et serré à la taille. *Corselet de soie, de coton, de laine, de velours noir, de damas à fleurs, de drap doré; corselet à deux ouvertures, très ajusté; être serré dans un corselet; la taille sanglée dans un corselet.*

Peschier (1862): Brustharnisch

Sachs-Vilatte (1900): leichter Brustharnisch

Frz. (2004): Mieder

Zingarelli (2003): corsaletto[fr. corselet, dall'ant. fr. cors 'corpo'. Cfr. corsetto; 1520]

1 (ant.) Corazza leggera, portata spec. dai soldati di fanteria | (est.) Soldato armato di tale corazza.
2 Alta cintura a bustino, di pelle, velluto o altro tessuto.

Span. (2001): corselete m. - Korselett

R. A. Esp. (2001): corselete (Del fr. *corselet*).
1. m. Prenda de uso femenino que ciñe el talle y se ata con cordones sobre el cuerpo.

Port. (2006): corselete m. -1. antiga armadura para proteger o peito; 2. corpete (Do fr. corselet ‚« corpete »

Während die Wörterbücher des 19. Jahrhunderts unter corselet den Brustteil der Rüstung verstehen, ist im TLF das Wort so, wie die auf ein Diminutiv endende Ableitung vermuten lässt, als kleine *corsage* beschrieben. Die Aussage des TLF stimmt mit der Verwendung in der Modezeitschrift von 1870 überein. Es handelt sich nämlich um ein gehäkeltes, kleines Mieder für junge Mädchen. Die portugiesischen Definitionen entsprechen beiden aufgeführten Erklärungen. Im heutigen deutschen Sprachgebrauch versteht man unter Korselett ein leichtes, bequemes Korsett, das auch als Mieder bezeichnet wird (Loschek 1987:315).

Vom Französischen ausgehend wurde *corselet* mit entsprechenden Anpassungen in alle untersuchten romanischen Sprachen übernommen.

CORSET, subst. masc.

TLF: A. HABILLEMENT **1.** HIST. *Corset à armer, corset de fer.* (Au Moyen Âge) vêtement militaire en cuir ou en acier destiné à protéger le thorax.
2. *Usuel.* Sous-vêtement féminin, baleiné et lacé, destiné à soutenir la poitrine, à serrer la taille et le ventre et à maintenir les bas. *Corset habillé.* Corset rembourré utilisé au début du XIXe siècle par les femmes trop maigres. *Corset à la paresseuse* (vx). Sans baleine, porté sous l'Empire.
ÉTYMOL. ET HIST. 1. 1239 lat. médiév. *corsetus* « sorte de surcot d'homme » (Compte ds GAY); 1re moitié XIIIe s. « corsage de femme, partie ajustée du bliaut » (*Aucassin et Nicolette,* éd. M. Roques, XXI, 8);

„vieilli" ds *DG*; **2.** 1294 lat. médiév. *corsetus* « sorte de cotte de maille » (ds DU CANGE); **3.** 1821 « sorte de gaine baleinée et lacée, qui serre la taille et le ventre des femmes » (J. DE MAISTRE, *Soirées St-Pétersb.*, t. 2, p. 32); Dér. de la forme a. fr. *cors* (*cf.* le sens « partie du vêtement, corsage », Wace ds T.-L.) de *corps**; suff. *-et**.

Peschier (1862): Schnürleibchen, Schnürbrust Corsett

Sachs-Vilatte (1900): 1. Schnürleib, Korsett. 2. Mieder

Frz. (2004): Mieder, Korsett

Ital. (2002): corsetto m. - Korsett, Mieder

Zingarelli (2003): corsetto [fr. corset, dall' ant. fr. cors 'corpo'; 1278] 1 Bustino di tessuto resistente, con parti elastiche e stecche 2 Apparecchio ortopedico per la terapia o l'immobilizzazione postoperatoria della colonna vertebrale

Span. (2001): corsé m. -Korsett

R. A. Esp. (2001): corsé (Del fr. *corset*, dim. de *corps*).
m. Prenda interior armada con ballenas usada por las mujeres para ceñirse el cuerpo desde debajo del pecho hasta las caderas.

Port. (2006): corpete m.- peça de vestuário feminino que se ajusta ao peito (De corpo +-ete)

Wie bereits unter dem Stichwort *corsage* ausgeführt, ist *corset* eine von vielen Ableitungen von dem altfranzösischen Wort *cors* 'Körper'. In der Form corset bezeichnete es zunächst ein Stück der Oberbekleidung, dann einen Teil der Rüstung und schließlich ein dicht am Körper getragenes Schnürmieder. Auf der Abbildung 43 ist zu sehen, dass ein Korsett nicht auf der Haut sondern über dem Unterhemd getragen wurde.

Die Methoden der Korrektur von Körperform und Haltung durch einengende, mit Stäben und Platten versteifte Korsetts ist in der burgundischen Mode im 15. Jahrhundert und in der spanischen Mode im 16./17. Jahrhundert nachgewiesen (Loschek1987:316).

Das französische Wort *corset* findet sich im Spanischen in der Schreibweise *corsé* und im Italienischen als *corsetto* wieder. Im Deutschen ist die französische Bezeichnung ab dem 18. Jahrhundert gebräuchlich (Kluge 2002:530).

COSTUME, subst. masc.

> **TLF:** A. Vx. Ensemble des caractéristiques d'une époque, d'un groupe social, d'un genre, le plus souvent immédiatement perceptibles ou relatives à l'aspect *(cf. coutume).*
> **B.** *Usuel* **1.** Manière d'être habillé, et, p. *méton.,* ensemble des vêtements que porte une personne.
> **2.** *Spécialement* **a)** *Costume tailleur* (vieilli) et, par ell. du déterminé, tailleur*..**b)** *Usuel.* Vêtement d'homme formé d'une veste, d'un pantalon, parfois d'un gilet, taillés dans le même tissu *(cf. complet).*
> **ÉTYMOL. ET HIST. 1.** 1641 B.-A. *coustume* « manière de marquer les différences d'âge, de condition, d'époque des personnages » (POUSSIN, *Lettre à Mr. de Chantelou,* 7 nov., p. 105 ds BRUNOT t. 6, p. 720); 1662 *costume* (DE CHAMBRAY, *Idée de la perfection dans la peinture, ibid.*); **2.** 1747 *costume* « manière de se vêtir conforme à la condition sociale, à l'époque » (RÉMOND DE SAINTE-ALBINE, *Le Comédien,* p. 193 ds QUEM.); **3.** 1777 « habillement spécial » (LINGUET, *Annales* 1777, II, p. 251 ds PROSCHWITZ *Beaumarchais,* p. 332). Empr. à l'ital. *costume,* attesté au sens 1 dep. le XVIe s. (Bembo ds BATT.), d'abord « coutume » (dep. *ca* 1260, *Laude cortonesi, ibid.*), de même orig. que *coutume**

FEW (II,2:1091): consuetudo gewohnheit

> I.1 Afr. *costume* „maniere d'agir établie par un long usage, soit chez un peuple entier, soit chez un induvidu" (seit 11.jh.)
> II.3 Nfr. *costume* m. „caractère propre d'un peuple, d'une époque, exprimé dans les arts par la reproduction du type des vêtements, etc." (seit Felib 1676); „ensemble du vêtement d'une personne" (seit Wailly 1809)

Peschier (1862): Costüm, Zeitgebrauch, (Volks-)Tracht, Kleidung, Anzug, Ballkleid, Ballanzug

Sachs-Vilatte (1900): 1. Zeitgebrauch, Beobachtung des Gebräuchlichen. 2. Tracht (Art sich zu kleiden). 3. Anzug für einen bestimmten Zweck, Kostüm

Frz. (2004): 1.[Herren]anzug; 2. Kostüm, Tracht; 3. Kleidung; 4. (déguisement) Kostüm

Ital. (2002): costume m. - 1. Badeanzug, 2. Tracht, Kostüm, Kleidung, 3. (per travestirsi) Kostüm 4. Sitte, Brauch

Span. (2001): costumbre f. - Angewohnheit, Sitte, Brauch

R. A. Esp. (2001): costumbre (Del lat. *cosuetumen*, por *consuetūdo, -ĭnis*).
1. f. Hábito, modo habitual de obrar o proceder establecido por tradición o por la repetición de los mismos actos y que puede llegar a adquirir fuerza de precepto.

Port. (2006): costume m. - 1. modo de proceder habitual; hábito; 4. traje; (do lat. vulg. *consuetumĭne-*, por *consuetudĭne-*, «costume»)

Von dem lateinischen Etymon CONSUETŪDO, -ĪNIS haben sich in den romanischen Sprachen Erbwörter erhalten, die in drei verschiedenen Bedeutungen verwendet werden: 1. Sitte, Brauch, 2. Tracht, Kleidung, 3. Verkleidung. Während das italienische Wort *costume* alle drei Bereiche abdeckt, enthält das portugiesische *costume* nur die Bereiche 1 und 2 und das spanische *costumbre* nur den ersten Bereich. Im Französischen bestehen zwei Formen: *coutume* und *costume*. Das in der französischen Lautentwicklung entstandene *coutume* beinhaltet die Bedeutungen 'Sitte, Brauch, Gewohnheit'. Die aus dem Italienischen übernommene Form *costume* steht für die Art sich zu einer bestimmten Zeit, zu einem speziellen Anlass zu kleiden oder für die Zusammenstellung von Einzelteilen wie beim Herrenanzug. Dem deutschen Wort 'Kostüm' entspricht dagegen das französische *tailleur*, nämlich eine Kombination von Rock und Jacke für Damen.

CRAVATE, subst. fém.

TLF: A. Pièce d'habillement. 1. [Domaine du vêtement masculin] Pièce d'étoffe servant d'ornement, entourant le cou:Rem. Dans ce sens très

gén., *cravate* inclut les nœuds (nœuds papillons, etc.), certains foulards ou écharpes et les cravates proprement dites.
En partic. Bande d'étoffe, de forme et de tissu variables, passée sous le col de la chemise, nouée par devant et dont les deux pans verticaux et superposés pendent sur la poitrine.
HIST. *Cravate de dentelle.* Pièce de mousseline garnie de dentelle nouée sur la gorge par un ruban de couleur. Cravate 1830. Pièce carrée pliée en triangle, couvrant le cou et parfois une partie des oreilles.
2. [Domaine du vêtement féminin] Bande de fourrure que les femmes portent autour du cou.
ÉTYMOL. ET HIST. 1. Av. 1648 [ca 1630] milit. « soldat [croate, à l'origine] de la cavalerie légère » *compagnie de cravates* (VOITURE, *Lettre 20,* éd. de 1663); **2.** 1649-52 « bande de tissu portée autour du cou [comme en portaient les cavaliers croates] » (L. RICHER, *L'Ovide bouffon,* 1, 4, p. 57, 58 ds QUEM.); **4.** 1907 sp. *(Lar. pour tous).* Issu de *Cravate,* ethnique « croate » (adj. av. 1573, Tavannes ds LITTRÉ; subst. *Crabate,* 1660, OUDIN, *Fr. Esp.;* 1694, *Cravates,* MÉN.), les cavaliers croates ayant constitué un régiment de mercenaires dès le règne de Louis XIII (d'où le Royal-cravate 1666). La forme *Cravate* est une adaptation soit du slave *hrvat,* soit de l'all. dial. *krawat* (BL.-W.[5]). La forme parallèle *croate* (ethnique et subst. au sens 1 av. 1648 [*ca* 1635] VOITURE, *Lettre 68,* même éd.) est empr. à l'all. *kroate.*

Peschier (1862): Halsbinde, Halskrause, Halstuch

Sachs-Vilatte (1900): Halstuch, Halsbinde, Krawatte (ursprünglich von kroatischen Soldaten in Frankreich getragen).

Frz. (2004): Krawatte, Schlips

Ital. (2002): cravatta f. - Schlips, Binder

Zingarelli (2003): cravatta o (tosc.) † corvatta, † crovatta [fr. cravate, dal croato hrvat 'croato', perché adoperata dai cavalieri croati; 1675] 1 Accessorio dell'abbigliamento maschile formato da una striscia di seta, lana o altri tessuti con lembi più o meno larghi, da annodare sotto il colletto della camicia.

Span. (2001): corbata f. - Krawatte, Schlips

R. A. Esp. (2001): corbata (Del it. *corvatta* o *crovatta*, croata, corbata, así llamada por llevarla los jinetes croatas).
1. f. Tira de seda o de otra materia adecuada que se anuda o enlaza alrededor del cuello, dejando caer los extremos.

Port. (2006): gravata f. - 1. tira de tecido, estreita e longa, que se usa com um nó próprio como ornato à volta do pescoço; (Do fr. cravate, «id.»)

Mit Sicherheit sind die Kroaten Namensgeber für ein um den Hals gebundenes Tuch oder Stoffband. Das Wort ist im 17. Jahrhundert entstanden und hat sich von Frankreich aus verbreitet. Ob die Wortbildung eher von dem slawischen *hrvat*, oder von der deutschen Dialektform *krawat* ausging, ist nicht geklärt. Für die spanische Form *corbata* wird das italienische *corvatta* oder *crovatta* als Vorbild angegeben. Die Geschichte der Kravatte ist sicherlich älter und wechselvoller als das Wort.

> Eine Halsbinde (lat. FOCALE) trugen die römischen Legionäre nördlich der Alpen als Kälteschutz. Sie dürften sie von nördlichen Völkern, vermutlich den Dakern, übernommen haben. In Rom selbst galt das Umlegen des Focale als weibisch. [...] Vermutlich erhielt sich der Gebrauch des römischen Focale bei den Kroaten, deren Land römische Provinz war. Auf Abbildungen aus dem Dreißigjährigen Krieg taucht die Halsbinde wieder auf, sowohl an deutschen Reitern als auch an Offizieren französischer Truppen. Vermutlich hat man diese Halsbinde von kroatischen Söldnern übernommen. [...] Im zivilen Bereich kam um 1670 mit dem schulterlangen, gekräuselten Haar des Mannes in vornehmen Kreisen, zuerst in Frankreich anstelle des Spitzenkragens, ein Halstuch nach Art des kroatischen in Mode.
> (Loschek 1994:326).

CRINOLINE, subst. fém.

TLF: A. Étoffe à chaîne de lin et à trame de crin utilisée pour la tapisserie et l'habillement.
B. *P. méton.* **1.** Vaste jupon bouffant, primitivement en étoffe de crin, garni d'abord dans le bas de lames souples et de baleines, puis constitué par des cerceaux métalliques reliés entre eux par des rubans de toile sur lesquels le tissu était cousu. *Jupe, robe à crinoline.* **2.** *P. ext.* Robe ample et bouffante.

ÉTYMOL. ET HIST. 1. 1829 « étoffe de crin et de lin » (Journal des Dames et des Modes, 15 août, p. 360 d'apr. Greimas ds Fr. mod. t. 17, p. 288); 2. 1848 « jupon rigide et bouffant servant à soutenir la jupe » (FLAUB., Champs et grèves, p. 381). Empr. à l'ital. crinolino, attesté aux sens 1 et 2 dans la 1re moitié du XIXe s. (Carena ds BATT.), composé de crino (crin*) et lino (lin*).

Peschier (1862): Pferdehaar, Crinoline

Sachs-Vilatte (1900): Krinoline, Reifrock

Frz. (2004): Reifrock, Krinoline

Ital. (2002): crinolina f. - Krinoline, Reifrock

Span. (2001): crinolina f. - Krinoline

R. A. Esp. (2001): crinolina (Del fr. *crinoline*, y este del it. *crinolino*, de *crino*, crin, y *lino*, lino).
f. Tejido hecho con urdimbre de crin de caballo.

Port. (2006): crinolina f. 1. tecido de crina; 2. espécie de saia feita de crina para aquear os vestidos (Do it. *crinolino*, «crinolina» pelo fr. *crinoline*, «id.»)

Die Krinoline, dieser zuerst durch Rosshaar später durch eine Reifenkonstruktion in Form gehaltene weite Unterrock, ist eine der ausgefallensten Modeerscheinungen des 19. Jahrhunderts. Die Wortschöpfung stammt aus dem Italienischen und setzt sich aus der Bezeichnung für Rosshaar: *crine* und Leinen: *lino* zusammen. *Crinolino* bezeichnet das Material, *crinolina* den Rock. Im Französischen wurde die Wortendung von -a zu -e umgeformt und in der Form 'Crinoline' auch in die deutsche Sprache übernommen. So lässt sich die französische Orthografie noch bei Peschier (1862) finden, während sie bei Sachs-Vilatte (1900) bereits eingedeutscht ist. Im Gegensatz zu den romanischen Sprachen hat sich Krinoline im Deutschen nur zur Kleidungsbezeichnung nicht aber für das Material durchgesetzt.

ENTRE-DEUX, ENTREDEUX, subst. masc.

TLF: A. 1. Espace délimité par deux choses.

2. Emplois techn. COUT. Bande tulle, de dentelle, de broderie entre deux parties rapportées d'un tissu.

ÉTYMOL. ET HIST. 1. *Ca* 1160 a. fr. désigne un coup d'épée par le milieu (*Eneas,* 9731 ds T.-L.); **2. a)** 1314 « espace entre deux choses, intervalle (ici, anat.) » (H. DE MONDEVILLE, *Chirurgie,* éd. A. Bos, 92); **b)** 1394 en parlant d'une bande de tissu (*Recueil de documents relatifs à l'hist. de l'industrie drapière en Flandre* par G. Espinas et H. Pirenne, Bruxelles, Kiessling, 1906-24, t. 2, p. 306 ds *IGLF*); Composé de *entre** et de *deux**.

Peschier (1862): Zwischenraum

Sachs-Vilatte (1900): 1. Zwischenraum. 4. (Spitzen-) Einsatz(streifen) besonders an Frauenwäsche; Zwischensatz

Frz. (2004): Zwischenbereich

Zingarelli (2003): entre-deux fr.
[fr., propr. 'parte posta tra (entre) due (deux)'; 1887] s. m. Inv.
* Tramezzo di pizzo o di ricamo inserito come guarnizione in un tessuto.

Span. (2001): entredós m. - Spitzeneinsatz

R. A. Esp. (2001): entredós (Calco del fr. *entre-deux*).
m. Tira bordada o de encaje que se cose entre dos telas.

Port. (2006): entremeio m. - tira rendada que liga dois espaços lisos de tecido

Sehr beliebt war die Herstellung und Verarbeitung der *entre-deux* genannten Spitzeneinsätze im 19. Jahrhundert. Sie hatten bei der Herstellung von Tischdecken durchaus eine praktische Funktion. Die handgewebten Leinenstoffe waren nicht breit genug, und anstatt zwei Stoffbahnen schmucklos aneinander zu nähen, verband man sie mit einem gehäkelten oder geklöppelten Zierband. Während Spitzen zur Randeinfassung meist an einer Längsseite gezackt waren, besaß ein *entre-deux* zwei gerade Kanten. Beim Nähen von Wäsche und Blusen setzte man die Spitzensteifen ein, um reizvolle Effekte zu erzielen.

In die italienische Sprache wurde der französische Ausdruck unverändert übernommen, im Spanischen gibt es eine Lehnübersetzung und im Portugiesischen eine Lehnübertragung. Obwohl es in der deutschen Modeterminologie kein eigenes Wort für *entre-deux* gibt, lässt das Wort sich im Deutschen nicht nachweisen. In einer 1886 erstmals veröffentlichten Handarbeitsanleitung, die im Elsass sowohl in deutscher als auch in französischer Ausgabe erschienen ist, wird *entre-deux* mit 'Einsatz' übersetzt (Dillmont o.J.:502).

FICHU, subst. masc.

> **TLF:** Pièce d'étoffe pliée en pointe que les femmes portent sur les épaules, autour du cou, ou dont elles se couvrent la tête.
> **ÉTYMOL. ET HIST.** 1701 « pointe d'étoffe dont la femme s'entoure les épaules » (FUR.). Emploi subst. du part. passé *fichu* (v. *ficher, fiche*) au sens de « mis à la hâte, négligé »
>
> **FEW (III:510):** * figĭcare
> II. 1 Werfen, unsorgfältg hinlegen. -Nfr. *ficher* „jeter, mettre, appliquer" (seit Besch 1845)
>
> **Peschier (1862):** Busentuch, Chemisette
>
> **Sachs-Vilatte (1900):** Busen-, Hals-tuch
>
> **Frz. (2004):** Schal, Tuch
>
> **Zingarelli (2003):** fichu fr. [vc. fr., 'messo su alla meglio', da ficher 'ficcare, mettere'; 1901]
> Fazzoletto triangolare di leggera seta, di velo, di batista, ornato spesso di pizzi, che le donne portavano al collo, incrociandolo o annodandolo sul petto per coprire la scollatura.

Fichu, das Schultertuch, wirkt auf den Abbildungen ganz im Gegensatz zur Wortbedeutung 'hingeworfen' wie ein sorgfältig ausgewähltes Teil der Damenkleidung. Aus weißem Batist mit Spitzenbesatz dient es über dem Kleid getragen eher der Zierde, aus dickem Tuch oder Samt angefertigt, wärmt es vor allen Dingen. Der Unterschied zum *châle* besteht darin, dass es an der Taille befestigt wird und die Unterarme freilässt. Das Tuch war im 18. und 19. Jahrhundert in

Mode, und die französische Bezeichnung wurde auch in Italien und Deutschland verwendet (Köhler 1909:85).

FRAISE, subst. fém.

TLF: A. Collerette de lingerie finement tuyautée, plissée ou godronnée, souvent fort importante et sur plusieurs rangs, tournant autour du cou qui fut portée par les hommes et les femmes des XVIe et XVIIe siècles.
B. [P. anal. de forme]1. Chair rouge et plissée pendant sous le bec du dindon (cf. *Mots rares* 1965). Synon. usuel *caroncule*.
ÉTYMOL. ET HIST. 1. 1585 « collerette » (LA TRÉMOILLE, *Les la Tremoille pendant 5 siècles*, t. 4, p. 4)

FEW (III:777): frēsum – zerrieben
Fresus, part. perf zu frendere, das selber nicht weitergelebt hat, findet sich schon im lt. (Columella usw.) häufig in der verbindung faba fresa „enthülste und gemahlene bohne". Genau diese bedeutung lebt weiter im gallorom.
Im gallorom. ist zum grundwort ein verbum gebildet worden in der bed. „enthülsen und zerstampfen", die auch ins kat. (*fresar*) herüberreicht. Dieses verbum hat seinerseits eine stattliche familie von ablt. um sich vereinigt. [...] Das gekröse kann als eine hülle der eingeweide aufgefasst werden. Wohl wegen der zahlreichen falten ist dann die übertragung auf b (Halskrause)erfolgt. von diesem aus wiederum erklären sich c, d, e, f. (f-Schneiderad)

Peschier (1862): (Hals-) Krause, Halskragen

Sachs-Vilatte (1900): Halskrause

Frz. (2004): Halskrause

Robert (2007): fraise [fʀɛz] nom féminin
1. (fruit rouge) étym. freise xiie; altération d'après la finale de °frambaise (→ framboise), de °fraie du latin populaire °fraga, plur. neutre de fragum, pris comme fém. sing.

2. (Bouch. Membrane qui enveloppe les intestins du veau et de l'agneau) étym. 1300; «tripes » v. 1160; probablement de 1. fraiser, au sens d'« enveloppe »

3. (1 Collerette empesée et plissée sur plusieurs rangs que portaient hommes et femmes au xvie et au début du xviie s. Fraise à l'espagnole, à la Médicis. 2 Membrane charnue, granuleuse et plissée d'un rouge violacé, qui pend sous le bec du dindon.) étym. xvie; origine inconnue; probablement emploi fig. de 2. fraise

4. (Technol. Outil de coupe entraîné par une machine rotative pour usiner le bois, le métal.) étym. 1676; métaph. de 2. fraise ou 3. fraise, à cause des découpures faites par l'outil

Warum ein kleiner Stehkragen mit gekräuselter Spitze an den Kanten im 19. Jahrhundert in Frankreich als *fraise* bezeichnet wird, erschließt sich nicht direkt. Wenn man nur an die Bedeutung 'Erdbeere' denkt, lässt sich kein Sinnzusammenhang herstellen. *Fraise* hat jedoch mehrere Grundbedeutungen und zahlreiche übertragene Verwendungen. Gekröse, das kleine Gedärm (Kluge 2002:341), ist eine weitere Bedeutung und schließlich Fräse, ein Werkzeug zur Holz- und Metallbearbeitung.

Den Angaben der Lexika ist zu entnehmen, dass *fraise* 'Erdbeere' vom lateinischen Etymon fraga abgeleitet ist, während *fraise* 'Gekröse, Eingeweide' von einem Verb FRASER/ FRAISER hergeleitet wird. Die Bedeutungsübertragung erfolgte also in Anlehnung an die Windungen der Därme auf die Halskrause, wie sie im 16. Jahrhundert getragen wurde und schließlich weiter auf den kleinen gekräuselten Spitzenkragen im 19. Jahrhundert. Die gleichlautende Bezeichnung der roten Hautlappen am Kropf des Truthahns lässt sich ebenfalls auf die Ähnlichkeit mit dem Gekröse zurückführen. Für das Werkzeug ist die Begründung nicht so eindeutig. Man könnte in der gekringelten Form der Späne, die eine Fräse produziert, wieder eine Ähnlichkeit mit den Innereien entdecken (Robert 2007). Mehr Klarheit bringt jedoch ein Blick auf das Werkzeug. Der Fräser genannte Einsatz einer Fräsmaschine sieht tatsächlich aus wie die Miniaturausgabe einer Halskrause

Fraise wurde nicht zur Bezeichnung eines Kragens in die deutsche Sprache übernommen, denn hier wurde die gleiche Bedeutungsübertragung mit dem entsprechenden deutschen Wort vollzogen. Das Gekröse bezeichnet die Eingeweide, die Kröse eine Halskrause. Heute sind beide Begriffe ungebräuchlich, aber für das ausgehende 19. Jahrhundert lässt sich ein Beleg aus der Zeitschrift „Über Land und Meer" anführen:

> Wir wollen der Einzelheiten, welche diese im wesentlichen spanischen Moden begleiten, nicht weiter gedenken, nur noch etwa der gewaltigen, wohlbekannten Radkrause, der „Kröse", des Mühlradkragens, welcher steif und gewaltig den Hals umgab und den Mann zwang, Haar und Bart kurz zu halten, sowie den Frauen die Locken verbot und sie veranlaßte die Fülle des Haares hoch auf dem Scheitel zu frisiren.
> (Falke in „Über Land und Meer" 1887/88:1095)

FRANGE, subst. fém.

> **TLF:** A. Bordure décorative composée de divers ornements de passementerie suspendus à un galon ou obtenus en effilant l'étoffe qu'ils ornent; **ÉTYMOL. ET HIST.** Fin XIIe s. (*Sermons St Bernard*, 139, 15 ds T.-L.). Du lat. pop. **frimbia*, altération par métathèse du class. *fimbria* (surtout empl. au plur.) « extrémité, bout; bord de vêtement, franges ».
>
> **FEW (III,777):** fimbria – franse
>
> 1. Afr. *frenge* „ornement formé d'une suite de brins, de torsades pendentes" (seit 12.jh.)
>
> Lt. FIMBRIA lebt ausser in den unter 1 verzeichneten gallorom. formen auch in rum. frînghie „seil", frîmbie, altobit. franbe „zotteln" Muss Beitr 59, alomb. frambao „gefranst" A Gl 12, 404 weiter. Die metathese des r hat wohl schon im vlt. stattgefunden; ZFSL 52, 469. Im gallorom. hat die fr. form die südliche bald verdrängt. Sie ist sodann durch die kleidermoden auch in die anderen sprachen getragen worden.
>
> **Peschier (1862):** Franse
>
> **Sachs-Vilatte (1900):** Franze, Saum
>
> **Frz. (2004):** Rand, Franse
>
> **Ital. (2002):** frangia f. -Franse
>
> **Zingarelli (2003):** frangia [fr. frange, dal lat. fimbria(m) 'fimbria', con metatesi; sec. XIV] s. f. (pl. -ge)

1 Guarnizione formata da fili o cordoncini variamente intrecciati applicata in fondo a una sciarpa, a una gonna, o a una coperta, un divano, una tenda e sim.
frangetta, dim. (V.) | frangettina, dim. | frangiolina, dim. | frangiona, accr. | frangione, accr. m. | frangiuccia, dim.

Span. (2001): franja f. - Borte

R. A. Esp. (2001): franja (Del fr. *frange*).
f. Guarnición tejida de hilo de oro, plata, seda, lino o lana, que sirve para adornar y guarnecer los vestidos u otras cosas.

Port. (2006): franja f. 1 faixa estreita em crochê ou tricotada, feita como obra de passamaneria, com fios cordõezinhos pendurados, utilizada para adornar ou guarnecer; (Do fr. frange, « id.»)

Unter *frange* versteht man ein schmales Band zur Verzierung von Stoffkanten, das dicht mit einzelnen Fäden besetzt ist. Diese Fäden können glatt herunterhängen oder in kleinen Bündeln auf verschiedene Weise miteinander verknotet sein. Dieses Gestaltungselement ist schon für das fünfte Jahrhundert vor Christus belegt (Guillemard 1991:244).

Das Wort lässt sich auf das lateinische Etymon FRIMBIA zurückführen. In keiner der hier untersuchten romanischen Sprachen hat sich eine eigene Ableitung erhalten, sondern es hat sich stets die galloromanische Form durchgesetzt. Auch das deutsche Wort Franse ist aus einer Entlehnung des afrz. *frenge* entstanden (Kluge 2002:312).

GILET, subst. masc.

TLF: A. 1. Vêtement court, sans manches, boutonné devant et ne couvrant que le torse, porté par les hommes sur la chemise et sous la veste (et quelquefois par les femmes).
B. Sous-vêtement de laine ou de coton couvrant le torse, parfois à manches, qui se porte à même la peau. *Synon. maillot, tricot (de peau).*
ÉTYMOL. ET HIST. [1664 *gillet* « sorte de camisole sans manches », cité comme mot maghrebin (J. DE THÉVENOT, *Relation d'un voyage fait au Levant*, p. 553)]; 1736 (*Mercure de France*, mars ds *Trév.* : Quand

la femme accosta Dom Baillimaître, [...] il n'avoit point de chemise, mais seulement un *gillet*). Empr., (avec substitution de suff. due à l'infl. de mots tels que *corset**, *mantelet**, etc. : *cf.* sicilien *gileccu, cileccu*, esp. *chaleco, gileco*, port. *jaleco*, etc.) à l'ar. maghrebin « camisole portée par les esclaves chrétiens sur les galères », lui-même empr. au turc *yelek* « camisole sans manches » (v. *FEW* t. 19, pp. 199-201).

FEW (XIX:199-201): yelek (türk.) weste

1. Pr. gilecou „camisole de dessous des paysans"
2. Nfr. gilet „sorte de camisole de l'homme qui recouvre le torse et se porte sans manches sous l'habit, sous le veston" (seit 1736) –Die rom sprachen des westlichen Mittelmeerbeckens haben das wort wohl aus dem magrebinischen übernommen. Das türkische kleidungsstück war auch, mitsamt seinem namen, nach Nordafrika gelangt, daher im ar. *galika* Dozy Suppl 1, 209.

Mit der fr. mode ist auch das wort in viele andere sprachen gewandert: it. *gilè*.

Peschier (1862): Leibchen, Camisol, Gilet, Weste

Sachs-Vilatte (1900): [Gille; bz. Hanswurstjacke] 1. Weste. 2. Kamisol, Wams

Frz. (2004): Weste, Strickjacke

Ital. (2002): gilet / gilè m. franc. - Weste

Zingarelli (2003): gilet, fr. [vc. fr., dallo sp. chaleco, di orig. ar. (galika 'casacca dei galeotti' dal turco yelék); 1786]
Corpetto aderente, senza maniche e abbottonato davanti, da portarsi sotto la giacca, tipico dell'abbigliamento maschile. SIN. Panciotto. gilè [av. 1798] s. m. Adattamento di gilet

Span. (2001): chaleco m. - Weste

R. A. Esp. (2001): jileco m. Jubón de manga corta.

Port. (2006): jaleco m. /jaleque m. - 1 peça de vestuário semelhante a casaco curto que apenas chega à cintura; 2 fardeta (Do turc. *jel-*

ek, « colete »)

jaleca f. - casaco curto, sem abas, que só chega à cintura; jaqueta (De *jaleco*)

Eine kurze, ärmellose Weste wird in vielen Sprachen mit mit einem Wort bezeichnet, das sich auf das türkische *yelek* zurückführen lässt. Die spanischen und portugiesischen Formen haben einen k-Laut in der Endsilbe und sind sicher nicht von der französischen Form des Wortes beeinflusst. Hier wird das Wort unter arabischem Einfluss in die Sprache gelangt sein. Die italienische Form hingegen kann nur aus dem Französischen übernommen worden sein. Dem Eintrag im italienischen Zingarelli ist außerdem zu entnehmen, dass es sich ursprünglich um die Jacke der Galeerensklaven gehandelt hat.

Auf der ausgewählten Abbildung ist eine langärmelige Strickjacke zu sehen. Dazu passt dann auch die deutsche Angabe 'Weste', denn eine Weste kann sowohl ein Strickjacke mit Ärmeln als auch ein genähtes Oberteil ohne Ärmel sein. Auffallend sind auch die als deutsche Bezeichnungen angegebenen Wörter Gilet und Kamisol. Offensichtlich waren beide Wörter im 19. Jahrhundert auch im deutschen Sprachraum üblich. Unklar ist in diesem Zusammenhang die Entstehung der bei Sachs-Vilatte genannten Form 'Gille'.

HOUPPE, subst. fém.

> **TLF: A.** Assemblage de brins de laine, de soie, de fils liés ensemble à une extrémité de manière à former une touffe et qui sert d'ornement. Synon. *pompon*.
>
> **ÉTYMOL. ET HIST.** 1. a) Ca 1350 *houpe* « assemblage de bouts de fil, de laine, de soie, en touffe, en bouquets » (G. LE MUISIT, *Poésies*, éd. Kervyn de Lettenhove, II, 154); vient prob. de l'a. b. frq.
>
> *huppo* « touffe » que l'on peut restituer d'apr. le flam. *hoppe* « touffe d'herbe, toutes sortes de végétaux qui sortent de terre » et le rhénan *hupp, huppen* « tas de paille, de lessive, etc., en forme de pyramide »; cf. FEW t. 16, p. 268.
>
> **FEW (XVI:268):** *huppo büschel
>
> Im nordgallorom. lebt ein worttypus *houppe* in drei bed.:1. büschel, 2. baumwipfel; 3. haufe.

Peschier (1862): Quaste, Troddel

Sachs-Vilatte (1900): [holl. hoppe Hopfen] 1. Quaste, Troddel 2. Gipfel eines Baumes 3. Haarbüschel

Frz. (2004): Büschel

Houppe hat nach den hier zusammengetragenen Angaben keinen lateinischen sondern einen altniederfränkischen Ursprung und wurde in keine weitere romanische Sprache übernommen. Eine Ähnlichkeit in der Form könnte dazu geführt haben eine Quaste, einen Baumwipfel oder ein Strohbündel mit dem gleichen Wort zu bezeichnen. Die französische Bezeichnung für einen Wiedehopf lautet jedoch auch houppe oder huppe und sein lateinischer Name ist upupa (Larousse 2007). Das Kennzeichen dieses Vogels ist ein prächtiges Federbüschel auf dem Kopf, der ebenfalls huppe genannt wird. Bei dieser lautlichen Ähnlichkeit könnte man doch einen Zusammenhang zwischen dem lateinischen und dem französischen Wort annehmen.

JABOT, subst. masc.

TLF: B. MODES. Ornement de mousseline ou de dentelle, plissée ou tuyautée, que les hommes portaient jusqu'au début du XIXe siècle (et encore parfois aujourd'hui) à l'ouverture de la chemise ou qui garnit, chez les femmes, le plastron d'un chemisier, d'une blouse, d'une robe.

ÉTYMOL. ET HIST. B. 1680 « ornement de dentelle attaché sur l'ouverture de la chemise au-dessous de la gorge » (RICH.: en ce sens est presque hors d'usage, et même quand il avoit grand cours il ne se disoit qu'en riant); revenu en usage (*Trév.* 1704) et encore à l'époque moderne. Terme prob. empr. aux parlers de la partie septentr. du domaine occitan (cf. les formes citées par FEW t. 4, p. 3b pour le département de l'Allier, ainsi que pour le Cantal; dér. de la base prélat. *gaba « gorge, gosier », v. *gaver, gavot.*

FEW (IV: 3): *gaba – kropf der vögel

Nfr. *jabot* „ornement de mousseline, de dentelle, fixé à l'ouverture de la chemise, sur la poitrine" (seit Rich 1680)

> Im gallorom. und in Italien lebt eine wortfamilie, deren grundform *gaba und deren zentrale bed. etwa „kehle, schlund, kropf" zu sein scheint. [...] Im gallorom. lebt diese sippe in sehr verschiedener lautlicher behandlung, sodass vielfache wanderungen der einzelnen wörter stattgefunden haben müssen.
>
> **Peschier (1862):** Hemdkrause, Busenstreif, Jabot
>
> **Sachs-Vilatte (1900):** Magen, Busen, Busenstreif
>
> **Frz. (2004):** Jabot
>
> **Ital. (2002):** jabot m. franc (nella moda) - Jabot
>
> **Zingarelli (2003):** jabot fr. [vc. fr., originariamente 'rigonfiamento dell'esofago degli uccelli', da una base *gaba 'gozzo degli uccelli'; 1905]
> Davantino di batista o sim. ornato di pizzi e ricami, increspato o pieghettato.

Die Erläuterungen im FEW zum Etymon *gaba sind sehr umfangreich. Für den textilen Bereich kann man davon ausgehen, dass eine Bedeutungsübertragung vom Kropf der Vögel auf die Verzierung der Hemdöffnung stattgefunden hat. Zur Zeit Ludwig XIV. wurde es üblich, die vordere Hemdöffnung mit gekräuselten Stoffstreifen oder Spitzen einzufassen. Man ließ die oberen Knöpfe der Weste offen, um das Jabot zu zeigen. Diese Mode für Männer hielt sich bis zur Mitte des 19. Jahrhunderts. Danach findet man diesen Schmuck nur noch in der Damenmode. Hier werden die Spitzen meist nicht mehr am Hemd angebracht, sondern sie hängen an einem Kragen (Leloir 1951:227).

Das französische Wort hat sich in Italien und Deutschland durchgesetzt und wird noch heute eher verstanden als die Übersetzung 'Busenstreif'.

JUPE, subst. fém.

> **TLF: A.** HABILLEMENT **1.** HIST. DU COST. Robe de dessous à l'usage des femmes, formée de deux pièces, *le corps de jupe* ou corsage, et *le bas de jupe,* allant de la taille aux pieds et généralement visible.
> **2.** Vêtement féminin de dessus, qui descend de la taille vers les pieds, plus ou moins bas selon la mode. *En partic., vieilli, au plur.* Ensemble

formé par la jupe de dessus et un ou plusieurs jupons. COUT. Partie inférieure de la robe, à partir de la ceinture.

ÉTYMOL. ET HIST. A. *Ca.* 1188 « pourpoint d'homme rembourré ajusté sur le buste » (*Aspremont,* éd. L. Brandin, 215; *cf.* aussi éd. A. de Mandach, p. 91, 934); av. 1188 désigne le même vêtement porté par une femme (*Partonopeus de Blois,* éd. J. Gildea, 7490). **B. a)** 1603 « vêtement féminin dont le haut est ajusté à la ceinture, et qui descend plus ou moins bas selon la mode » (*Invent. au château de Chenonceaux,* éd. A. Galitzin, p. 25); 1690 *jupe de dessus, jupe de dessous* (FUR.); **b)** 1665 plur. « ensemble des jupes et des jupons » (LA FONTAINE, *Joconde* ds *Contes,* éd. H. Régnier, t. 4, p. 46). Empr. à l'a. ital. du Sud *jupa* « veste d'homme ou de femme d'origine orientale » (1053 d'apr. *FEW* t. 19, p. 58b; lat. médiév. *juppum* attesté à Gênes en 1165, *ibid.;* ital. *giubba,* fin XIIIe-début XIVe s., doc. florentin ds BATT.), lui-même empr. à l'ar. « veste de dessous ». Au sens B a supplanté *cotillon**.

FEW (XIX: 587): gubba (ar.) unterkleid

I. Wams.- 1. Afr. mfr. *jupe* f. „pourpoint ajusté sur le buste et fait d'étoffes repliées ou rembourrées" (Ca 1188-Voult 1613)

II. Frauenrock.- 1. Nfr. *jupe* „partie de l'habillement des femmes qui descend de la ceinture aux pieds" (sei ca. 1630)
Die bed. von *jupe* wechselt mit den moden etwas. Bis zum 16. jh. ist es meist ein kleidungsstück, das unmittelbar über dem hemd getragen wird, und daher meist noch von einem andern stück zugedeckt ist. Die länge variiert. Meist reicht sie aber bis in die mitte der oberschenkel oder bis zu den knien, manchmal sogar bis zu den knöcheln. [...]
Um 1623 herum kam die mode auf, den frauenrock vorne offen zu lassen. Dafür wurde das darunter getragene mieder verlängert und auch verschönert. So wurde die *jupe* zu einem längeren kleid, dessen oberer teil als *corps de jupe* bezeichnet wurde im gegensatz zum unteren teil, der *bas de jupe* hiess. Diese beiden ausdrücke wurden sodann dahin vereinfacht, dass *corps* für den oberen, *jupe* für den unteren teil genommen wurde. [...]

In der neuen bedeutung sind *jupe* und *jupon* als ausdrücke der kleidermode auch in andere sprachgebiete gedrungen; daher it. *jupe* (als ersatz von *sottana*, mit fr. aussprache).

Peschier (1862): (Weiber-) Rock

Sachs-Vilatte (1900): (Weiber-) Rock von der Hüfte bis zu den Füßen

Frz. (2004): Rock

Das aus dem Arabischen stammende Wort *gubba* hat nur in der französischen Sprache zur Bezeichnung eines Frauenrocks geführt. Zunächst wurde der Begriff für eine von Männern getragene dicke Jacke verwendet. Entsprechendes bedeutet auch die italienische Form *giubba*, welche dann bei der Entlehnung ins Deutsche Juppe oder Joppe ergeben hat (Kluge 2002:453).

Es fällt auf, dass in den in Kapitel 4 vorgestellten Modebeschreibungen weder im Französischen die Grundform *jupe* verwendet wird noch im Italienischen *gonna*, sondern *jupon* und *gonnella*.

In der italienischen Modesprache lässt sich im 20. Jahrhundert die Verwendung von *jupe* nachweisen, besonders in der Zusammensetzung *jupe-culotte* mit der Bedeutung Hosenrock (Rüfer 1981:199).

JUPON, subst. masc.

> **TLF: A.** Jupe de dessous, le plus souvent aujourd'hui en tissu de lingerie, portée par les femmes. P. anal. Courte jupe portée par les hommes dans certains pays
>
> **ÉTYMOL. ET HIST. A.** 1347 agn. *jupoun* « tunique à manches portée par les hommes » [ds un texte lat.] (*Cptes d'Édouard III*, pp. 34-35 ds GAY); 1376 a. champ. *gippon* (*Grands jours de Troyes*, Arch. X^{1a} 9182, f° 165 v° ds GDF.); 1380 *juppon* (*Arch.* JJ 117, pièce 175, *ibid.*). **B. 1.** 1680 jupon « jupe de dessous, généralement en lingerie, portée par les femmes » (RICH.); **2.** 1779 plur. « ensemble des jupes et des jupons » (DIDEROT, *Le Neveu de Rameau*, éd. J. Fabre, p. 109); Dér. de jupe*; suff. -*on**
>
> **FEW (XIX: 587):** gubba (ar.) unterkleid

Nfr. *jupon* „jupe plus courte que les femmes mettent sous leur robes"
Zuss. Nfr. *sous-jupe* „jupe de dessous" (seit Besch 1845)

Peschier (1862): Unter-rock, -röckchen

Sachs-Vilatte (1900): kurzer Frauen-Unterrock (unter dem Kleide)

Frz. (2004): Unterrock

Zingarelli (2003): jupon fr. [vc. fr., deriv. di jupe 'gonna', della stessa orig. ar. (gubba) dall'it. giubba; 1965] s. m. inv. Sottogonna.

Jupon bezeichnet seit dem 16. Jahrhundert einen kurzen Rock, der unter anderen Röcken getragen wurde. Im 19. Jahrhundert etwa von 1868 - 1890 heißt es dann „jupe sur laquelle ouvrait la robe" (Boucher 1965:435). Manchmal ist es schwierig zu unterscheiden, ob es sich um einen Rock aus Kleiderstoff oder einen Unterrock aus Wäschestoff handelt. Sogar eine Mischung von beiden Arten ist möglich: Der obere Teil besteht aus Leinen, der untere aus Wolle. Die im 19. Jahrhundert geschaffene Bezeichnung *sous-jupe* konnte sich im Französischen nicht durchsetzen.

MANCHETTE, subst. fém.

TLF: A. MODE et INDUSTR. VESTIMENTAIRE **1.** Ornement de dentelle, de batiste ou de mousseline s'ajustant aux poignets d'une chemise. **2.** Poignet fixe ou amovible qui termine la manche d'une chemise ou d'un chemisier.
ÉTYMOL. ET HIST. 1. a) XIVe s. [ms.] « manche d'un habit » (Extrait du ms. ds *Nouveau Recueil de Contes,* éd. Jubinal, II, 130, note 1); b) 1551 « ornement qui termine la manche de la chemise » (*Minutes Notaires Yonne,* 20 ds IGLF);

FEW (VI,1: 206): manica ärmel
I. 1.a. Fr. *manche* f. „partie du vêtement dans laquelle on met le bras" (seit ca. 1150, Rathb)
Abl.- Afr. *manchete* f. „manche d'habit (dimin.)" (hap. 13. jh.)
Nfr. *manchette* „parement postiche en étoffe fine, retroussé en arrière au bout de la manche d'un habit" (Cresp 1606- Miege 1677), „ornement de mousseline, de batiste ou de dentelle, qui termine la manche dela chemi-

se" (D'Aubigné- Ac 1878), „extrémité, empésé ou non, des manches de chemises d'homme, formant une sorte de poignet fixe ou mobile" (seit DG)

Peschier (1862): Handkrause, Manschette

Sachs-Vilatte (1900): Handkrause, Manschette, auch Pulswärmer

Frz. (2004): Manschette

Zingarelli (2003): manchette [vc. fr., 'polsino', dim. di manche 'manica'; 1918]s. f. inv.

Unter Manschette versteht man im Deutschen den unteren Abschluss eines Hemdärmels. Ein gebräuchliches Synonym gibt es nicht. Das ist im Französischen und im Italienischen anders. Hier gibt es neben der Ableitung von *manche* jeweils die Benennung nach dem Handgelenk. So kann im Französischen zwischen dem einfachen Ärmelabschluss *poignet* und dem Spitzenbesatz *manchette* unterschieden werden. Allerdings ist der Gebrauch nicht streng getrennt. Im 19. Jahrhundert wurden auch glatte, gestärkte Manschetten als *manchette* bezeichnet. In einem modernen Lehrbuch für die Hobbyschneiderin hingegen wird stets der Ausdruck *poignet* verwendet (Vauthier1977:248).

MANTEAU, subst. masc.

> **TLF: I. A. 1.** HIST. DU VÊTEMENT. Vêtement ample, le plus souvent long et sans manches, qui se porte au-dessus des autres vêtements et est généralement destiné à envelopper tout le corps afin de le protéger du froid ou des intempéries.
>
> **2. a)** Vêtement d'extérieur long et à manches, plus particulièrement porté par les femmes et les enfants au-dessus de la robe ou de la tenue d'intérieur et destiné à protéger le corps du froid ou des intempéries.
>
> **Rem.** Le nom spécifique du vêtement masculin analogue est pardessus; quoiqu'il en soit, manteau est couramment employé à sa place.
>
> **ÉTYMOL. ET HIST. 1. a)** Fin Xe s. *mantel* «vêtement qui pend depuis les épaules jusqu'au dessous des genoux et que l'on met par-dessus tous les autres habits» (*Passion*, éd. D'Arco Silvio Avalle, 22); *ca* 1300 *menteaul* (MACÉ, *Bible*, éd. A. M. L. Prangsma-Hajenius, III, 15247);

1360 *mantel à lever de nuit* (*Comptes Argenterie*, p. 234); 1514 *manteau de nuit* (*doc.* ds GAY); 1740 *manteau de lit* (*Ac.*); 1671 *manteau long, manteau court, petit manteau* (POMEY); Du lat. *mantellum* «serviette, voile», dimin. de *mantum* «manteau», att. seulement au VIIe s., mais certainement bien plus anc., *mantellum* apparaissant déjà chez Plaute au sens de «voile» (v. *FEW* t. 6, 1, pp. 277b-278)

FEW (VI,1: 272): mantus - kurzer mantel

I. 1. Fr. mantel m. „vêtement qui pend depuis les épaules jusqu'au-dessous des genoux et que l'on met pardessus tous les autres habits" ‚on dit maintenant *manteau*' Huls 1607, Lt. MANTUS ist erstmals im Appendix Probi in der lateinischen Form bezeugt; [...]
-Zur Zeit Karls des Grossen gingen die Franken dazu über, anstelle des langen germanischen mantels, ahd. *hachul* genannt, den kurzen gallischen zu verwenden, der aber nicht mehr mit dem keltischen wort *sagum* bezeichnet wurde sondern mit einem deminutiv von mantus, nämlich MANTELLUS.

Peschier (1862): Mantel

Sachs-Vilatte (1900): Mantel

Frz. (2004): Mantel

Ital. (2002): manto m. - Mantel mantello m.- Mantel, Umhang

Zingarelli (2003): manto (1) [lat. tardo mantu(m), da mantellum

'mantello'; 1266] s. m.

1 Mantello lungo fino ai piedi, spesso in tessuto pregiato, ricamato, usato spec. da personaggi di altissima autorità in importanti cerimonie: manto reale, dogale | † Mantello, cappa.

mantello [lat. mantellu(m), di etim. incerta; av. 1250] s. m. (pl. † mantèlla, f.)

1 Indumento, un tempo assai usato, indossato sopra gli abiti, ampio, senza maniche, affibbiato al collo, di lunghezza varia: mantello di lana; mantello foderato; mantello a ruota | (est.) Elegante soprabito femminile da pomeriggio.

mantella [1912] s. f. Mantello, cappa femminile o militare. mantelletta, dim. (V.) | mantellina, dim. (V.)

Span. (2001): manto m. - Umhang

R. A. Esp. (2001): manto (Del lat. Mantum).
1. m. Especie de mantilla grande sin guarnición, que usan las señoras

Port. (2006): manto 1. espécie de capa de cauda que se prende sobre os ombros (Pelzumhang, der die Oberarme bedeckt); 2. peça de vestuário feminino, larga e sem mangas, para abrigar a cabeça e o tronco; 3. hábito de algumas religiosas (Do lat. tard. mantu-, «id.»)

Die Sitte, sich mit einem großen, um den Körper geschlungenen Tuch gegen die Kälte zu schützen, war bei vielen Völkern verbreitet. Dennoch ist es irreführend, wenn Leloir in seinen Ausführungen im „Dictionnaire du Costume" zum Stichwort *manteau* auf Griechen und Römer verweist.

> Le manteau ou mantel est en usage depuis la plus haute antiquité. Les Grecs, les Romains, les Francs ont porté des manteaux faits d'une grande pièce d'étoffe rectangulaire attachée soit au milieu de la poitrine, soit sur le côté, et que l'on drapait à volonté. (Leloir 1951:262)

In den Untersuchungen über lateinische Kleidungsbezeichnungen von Potthoff finden sich eine Reihe von Wörtern, die mit Mantel oder Umhang übersetzt weden (ABOLLA, ALICULA, AMICTUS, AMICULUM, AMPHIMALLUM) aber keines lässt sich mit MANTUS in Verbindung bringen. (Potthoff 1992: 222-238) Den Angaben des FEW ist zu entnehmen, dass MANTUS erstmals im Appendix Probi und MANTELLUS zur Zeit Karls des Großen auftaucht. Es handelt sich also um eine spätlateinische Bezeichnung, die sich im Französischen in der Augmentativbildung *manteau* und in dem Diminutivum *mantelet* erhalten hat. Im 19. Jahrhundert bezeichnete man mit *manteau* ein Kleidungsstück, das der Körperform etwas angepasst war, aber dennoch locker über den üppig verzierten Kleidern lag, besonders die Ärmel waren noch nicht eng anliegend.

Die entsprechenden Wortbildungen in den übrigen romanischen Sprachen werden direkt auf das spätlateinische Etymon zurückgeführt und Mantel ist auch seit dem 11. Jahrhundert in der deutschen Sprache nachgewiesen. Kluge vermutet einen ibero-keltischen Ursprung für das Wort (Kluge 2002:597).

MANTELET, subst. masc.

> **TLF: A.1. HIST. DU VÊTEMENT a)** Grand vêtement sans manches et fendu sur le devant, que portaient les ecclésiastiques.
>
> **b)** Vêtement court et léger, couvrant les épaules et les bras des femmes et se portant par dessus la robe.
>
> **Peschier (1862):** Mäntelchen, Mäntelein
>
> **Sachs-Vilatte (1900):** Mäntelchen, Mantille
>
> **Ital. (2002):** mantella f. -Cape, Pelerine, Umhang,
> manteletta f. - Mäntelchen,
> mantellina f. - Mäntelchen, kurzer Mantel
>
> **Span. (2001):** mantilla f. - Mantille
>
> **Port. (2006):** mantelete m. - capa curta leve com rendas, para senhoras (Do fr. mantelet)

Eine Verkleinerungsform vom jeweiligen Wort für Mantel findet sich in jeder Sprache, jedoch nur beim portugiesischen *mantelete* gibt es einen Hinweis auf das französische *mantelet*. Diese kurze Variante eines Mantels wird in der Modezeitschrift entweder als *mantelet* oder als *petit manteau* bezeichnet.

PALETOT, subst. masc.

> **TLF:A.** Vêtement d'homme, moins souvent de femme ou d'enfant, boutonné par devant, à poches plaquées, généralement assez court, que l'on porte sur les autres vêtements.
>
> **ÉTYMOL. ET HIST.** 1370 *paltoke* «sorte de justaucorps» (Texte ds SKEAT, *Etymol. Dict. of the English lang.* ds GDF. *Compl.*); 1403 *palletot* (*Tut. de Henriot de Frasne*, A. Tournai, *ibid.*); 1819 (BOISTE: Paletot, s. m. justaucorps espagnol. R.V. habit veste); Empr. au moy. angl. d'orig. obsc.*paltok* (XIV[e]s. ds *NED*); *paletoc, paletot* a désigné un vêtement de personnes de basse condition (les laquais, selon COTGR. 1611, „les paysans, & particulièrement en Espagne" selon FUR. 1690); l'usage du terme a connu un renouveau au début XIX[e]s. att. notamment par le réemprunt par l'angl. de la forme *paletot* (1840 ds *NED*), et par

BOISTE qui n'attestait que le sens de «justaucorps espagnol» dans les éd. ant. à 1819.

FEW (XVI,1: 616): paltok (me.) kurze jacke

1. Mfr. *paltoke* m. „sorte de justaucorps" (1370)
...taucht fast zu gleicher zeit im fr. und im engl. auf, s. für dieses *paltock*, in einem text, der zwischen 1350 und1370 liegt, sowie *paltoke* (1356). Es findet sich weder in der einen noch in der andern sprache ein etymologischer anknüpfungspunkt. Es bezeichnet schon zu anfang einen kurzen rock, mit ärmeln, den man über den andern kleidern, manchmal auch über der rüstung trägt. Wahrscheinlich handelt es sich um ein kleidungsstück, das von den englischen invasionsarmeen nach Frankreich gebracht worden ist. Aus dem mfr. weiterhin entlehnt kat. *paletoc, palitroc*, sp.paletoque, mndl. *paltroc, paltoc*, nndl. *paltrok*, schwäb. *paltrock*, bret. *paltok*. Ebenso aus dem nfr. entlehnt kat. *paltó* „überrock", sp. *paletó*, it. *paletot*.

Peschier (1862): Mantelrock

Sachs-Vilatte (1900): [holl. paltsrock] weiter Überrock, Paletot auch für Frauen

Frz. (2004): Paletot (dreiviertellanger Mantel); fam Strickjacke

Ital. (2002): paltò m.- Mantel, Wintermantel
paltoncino m. - 1. Überwurfmantel, 2. leichter Damenmantel

Zingarelli (2003): paltò [1838]s. m. Adattamento di paletot (V.) paltoncino, dim. (V.).
paletot fr. [vc. fr., dall'ingl. medio paltok 'giacca'; 1838]s. m. Inv. Cappotto, soprabito.

Span. (2001): paletó m. - Paletot

R. A. Esp. (2001): paletó (Del fr. paletot).
1. m. Gabán de paño grueso, largo y entallado, pero sin faldas como el levitón.

Port. (2006): paletó m. - casaco que os homens e as mulheres vestem por cima de toda a roupa. (Do ing. médio *paltok*, «espécie de jaqueta», pelo fr. *paletot*, «id»)

Aus den zitierten Wörterbucheinträgen geht hervor, dass *paletot* für das 14. Jahrhundert sowohl in der englischen als auch in der französischen Sprache nachgewiesen ist. Es wird ein englischer Ursprung angenommen, jedoch die Verbreitung des Wortes in romanischen und deutschsprachigen Ländern ging im 19. Jahrhundert von Frankreich aus. Die Übersetzungen reichen von Strickjacke bis zu Wintermantel. Nach den Abbildungen in der Modeillustrierten handelt es sich um eine längere, gerade geschnittene Stoffjacke. Peschier hat dies mit der heute unüblichen Bezeichnung 'Mantelrock' anschaulich übertragen. Zur Grundbedeutung des Wortes finden sich Angaben im etymologischen Wörterbuch der deutschen Sprache. „Das Wort bedeutet wohl ursprünglich »Bedeckung für Stroh« aus norm. *etoc* »Schicht, Haufe« und norm. *palle* »Stroh«." (Kluge 2002:676)

PANTALON, subst. masc.

>   **TLF: A. 1. a)** [Désigne une pièce de vêtement de dessus portée par les hommes et parfois par les femmes] Culotte longue descendant jusque sur le cou-de-pied.
>   2. Fréq. *au plur., vieilli*. [Désigne une pièce de sous-vêtement féminin] Culotte à jambes en lingerie que les femmes portaient sous le(s) jupon(s).
>   **ÉTYMOL. ET HIST. I. 1.** 1583-84 *Panthalon*, nom d'un personnage de la commedia dell'arte (BRANTÔME, *Des Dames* ds *OEuvres*, éd. L. Lalanne, t.7, p.347); **II. 1.** 1585 *pantaleon* «costume de Pantalon» (P. DE L'ESTOILE, *Mémoires-journaux*, t.2, p.182, d'apr. T. JAROSZEWSKA ds *Kwart. neofilol.* t.28, p.300; 1628 *pantelon* «costume allant du cou aux pieds et dont les chausses tombaient droites» (doc. 15 sept. ds *Arch. hist. du départ. de la Gironde*, t.1, p.19: Pour la facon de l'abit et pantelon); **2.** 1790 «longue culotte sans pieds» (MARAT, *Pamphlets*, Appel à la Nation, p.160); **3.** 1797 désigne un sous-vêtement féminin (*La Petite poste de Paris*, n°2, nivôse an 5, 20 ds QUEM. *DDL* t.20). Empr. à l'ital.

Pantalone, nom d'un personnage bouffon de la commedia dell'arte qui était vêtu d'un costume dont les chausses tombaient droites sur les pieds. En ital. ce nom fut d'abord un sobriquet appliqué aux Vénitiens (*cf.* début XVIIes., A. D'AUBIGNÉ, *Confession du sieur de Sancy* ds *OEuvres*, éd. Weber, p.636) parce que prénom très fréquent à Venise, St *Pantaleone* étant le patron de la ville.

FEW (VII:565): b Pantaleon

1. Mfr. nfr. *pantalon* m. „personage masque de la comédie italienne vêtu d'un habit tout d'une piece depuis le col jusqu'aux pieds"(1550;seit1584, Bouchet)

Übertragen Nfr. *pantalon* „vêtement de lingerie pour femme" (seit Lar 1874)

Peschier (1862): lange Hosen od. Beinkleider

Sachs-Vilatte (1900): lange Hose, Beinkleid

Frz. (2004): Hose

Ital. (2002): pantalone m. pl. - Hose, Hosen

Zingarelli (2003): pantalone (1) [fr. pantalons, da Pantalone, la maschera veneziana che li indossava; 1809] A s. m.
(spec. al pl.) Calzone, nei sign. 1 e 2 |
Pantalone (3) [in veneto Pantalón 'Pantaleone', n. proprio molto diffuso, che, assegnato alla maschera del mercante ricco e avaro, finì per impersonare il popolo onesto, mite e sottomesso; 1580]
1 Maschera veneziana della commedia dell'arte che rappresenta un vecchio mercante ricco e avaro, spesso gabbato e, in fondo, bonario | Persona che indossa tale maschera.

Span. (2001): pantalón m. - Hose

R. A. Esp. (2001): pantalón (Del fr. *pantalon*).
1. m. Prenda de vestir que se ajusta a la cintura y llega generalmente hasta el pie, cubriendo cada pierna separadamente. U. t. en pl. con el mismo significado que en sing.

m. Prenda interior de la mujer, más ancha y corta que el pantalón de los hombres.

Port. (2006): pantalonas f. pl. -1. calças de malha elástica que usam os acrobatas e dançarinos em cena; 2. calças compridas, com boca de sino; 3. calças grandes e desajeitadas (Do fr. pantalons, «calças»)

In *La Mode Illustrée* werden die langen Unterhosen für Frauen *pantalon* genannt. Obwohl der Begriff, abgeleitet von der italienischen Figur der Commedia dell'arte, sonst ganz allgemein für eine lange Hose mit geraden Beinen steht, erscheint er in der Modezeitschrift von 1869/70 nur im Bereich der Unterwäsche und beim Eislaufkostüm. In der Oberbekleidung der Frauen kamen zu dieser Zeit Hosen nicht vor. Der Zuschnitt dieser Beinkleider weist aus heutiger Sicht eine Besonderheit auf. Die beiden Stoffteile wurden nur an der Beininnenseite durch eine Naht geschlossen, am Rumpf blieben die Teile unverbunden und wurden dann im Bereich der Tallie an einen Bund angenäht. Das entsprechende Unterwäschemodell für Herren wird in der Illustrierten als *caleçon* bezeichnet und zusammengefaltet abgebildet, sodass die Details verborgen bleiben. Der Begriff *pantalon* wurde vom Französischen ins Spanische und Portugiesische übertragen und besteht dort neben *calzones* (span.) und *calças* (port.).

PARDESSUS, subst. masc.

TLF: A. 1. Vêtement d'homme, à manches, confectionné généralement en tissu épais et porté par dessus les autres vêtements pour protéger des intempéries. Synon. *manteau*.

2. Vêtement de femme, à manches, qui se portait, au XIXes., par dessus les autres vêtements.

ÉTYMOL. ET HIST. 1. 1810, nov. «vêtement féminin qui était porté sur les autres vêtements» (*Le Mercure de France*, t.45, p.151 ds BRUNOT t.10, p.897); **2.** 1820, 31 oct. «vêtement masculin qu'on met pour se protéger du froid" (*Obs. modes*, VI, p.335);

Sachs-Vilatte (1900): Überzieher für Herren, Jäckchen für Damen

Frz. (2004): Überzieher, Mantel

Zingarelli (2003): soprabito [comp. di sopr- e abito; 1804] s. m.

* Cappotto leggero per la mezza stagione.
‖ soprabitaccio, pegg. | soprabitino, dim. | soprabitone, accr. | soprabituccio, dim.

Port. (2006): sobretudo m. - casaco de agasalho, largo e comprido, que se veste por cima do fato

Pardessus ist ein Oberbegriff für verschiedene wärmende Kleidungsstücke wie *casaque, mantelet* und *paletot*. Die Wortbedeutung 'über' lässt darauf schließen, dass es sich ursprünglich um einen zusammengesetzten Begriff gehandelt haben muss. In einer Arbeit zum französischen Wortschatz der Mode findet sich die Erklärung. „Le manteau pardessus und le manteau surtout sind gerade geschnittene Hänger, oft auch nur pardessus genannt." (Chadmand 1961:25)

Die Definition von Leloir weist darauf hin, dass es sich um eine relativ neue Wortschöpfung handelt. „Nom moderne de l'ancien paletot et du manteau et qui, comme celui-ci se porte par-dessus les vêtements." (Leloir 1951:301) Das Wort wurde nicht in andere Sprachen entlehnt, aber es fällt auf, dass *soprabito, sobretudo* und 'Überzieher' dem französischen *pardessus* sehr ähnlich sind, sodass es sich um Lehnübertragungen handeln könnte.

PASSEMENTERIE, subst. fém.

> **TLF: A. 1.** Au sing. Ensemble des ouvrages de fil (généralement d'or ou de soie) servant à orner les vêtements,
> **ÉTYMOL. ET HIST. 1.** 1539 «toutes les sortes de passements que l'on emploie pour les vêtements, l'ameublement» (Doc. ds *Mém. de la Sté d'hist. de Paris et de l'Île-de-France*, t.23, p.244); rare aux XVIIe-XVIII[e]s., puis dep. le XIX[e]s. 1831 (BALZAC, *Peau chagr.*, p.209); **2.** 1669 «industrie et commerce des passements» (WIDERHOLD *All.-fr.*); puis dep. 1765 (*Encyclop.* t.12). Dér. de *passement**; suff. *-erie**.

PASSEMENT, subst. masc.

> **TLF: PASSEMENTERIE A.** Tissu plat, plus ou moins large, formé par l'entrelacement régulier de fils d'or, d'argent, de soie ou de laine, servant à orner les vêtements, les tentures d'ameublement, les meubles et autrefois les voitures; bordure, bandes ou galons en passement.

B. HIST. DE LA MODE. „Dentelle de fil de soie ou d'or, au fuseau, faite sur coussin et servant à border les vêtements" (LELOIR 1961).
ÉTYMOL. ET HIST. 1538 «tissu de fils mêlés servant d'ornement» (EST.). Dér. de *passer**; suff. *-ment*[1]*. *Cf.* l'a. fr. *passement* «action de passer» *ca* 1195 (AMBROISE, *Guerre sainte*, éd. G. Paris, 497) 1627 (CRESPIN, *Thresor des trois langues*).

Peschier (1862): Bortenwirkerei, Bortenhandel
passement m. - Borte, Tresse

Sachs-Vilatte (1900): Bortenwirkerei, Bortenhandel
passement m. - Borte, Tresse, Posamentier-Arbeit

Frz. (2004): Posamenterie
passement m. - Posament

Robert (2007): passementerie [pɑsmɑ̃tʀi] nom féminin étym. 1539; de passement pas
1 Ensemble des ouvrages de fil (passements, franges, galons) destinés à l'ornement des vêtements, des meubles, etc. Ouvrages de passementerie. →cordon, dentelle, épaulette, frange, galon, passepoil, ruban, torsade, tresse. « L'influence de la passementerie sur l'imagination des jeunes filles » (Hugo). La passementerie pour ameublement.
2 Commerce, industrie des articles de passementerie.

Ital. (2002): passamaneria f. Posament. Posamenterie
passamano m. - Besatzborte

Zingarelli (2003): passamaneria [fr. passementerie, da passement 'passamano'; 1839] s. f.
1 Complesso dei vari passamani.
2 Fabbrica o negozio di passamani.
† passamanteria o † passamenteria [1913] s. f.

Span. (2001): pasamanería f. - Posamentierarbeit
pasamano(s) m.(pl.) – Posament, Besatz

R. A. Esp. (2001): pasamanería 1. f. Obra o fábrica de pasamanos. pasamano. (*De pasar y mano*).

1. m. Género de galón o trencilla, cordones, borlas, flecos y demás adornos de oro, plata, seda, algodón o lana, que se hace y sirve para guarnecer y adornar los vestidos y otras cosas.

Port. (2006): passamaneria f. arte, indústria, obra ou comércio de passamanes (De passamane[s] +-aria, ou do it. *passamaneria*, «id.»?) passamanes m. pl. - fitas ou galões entretecidos de fios de ouro, prata ou seda, com que se adornam móveis, peças de vestuário, etc. (Do fr. *passements*, «id.»)

Passementerie bezeichnet einerseits die Bänder und Borten zum Schmuck von Kleidung und Vorhängen, andererseits die Herstellung und den Handel mit diesen Artikeln. Die Bezeichnung leitet sich vom Herstellungsvorgang der ursprünglich handgewebten Bänder ab. Der Schussfaden musste durch die längsgespannten Kettfäden hindurch geführt werden. „on passait les fils pour les confectionner." (Guillemard 1991:262)

Im Französischen ist das Wort seit dem 16. Jahrhundert belegt und das deutsche Posament ist daraus abgeleitet. Die entsprechenden Begriffe im Italienischen und Spanischen gelten als eigene sprachliche Entwicklung und in den Angaben des portugiesischen Wörterbuches wird auf französischen oder italienischen Ursprung verwiesen.

PEIGNOIR, subst. masc.

TLF: A. Vêtement ample, léger, que l'on enfile pour protéger ses vêtements, chez le coiffeur, dans un institut de beauté ou que l'on mettait autrefois lorsqu'on se coiffait.
B. *Peignoir (de bain).* Vêtement à manches, de forme droite et assez ample, fermé par une ceinture, généralement en tissu éponge, que l'on passe généralement en sortant du bain;
C. Vêtement d'intérieur, non ajusté, généralement porté par les femmes. Synon. *déshabillé, robe de chambre, robe d'intérieur.*
ÉTYMOL. ET HIST. 2. XVes. *peignouer* «linge que l'on met sur ses épaules lorsqu'on se peigne» (*Statuts des merciers*, ds A. BOURGEOIS, *Les Métiers de Blois*, t.1, p.163); **3.** 1693 «deshabillé» (Ch. DUFRESNY, *Les Mal assortis*, II, 4 ds *DG*); 1827 (MME CELNART, *Man. des dames*

ou l'Art de la toilette, p.157 ds QUEM. *DDL* t.16); **4.** 1814 «manteau de bain» (JOUY, *Guillaume le franc-parleur*, 2 juil., *ibid.*, t.3). Dér. de *peigner**; suff. *-oir**.≈

Peschier (1862): Puder- ‚Bade-mantel, Morgenanzug, Ueberwurf

Sachs-Vilatte (1900): Puder- , auch Bade-mantel, Haus-, Morgen-rock der Frauen

Frz. (2004): 1. Bademantel, Morgenrock 2. Umhang, Frisierumhang

Zingarelli (2003): peignoir fr. [vc. fr., da peigner 'pettinare', da pigne 'pettine'; 1835]s. m

Mantellina usata spec. un tempo dalle donne per coprire le spalle durante la pettinatura.

Span. (2001): peinador m. - Frisierumhang

R. A. Esp. (2001): peinador, ra.(De *peinar*).

1. adj. Que peina. U. t. c. s.

m. Prenda o lienzo ajustada al cuello con que se protege el vestido de quien se peina o afeita.

Port. (2006): penteador m. - roupão ou pano que a pessoa que se penteia veste ou põe sobre os ombros.

Peignoir war ursprünglich ein Umhang, den man beim Kämmen oder, besonders wichtig, beim Pudern der Haare umlegte, um die Kleidung zu schützen. Der Begriff hat schon im 19. Jahrhundert eine Erweiterung erfahren. Er bezeichnet ein lockeres Kleidungsstück in der Art von Bademantel, Hauskleid oder Morgenrock. Während im Spanischen und Portugiesischen analoge Wortbildungen bestehen, wurde *peignoir* unverändert ins Italienische übernommen.

PÈLERINE, subst. fém

TLF: A. COSTUME 1. Collet de laine, de dentelle ou d'autre matière, porté par les femmes, ne couvrant que les épaules et la poitrine.

2. Vêtement généralement muni d'une capuche, à l'usage des enfants.

3. Manteau ample, sans manches, généralement muni d'un capuchon servant à se protéger du froid ou de la pluie.

4. Cape, parfois amovible, taillée en forme, de longueur variable, portée indifféremment par les hommes et les femmes.
ÉTYMOL. ET HIST.1. 1765 «fichu d'étoffe légère servant à masquer le décolleté des robes» (*Encyclop.*); **2.** 1806 «collet de femme ne couvrant que les épaules et la poitrine» (*Journ. des dames, Modes,* p.20 ds BRUNOT t.10, p.896); 1830 (BALZAC, *Bal Sceaux*, p.134); *id.* (STENDHAL, *Rouge et Noir*, p.42); **3.** 1846 «manteau sans manche pourvu d'un capuchon, porté par les hommes et les garçons» (BAUDEL., *Salon*, p.157); **4.** 1851 «collet amovible porté par les hommes et les femmes» *paletot à pèlerine* (MURGER, *Scènes vie boh.*, p.32). Étant donné qu'il est relevé dans le 2e tiers du XVIIIe s. en angl. (1744, *NED*), en ital. (*pellegrina* 1754, *pelegrina* 1759, *FEW* t.8, p.235a, note 10) et en fr. (attest. lexicogr.), il est difficile de déterminer dans laquelle de ces trois lang. s'est formé ce terme de mode. La morphol. du mot ferait pencher vers une orig. française.

FEW (VIII, 232): peregrinus fremd

Nfr. *pelerine* f. „ fichu de linon, gaze, etc. servant á masquer le décolleté des robes (Enc 1765) *pèlerine* „vêtement de femme en forme de grand collet rabattu qui couvre la poitrine et les épaules" (seit 1806, Br19, 896), „manteau sans manches et muni d'un capuchon, propre aux officiers et aux agents de police" (sei Lar 1907).

Klt. pelegrinus ist schon im 4. jh. auf christlichen inschriften in der dissimilierten form pellegrinus bezeugt, All3,496

Peschier (1862): Damenkragen; H.(histoire) Pilgermantel

Sachs-Vilatte (1900): großer Damenkragen

Frz. (2004): Pelerine

Zingarelli (2001): pellegrina f. - Corta mantellina che copre appena le spalle, fissata in genere alla giacca.

Zingarelli (2003): pellegrina [calco sul fr. pèlerine 'colletto del mantello dei pellegrini', da pèlerin 'pellegrino'; av. 1767] s. f.

Corta mantellina o cappa che copre appena le spalle, fissata in genere alla giacca.

R. A. Esp. (2001): pelerina (Del fr. *pèlerine*).
1. f. Toquilla de punto, como capa corta, que usan las mujeres.
2. f. Cierta forma de esclavina.

Eine Pelerine kann verschieden lang sein. Sie erscheint entweder als großer Kragen, der bis zur Schulter reicht oder als Umhang bis zum Ellbogen oder bis zur Hüfte. Die Ableitung vom französischen *pèlerin* wird angenommen, weil die Form dieses kleinen Umhangs an den Mantel eines Pilgers erinnert. Denkbar wäre aber auch ein Ursprung im Italienischen, denn hier gibt es eine analoge Wortbildung von *pellegrino* 'Pilger' zu *pellegrina* 'Umhang'. Die deutsche Form Pelerine und das spanische *pelerina* sind aus dem Französischen entlehnt.

PLASTRON, subst. masc.

TLF: A. 1. a) Pièce d'armure qui recouvre et protège la poitrine. **B. 1. a)** Partie de certains vêtements masculins qui recouvre la poitrine; *en partic.* pièce d'étoffe qui recouvre le devant d'une chemise. *Chemise à plastron;* b) Pièce de vêtement ou partie de vêtement féminin, qui recouvre la poitrine.

ÉTYMOL. ET HIST.A. Habill. 1. 1477-78 «pièce d'armure couvrant la poitrine» (G. LESEUR, Hist. de Gaston IV de Foix, éd. H. Courteault, t.1, p.151); 3. a) 1802 cost. milit. (BAUDRY DES LOZ., Voy. Louisiane, p.61); b) 1865 cost. civil (VALLÈS, Réfract., p.67: le plastron de sa redingote). Empr. à l'ital. piastrone, att. au sens 1 dep. le XV^{e}s. (av. 1470, L. PULCI ds TOMM.-BELL.), dér. augm. de piastra «plaque (de métal, bois, pierre, verre, etc.)» (v. Piastre).

PIASTRE, subst. Fém.**TLF:A.** Unité monétaire (actuelle ou ancienne) de divers pays; *p.méton.*, pièce de monnaie correspondant à cette unité monétaire dont la valeur varie selon les pays où elle a cours.

ÉTYMOL. ET HIST. 1595 nom de monnaie, ici en Turquie (VILLAMONT, *Voyages,* f° 209 r° d'apr. R. ARVEILLER ds *Mél. Dauzat (A.),* p.29). Empr. à l'ital. *piastra,* att. comme nom d'une ancienne monnaie d'argent dep. la 1re moitié du XIV^{e}s. (*Leggenda di Tobia* d'apr. *DEI*), d'abord «plaque de métal» (dep. 1316, *ibid.*), issu, avec aphérèse de la 1re syll., du lat. *emplastrum* «emplâtre» (*cf.* *plâtre*).

Peschier (1862): Mil. Brustharnisch; 2. Esc.(escrime, Fechtkunst) Bruststück

Sachs-Vilatte (1900): 1. Brustharnisch. 4. gestickter Vorderteil eines Vor-, Ober-hemdes

Frz. (2004): Hemdbrust, Plastron, Chemisette

Ital. (2002): piastrone m. - Brustschutz, Brustleder

Zingarelli (2003): plastron fr.[vc. fr., dall'it. piastrone; 1901] s. m. Inv. Larga cravatta maschile annodata piatta e fermata da una spilla, che si portava ai primi del Novecento con alcuni abiti da cerimonia | Sparato.

Span. (2001): plastrón m. - Plastron, Vorhemd

R. A. Esp. (2001): plastrón (Del fr. plastron). m. Corbata muy ancha que cubre el centro de la pechera de la camisa.

Port. (2006): plastrão m. - gravata que cobre o peito.

Der Weg von der Währungseinheit zur Hemdbrust erschließt sich nicht auf den ersten Blick. Bei der Suche nach dem Ursprung von *plastron* wird im TLF auf das italienische Wort *piastrone* und weiter auf *piastre* verwiesen. *Piastre* oder auf deutsch *Piaster* war in verschiedenen Ländern eine Währungseinheit, bedeutete aber auch Metallplatte. *Piastrone* lautete die Bezeichnung für den Brustharnisch einer Rüstung. Im 15. Jahrhundert wurde *piastrone* in der Form *plastron* ins Französische entlehnt. Der Begriff erfuhr im 17. Jahrhundert eine Bedeutungsübertragung auf den entsprechenden Teil der zivilen Kleidung. Er wurde sowohl für den verzierten Brustlatz der Frauentracht, als auch für den Brustteil des Herrenhemds und eine große Krawatte verwendet. In dieser Bedeutung wurde *plastron* wieder ins Italienische zurückentlehnt, sodass dort die Formen *piastrone* 'Panzer der Schildkröte' und *plastron* nebeneinander existieren (Rüfer 1981:24). Inzwischen trägt man kein Plastron mehr und so dürfte das Wort in keiner der untersuchten Sprachen eine Gegenwartsbedeutung haben.

POCHE, subst. fém.
- **TLF: A. 1.** Vx. Sac.
  B. 1. Partie d'un vêtement où l'on met de menus objets pour les avoir à portée de la main.
  Poche à rabat, (à) tiroir. Poche dont l'ouverture est masquée par une patte. *Il existe également un autre genre de poche qui se confectionne comme une poche de veston et qu'on nomme poche tiroir, parce que la patte de cette poche peut être mise à volonté, soit au dehors, soit à l'intérieur de la poche* (ARNOU, Mét. tailleur, 1952–53, p.31).
  ÉTYMOL. ET HIST.1. a)) Ca 1180 *puche* «bourse, petit sac» (MARIE DE FRANCE, *Fables*, 98, 10 ds T.-L.);) . De l'a. b. frq. **pokka* «bourse, sac», cf. le m. néerl. *poke* «sac», l'a. nord. *poki* «bourse, petit sac» (FEW t.16, p.642a).
- **FEW (XVI, 642):** *pokka (anfrk.) tasche
  Fr. *poche* ist übernommen aus einem anfrk. **pocca* Die bed. ist zuerst „beutel, sack", also ein behälter aus stoff oder leder, in dem man etwas aufbewahrt und der meist zugebunden werden kann. Daneben erscheint seit dem 16.jh. die in das kleid eingenähte tasche, und zwar bei männer- und frauenkleidern, Quicherat.
- **Peschier (1862):** Tasche, 2. Sack
- **Sachs-Vilatte (1900):** [angelsächsisch pocca] Tasche
- **Frz. (2004):** Tasche

Poche geht zurück auf das altniederfränkische **pokka* und ist in keiner weiteren romanischen Sprache zu finden.

Eine in die Kleidung eingearbeitete Tasche ist erst seit dem 16. Jahrhundert üblich. Vorher bewahrte man die Dinge, die bei sich tragen wollte in einem Beutel auf, den man am Gürtel oder am Handgelenk befestigen konnte. Vorläufer der Tasche waren ab dem 13. Jahrhundert in die Kleidung eingearbeitete Längsschlitze, die es ermöglichten in Beutel oder Taschen zu greifen, die unter dem Kleid befestigt waren (Leloir 1951:322).

POIGNET, subst. masc.

TLF: A. Attache qui réunit l'avant-bras à la main.
B. 1. Bas resserré de la manche d'un vêtement. *Poignet d'une chemise, d'une blouse, d'une robe, d'un chemisier; poignet droit; poignet mousquetaire.*
ÉTYMOL. ET HIST.1. 1315 «pièce d'étoffe taillée transversalement et qui termine la manche d'une chemise, d'une robe» *(Mahaut, Comtesse d'Artois et de Bourgogne,* éd. J. M. Richard, p.395); 2. 1488 «partie du bras qui joint la main à l'avant-bras» *(Reg. de la Loy,* 1472-1489, A. Tournai ds GDF. *Compl.*). Dimin. de *poing**.

Peschier (1862): Vorärmel

Sachs-Vilatte (1900): Preischen, Prieschen an einem Ärmel, auch Manschette (Pri(e)se: gurt-artiger Saum am Hemd-ärmel)

Frz. (2004): Manschette

Poignet bezeichnet den Teil eines Ärmels, der am gleichnamigen Körperteil, nämlich dem Handgelenk, endet. Bei Hemdblusen oder Herrenhemden übersetzt man *poignet* mit Manschette, bei dicken Jacken oder Mänteln kann der Ärmel mit einem Umschlag oder Aufschlag enden, bei Stricksachen spricht man vom Bündchen. Die deutschen Übersetzungen von Peschier und Sachs-Vilatte sind heute nicht mehr verständlich. Die französische Art der Bezeichnung nach der Lage am Körper gibt es auch in der übrigen Romania, im Italienischen *polsino*, im Spanischen *puño*.

POUF, subst. masc.

TLF: A. HIST. DE LA MODE 1. „Sous Louis XVI, sorte de coussin posé sur le sommet de la tête par dessus lequel on dressait et coiffait les cheveux"
2. À la fin du XIXes., rembourrage sur le bas du dos qui faisait bouffer la jupe; p.ext., arrangement de tissu formant une masse au bas du dos. *La tunique-écharpe est toujours très-collante, le pouf très-bas, la taille très-longue* (MALLARMÉ, *Dern. mode,* 1874, p.729).
ÉTYMOL. ET HIST. 1. 1775 «bonnet» (*Journal des Dames I,* 132 ds

DG); 2. 1859 «siège» (LARCH., p.74); 3. 1872 «tournure qui faisait bouffer la jupe» (ZOLA, *Curée*, p.477).Onomatopée.

Peschier (1862): Mod.(modes, toilette, Modenhandel, Putz) Puff m., Puffe f.

Sachs-Vilatte (1900): Tournüre

Frz. (2004): Hocker, Puff

Ital. (2002): pouf m. - Puff

Span. (2001): puf m. - (asiento) Puff

Port. (2006): pufe m. -1. banco ou assento de material leve e fofo; 2. espécie de chumaço com que se entufavam os vestidos das senhoras sobre as ancas (Do fr. pouf).

Pouf wird hier in der gleichen Bedeutung wie Turnüre gebraucht, das Wort ist jedoch vielseitiger. Im 18. Jahrhundert bezeichnete es ein Polster, das zum Aufbau der hochgetürmten Frisuren auf dem Kopf befestigt wurde (Join-Diéterle1998:85), im 19. Jahrhundert das Kissen unter dem Damenrock und bis heute in vielen Sprachen einen gepolsterten Hocker.

REDINGOTE, subst. fém.

> **TLF: A.** Vêtement d'homme à longues basques, plus ou moins ajusté à la taille.
> *HIST. DU COST. Redingote à la propriétaire.* Redingote qui se boutonne depuis le haut jusqu'en bas. *Un homme [de mine honorable] en redingote à la propriétaire et à lunettes* (PAILLET, *Voleurs et volés*, 1855, p. 64).
> **B. 1. a)** *HIST. DU COST.* Robe de femme, boutonnée devant dans toute sa hauteur, plus ou moins ajustée à la taille, et évasée dans le bas.(VILLARD, *Hist. cost.*, 1956, p. 89).
> **ÉTYMOL. ET HIST. 1.** 1725 « vêtement d'homme, longue veste croisée à basques, qui est à l'origine un vêtement de cavalier » (E. BARBIER, *Chron. de la Régence*, I, 412 ds BONN.; v. aussi BRINK-WEHRLI, pp. 55-56 et HÖFLER *Anglic.*); **2.** 1786 « vêtement de même type porté par les femmes » (*Cabinet des Modes*, I, 58, *ibid.*). Altér., p. empr. dans la lang. orale, de l'angl. *riding-coat* « vêtement de cavalier » (1507 ds

NED), comp. de *coat* « habit, manteau » et de *riding* subst. verbal de *to ride* «monter à cheval».

Peschier (1862): Ueberrock

Sachs-Vilatte (1900): Überrock, Überzieher

Frz. (2004): 1. Gehrock, Schoßrock, Redingote 2. taillierter Mantel

Robert (2007): redingote [ʀ(ə)dɛ̃gɔt] nom féminin
étym. 1725; anglais riding-coat « vêtement pour aller à cheval »
Anciennt Vêtement d'homme, longue veste croisée, à basques. La redingote grise de Napoléon.
(1924) Mod. Manteau de femme, ajusté à la taille.

Ital. (2002): redingote f. - 1. (giacca per cavalcare) Redingote, 2. (capotto lungo) Redingote

Zingarelli (2003): redingote fr. [fr., dall'ingl. riding-coat, propr. 'vestito (coat) per andare a cavallo (to ride)'; 1748]bs. f. Inv.

1 Nel Settecento e nell'Ottocento, lunga giacca usata come soprabito
2 Cappotto molto appoggiato alla vita in genere lungo e allargato verso il fondo.

R. A. Esp. (2001): redingote (Del fr. redingote, y este del ingl. riding-coat, traje para montar). m. Capote de poco vuelo y con mangas ajustadas.

Port. (2006): redingote m. - 1. casaco largo e comprido; 2. sobrecasaca; 3. casaco comprido de senhora (Do ing. riding-coat, pelo fr. redingote).

Redingote wurde 1725 erstmals in Frankreich erwähnt und ist das Ergebnis des Versuchs, die englische Bezeichnung eines Reitmantels, *riding-coat,* der französischen Sprache anzupassen. In dieser Orthografie wurde das das Wort, das bald eine Bedeutungserweiterung erfahren hatte, in der Romania und im Deutschen aufgenommen. Die wechselhafte Form des Kleidungsstücks beschreibt am besten eine Modeexpertin.

Redingote 1. Englischer Reitmantel des Herrn im 18.Jh. [...] Die R. war stets zweireihig, leicht tailliert, urspr. etwa wadenlang, mit vollen vorn übereinandergeschlagenen Schößen und einem doppelten Kragen, so daß der obere aufgestellt und der untere umgeschlagen werden konnte. [...] 2. Um 1785 übernahm die Frau den R.-Mantel mit gro-

ßem Halsausschnitt und vorn zurückgeschnittenen Schößen so daß Gilet und Rock zur Geltung kamen. [...] Im 20. Jh. war die R. als Mantel (besonders in den 1950er Jahren) in ein- oder zweireihiger, stark taillierter Form mit oft weitem, glockigem Schoß zeitweilig wieder in Mode.
(Loschek 1994:390)

REVERS, subst. masc.

> **TLF: A. 1.** Côté opposé à celui qui est présenté comme principal ou à celui qui se présente en premier. Synon. *dos, envers, verso.*
>
> **2.** En partic. b) Partie ornementale d'un vêtement repliée pour laisser voir l'envers du tissu ou recouvrant l'envers. *En partic.* Chacune des deux parties de tissu symétriquement rabattues sur la poitrine et se croisant dans le prolongement du col ou de l'encolure.
>
> **ÉTYMOL. ET HIST. 1. b)** 1797 « les deux parties d'un habit qui, se croisent sur la poitrine, sont repliées » (GATTEL d'apr. *FEW, loc. cit.*); c) 1832 *bottes à revers* (RAYMOND); Du lat. *reversus,* part. passé de *revertere* « retourner sur ses pas, revenir » (de *re-*, fr. *re-** et de *vertere* « tourner, faire tourner »).
>
> **FEW (X: 356):** reversus umgedreht
>
> LT. REVERSUS, part. perf. von REVERTERE lebt unabhängig von diesem verbum im rom. weiter. II 1. das schon lt. *reversio* „umdrehung" wurde wiederholt entlehnt (2), zuerst in der im mlt. entstandenen juristischen bed. (a), sodann, wohl wiederholt, in der allgemeineren bed. des lt.(b).
>
> **Peschier (1862):** Umschlag, Aufschläge
>
> **Sachs-Vilatte (1900):** Auf-, Um-schlag an Kleidungsstücken
>
> **Frz. (2004):** Aufschlag, Revers, Umschlag
>
> **Ital. (2002):** revers m. - Revers
>
> **Zingarelli (2003):** revers fr. [vc. fr., dal lat. reversu(m). V. reversale; 1905] s. m. inv. (pl. fr. inv.)
> Risvolto di giacca, soprabito e sim.

Mäntel und Jacken, die mit einem Kragen versehen sind, haben in den meisten Fällen ein Revers. Das bedeutet, dass die beiden Vorderteile nicht bis zum Hals geschlossen werden, sondern die oberen Ecken sind nach außen umgelegt. Dadurch würde die Innenseite oder der Futterstoff sichtbar. Aus diesem Grund werden Kragen und Revers mit einer zweiten Stofflage verstürzt. Oft wird zum Schmuck des Kleidungsstücks hierzu ein besonderer Stoff gewählt. Dieser Fachbegriff hat sich in der italienischen und deutschen Sprache durchgesetzt.

ROBE, subst. fém.

> **TLF:** Vêtement de dessus, d'un seul tenant, généralement pourvu de manches, descendant jusqu'aux genoux ou jusqu'aux pieds avec une forme et une ampleur variable selon l'époque, le pays, la mode et la personne qui le porte.
> **A.** Vêtement long, porté habituellement par les hommes et par les femmes.
> 1. [À une époque hist.: Antiq., Moy. Âge et, de nos jours, en Orient, Extrême-Orient] Synon. *tunique*.
> 2. Vêtement long et à manches porté comme signe d'appartenance à un état, à une fonction ou à une profession inspirant l'autorité et le respect.
> **B. 1.** Vêtement féminin d'une seule pièce ou composé d'un corsage et d'une jupe attenante de forme, de longueur et d'ampleur variables.
> **ÉTYMOL. ET HIST. 1.** 1155 « butin, dépouille de guerre » (WACE, *Brut*, 1047 ds T.-L.); **2.** 1155 « biens mobiliers qui sont à l'usage d'une personne » (ID., *ibid.*, 223 et 725, *ibid.*); **3. a)** ca 1165 « ensemble de vêtements taillés dans une même étoffe, habillement complet composé de plusieurs pièces, à l'exclusion de la chemise » (*Troie*, éd. L. Constans, 13330); **b)** 1165-70 « vêtement féminin de dessus, d'un seul tenant, avec manches, couvrant le corps jusqu'aux pieds » (CHRÉTIEN DE TROYES, *Erec et Enide*, éd. M. Roques, 406); **c)** 1280 *robe linge* « chemise d'homme » (PHILIPPE DE BEAUMANOIR, *Jehan et Blonde*, éd. H. Suchier, 5907); **d)** 1387 (et non 1368 comme l'indique *FEW* t. 16, p. 675a) *robe a relever* « robe de chambre, longue chemise de nuit » (A.N. KK 18, f º 13); *ca* 1462 *robe de nuyt* (*Cent Nouvelles nouvelles*, éd. F. P. Sweetser, *Nouv.* 17, p. 119); 1576 *robe de chambre* (SASBOUT, *Dict. flam.-fr.*, *s.v. winter tabbaert* ds *Fonds* BARBIER);

1596 (HULSIUS); Empr. au germ. occ. *rauba « butin » (*dérober**) d'où « vêtement dont on a dépouillé quelqu'un ». *Robe* a souvent en a. fr. et jusqu'au XVIe s. le sens de « butin » (GDF., HUG.).

FEW (XVI: 674):*rauba (germ.) beute, raubI.
   1.Afr. *robe* f. „butin, dépouille de guerre" (WACE, - ca.1230) 2. „biens mobiliers qui sont à l'usage d'une personne"(WACE) 3. a Afr., mfr. *robe* „habillement complet composé de plusieurs pièces, à l'exclusion de la chemise"(12.-15.jh., Gdf); „vêtement que portent les dames" (seit Chrestien): nfr. *robe* „jupe pareille au corps de la robe" (Rich 1680 – 1759).

Peschier (1862): Rock, Oberkleid

Sachs-Vilatte (1900): (lang herabreichendes) Kleid (bsd. der Frauen und Kinder)

Frz. (2004): Kleid

Zingarelli (2003): robe fr.[vc. fr., propr. 'vestito'. V. roba (1); 1940] s. f. inv.
Abito femminile di taglio elegante, a un solo pezzo.

R. A. Esp. (2001): ropa (Del gót. *raupa*, botín, y este der. del germ. *raupjan*, pelar, arrancar; cf. a. al. ant. *roufen*, al. *Raufen*).
1. f. Prenda de vestir.

Port. (2006): robe m. - peça de vestuário que se usa por cima da roupa de dormir (Do fr. robe [de chambre]).

Der Bedeutungswandel von *robe* reicht von der Kriegsbeute, über den beweglichen Besitz bis zur gesamten Bekleidung eines Mannes. Dann folgt der Inhalt, Kleid der Frau und schließlich Rock, der zu einem Oberteil passt. 'Robe' zur Bezeichnung einer Amtskleidung ergänzt das Bedeutungsspektrum ebenso wie zahlreiche zusammengesetzte Begriffe. Bei den Entlehnungen des Wortes in andere Sprachen wird meist nur eine Teilbedeutung übernommen. Während im Deutschen und Italienischen das elegante Kleid Robe genannt wird, ist *robe* im Portugiesischen ein Morgenrock als Abkürzung von *robe de chambre*.

RUCHE, subst. fém.

TLF: 2. a) COUT., HIST. DU COST. „Bande d'étoffe plissée ou froncée qui sert à accompagner et décorer une pièce de vêtement [...], collerette, tour de cou, et bonnet" (LELOIR 1961), p. méton., les plissés ainsi formés. Synon. *ruché*.
ÉTYMOL. ET HIST. B. 1818 cout. (*L'Observateur des modes*, I, L. V, p. 14 ds *Fr. mod.* t. 17, p. 303). Du gaul. *rusca* « écorce » (att. dans des gloses au IXe s., v. *FEW* t. 10, p. 582; *cf.* en ce sens l'a. irl. *rusc*, l'a. prov. *rusca* « écorce » XIIIe s., v. LEVY; le cat. *rusc* « écorce de chêne-liège » et « ruche », v. ALC.-MOLL.), les ruches étant à l'origine réalisées à l'aide d'écorces d'arbres comme le chêne-liège; l'anc. dénom. est restée pour désigner la ruche en paille tressée apportée dans la Gaule septentrionale par les Francs, car le rapport du mot *rusca* avec la matière utilisée n'était plus senti, le lat. *scortea* ayant remplacé *rusca* pour désigner « l'écorce » (v. *FEW* t. 10, p. 582).

FEW (X:582): rusca (gall.) rinde
Rüsche. -Nfr. ruche „bande plissée d'étoffe, de dentelle,etc., qui sert à orner différentes parties de la toilette de femmes" (seit1818, FrMod 17, 303)

Sachs-Vilatte (1900): Rüsche (dicht gefalteter, aufrecht stehender Besatz auf Damenputz)

Frz. (2004): ruché subst, masc. - Rüsche

Robert (2007): ruche nom féminin
1 Abri aménagé pour y recevoir un essaim d'abeilles.
2 La colonie d'abeilles qui l'habite.
3 (1818; par analogie de forme avec la gaufre de cire) Bande étroite plissée ou froncée (de tulle, de dentelle) qui servait d'ornement.

Zingarelli (2003): ruche fr. [fr., vc. di orig. gallica, propr. 'scorza', poi 'alveare', perché un tempo gli alveari si facevano con le scorze; 1905] s. f. Inv.
Striscia di tessuto con crespe, usata per guarnire indumenti femminili.

Ruche wird im Frz. (2004) mit den Bedeutungen 'Bienenstock', 'Bienenkorb', 'Bienenvolk' und 'Ameisenhaufen' angeführt. Für die Bezeichnung der Rüsche gilt heute die Form ruché. Guillemard erklärt die Begriffsbildung nach der Ähnlichkeit gekräuselter Stoffstreifen mit einer Wabe (Guillemard 1991:266). Vorstellbar wäre auch die Übereinstimmung mit den waagerecht angeordneten Wülsten eines strohgeflochtenen Bienenkorbes.

Kluge (2002:776) bescheinigt für das deutsche Wort 'Rüsche' eine Entlehnung aus dem Französischen im 19. Jahrhundert. Seine Erklärung zu diesem Metonym lautet: „Die Bedeutungsübertragung erfolgte nach dem Aussehen einer stark gefältelten Halskrause, die zuerst so bezeichnet wurde."

TALMA, subst. masc.

> **TLF:** HIST. DU COST. Manteau d'homme ou de femme en forme de pèlerine couvrant seulement les épaules et la poitrine, à la mode vers 1820.
> *Des blouses clairsemées se mêlent aux « talmas » et des casquettes aux hauts-de-forme* (VERLAINE, *Œuvres compl.*, t. 5, Confess., 1895, p. 35).
> **ÉTYMOL. ET HIST.** 1849 *manteau Talma (Le Moniteur de la mode, ibid.)*; 1851 Talma « *manteau* » (ibid., 2e no de nov., p. 178a, ibid.). Du n. du tragédien fr. François-Joseph Talma (1763–1826).
>
> **Sachs-Vilatte (1900):** Talma (Art Mantel für Herren und Damen)
>
> **R. A. Esp. (2001):** talma (De *Talma*, célebre trágico francés).
> f. Especie de esclavina usada por las señoras para abrigo, y por los hombres en vez de capa

Ein kurzer Umhang für Damen oder Herren wurde über einen begrenzten Zeitraum *Talma* genannt. François Joseph Talma (1763–1826) war ein berühmter Schauspieler und seine Art sich zu kleiden wurde offensichtlich nachgeahmt und sein bevorzugtes Kleidungsstück nach ihm benannt. Für Frankreich, Italien, Spanien und Deutschland lässt sich der Begriff nachweisen.

TOILETTE, subst. fém.

> **TLF:** 4. Ensemble des vêtements et accessoires qui servent à la parure et notamment à l'habillement féminin.

ÉTYMOL. ET HIST. A. 1. a) 1352 « morceau de toile servant à envelopper des vêtements » *tellettes a envelopper* (*Comptes d'Etienne de la Fontaine, argentier du roi Jean* ds HAVARD); 1709 *revendeuse à la toilette* (LESAGE, *Turcaret*, IV, 13 ds LITTRÉ); 1723 *marchande à la toilette* (SAVARY); **2.** 1460 « toile de batiste » (*Compte de l'hôpital Saint-Jean des trouvés* ds GAY); **3.** 1599 *thoilette* « toile qu'on étend sur une table pour y mettre ce qui sert à l'ornement des hommes et des femmes » (*Inventaire de Gabrielle d'Estrees* ds LABORDE, *Emaux*, t. 2, p. 516); **4.** 1661 « ensemble des objets et des accessoires nécessaires pour s'apprêter » (*Inventaire de Mazarin*, n° 2150 ds GAY); **B. 2.** 1776 « ensemble des vêtements et accessoires servant à la parure d'une femme » (RESTIF DE LA BRET., *Le Paysan perverti*, t. 2, p. 19);Dér. de *toile**; suff. *-ette**.

FEW (XIII, 1:158): tēla gewebe
Stoff. Afr. *teile* f. „tissu de fil de lin ou de chanvre", fr. toile (seit 12. jh.) Ablt. -Fr. toilette „toile qu'on étend sur une table pour y mettre ce qui sert à l'ornement et ajustement des hommes et des femmes" (16.jh.-Vilatte 1888)
Nfr. sg. „ensemble des vêtements des ajustements qui servent à une femme à se parer" (seit ca. 1789, Br10), „col de femme avec les manchettes pareilles" (seit 1872).
Klt. TĒLA „ gewebe, zettel, webstuhl" lebt in der ganzen Romania weiter.[…] Das nur dem fr. eigene diminutiv *toilette* hat eine weitreichende bed. entwicklung erfahren und ist von vielen andern sprachen übernommen worden: it. sp. pg. d. *toilette*, ndl. e. *toilet*, etc.

Peschier (1862): Anzug, Putz, Toilette

Sachs-Vilatte (1900): Anzug, Kleidung, Putz,

Frz. (2004): Kleidung, Toilette

Ital. (2002): toilette da sera f. - Abendtoilette

Zingarelli (2003): toilette fr. [vc. fr., antico dim. di toile 'tela', propr. 'piccola tela'; 1695] s. f. inv.

5 Abito femminile molto elegante: una toilette da sera.

Port. (2006): toilette f. - conjunto de roupa e acessórios combinados com algum cuidado para usar em determinada ocasião (Do fr. *toilette*)

Ein kleines Tuch, in das man seine Kostbarkeiten einwickelte, war Ausgangspunkt für ein Wort mit großem Bedeutungsspektrum. *Toilette* wird in der Modeillustrierten stets für eine Zusammenstellungen von passenden Kleidungsstücken verwendet. Oft wird der Anlass, für den diese Auswahl gedacht ist, hinzugefügt: *toilette de soir, toilette de ball*. Eine solche Ausstattung besteht meist aus Kleid, Jacke oder Umhang und Hut. Ähnlich wird das Wort *costume* verwendet. *Costume* wird eher zur Bezeichnung von Tageskleidung, *toilette* für eine festliche Ausstattung eingesetzt. Entsprechend ist auch der Gebrauch in der deutschen, italienischen und portugiesischen Sprache.

TOURNURE, subst. fém.

TLF: 3. COST. [De 1867 à 1890 environ] Rembourrage porté sous la robe, en bas du dos, afin de lui donner plus d'ampleur. Synon. *faux cul**.
ÉTYMOL. ET HIST. Dér. de *tourner**; suff. *-ure**

Peschier (1862): Wulst, Tournüre

Sachs-Vilatte (1900): Tournüre (Wulst, mit dem die Frauen hinten ihre Kleider aufpuffen)

Frz. (2004): *vieilli (faux cul)* Turnüre

Tournure lautete die Bezeichnung eines Gesäßpolsters oder eines Halbreifengestells, das im letzten Drittel des 19. Jahrhunderts in der Damenmode die Silhouette des Rocks bestimmte. In dieser Bedeutung gilt das Wort heute im Französischen als veraltet und wird im deutschen Duden nicht mehr aufgeführt. Man findet es noch in Texten aus dem Bereich der Kostümgeschichte in deutscher Schreibweise. Ein Übersetzung von *tournure* hat es im Deutschen nie gegeben, jedoch im Spanischen mit *polisón* m. und im Italienischen mit *sellino* m. (Pons Bildwörterbuch 2003:337). Der Ausstellungskatalog „Anziehungskräfte" widmet den Hüftformern ein ganzes Kapitel.

> Zehn Jahre später kam mit der sog. Tournüre die Neuauflage des Gesäßpolsters. Außerhalb von Paris nannte man sie *Cul de Paris*. Der Begriff *Cul de crin* weist auf die Fül-

lung dieses Kissens mit Roßhaar. Daneben gab es korbartige Gestelle, die mit einem Gürtel um die Hüfte geschnallt wurden. »*Best Bustle ever invented*« pries 1877 die Londoner Firma Stapley & Smith an: »The correct Parisien shape« sei mit dem Modell LANGTRY zu erzielen, dieses sei (dem Anschein zum Trotz) »*light, cool, easy to wear*«, was damals offenbar ein Problem darstellte. Renoir hat mit seinem Gemälde 'Die Pariserin' 1874 dieser Mode ein Denkmal gesetzt.
(Harvolk 1986:87)

TRAÎNE, subst. fém.

> **TLF: I.** Ce qui traîne. A. Partie d'un vêtement long prolongeant le dos et traînant sur le sol derrière la personne qui marche. Synon. queue (v. ce mot II A 2 a).
> **ÉTYMOL. ET HIST. A. 5.** 1843 « bas d'un vêtement qui traîne par terre » (*Le Moniteur de la mode,* 10 déc., pp. 50-51 ds QUEM. DDL t. 16); Déverbal de *traîner**.

> **Sachs-Vilatte (1900):** Schleppe (besonders eines Reitkleides)

> **Frz. (2004):** Schleppe

Traîne, eine Ableitung vom Verb *traîner* bezeichnet den rückwärtigen Teil eines Kleides, der so lang ist, dass er über den Boden schleift. Wenn auch die Schleppe in der Kleidermode schon eine lange Tradition hat, so taucht der Begriff doch erst im 19. Jahrhundert auf. Früher hat man die Bezeichnung *queue* gewählt. Eine Übertragung in andere Sprachen hat nicht stattgefunden.

Der Verweis auf die Schleppe des Reitkleides bei Sachs-Vilatte erscheint aus heutiger Sicht unverständlich. Eine Abbildung in der Modezeitschrift zeigt jedoch deutlich, dass zum Kostüm einer Amazone neben Hut und Jacke zwei übereinander getragene Röcke gehörten. Der untere war etwa bodenlang, der obere deutlich länger. Die Stofflänge schleifte im rückwärtigen Bereich über den Boden, und vorne wurde sie entweder mit Schnüren gerafft oder locker über den Arm gelegt (LMI 1869:227).

TUNIQUE, subst. fém.

> **TLF: A. 1.** Vêtement de forme simple, tombant des épaules aux genoux ou aux pieds, souvent sans manches et serré à la taille par une ceinture, servant de chemise ou de vêtement de dessus et porté par les deux sexes.

a) *HIST. DU COST.* [Dans l'Antiq., au Moy. Âge et de nos jours dans certains pays] Synon. *angusticlave, chiton*[1]*, péplum. On le voyait [Caton], même dans sa préture, traverser la place sans toge, en simple tunique, nus-pieds, comme un esclave, et siéger ainsi sur son tribunal* (MICHELET, Hist. romaine, t. 2, 1831, p. 221):
b) Vêtement à l'image de la tunique antique. Vêtement féminin. Robe simple ou flottante inspirée de l'antique. *Tunique à la romaine.* [Sous le Directoire] *la tunique blanche, en tissu léger, à manches courtes et ceinture placée haut, est une mode générale* (F. BOUCHER, Hist. du cost. en Occident, 1969, p. 341).

ÉTYMOL. ET HIST. I. 1. *Ca* 1150 « dalmatique, vêtement sacerdotal que l'on revêt pour officier » (*Thèbes*, éd. G. Raynaud de Lage, 6147); *ca* 1165 (BENOÎT DE STE-MAURE, *Troie*, 26935 ds T.-L.); **2.** a) *ca* 1160 *tonicle* « dans l'Antiquité, vêtement de dessous, chemise assez longue, avec ou sans manches » (*Eneas*, 6402, *ibid.*); en partic. α) 1216 *la tunike qu'il [Nostre Sires] avoit vestue* (ROBERT DE CLARI, *La Conquête de Constantinople*, éd. Ph. Lauer, LXXXVII, p. 82, ligne 27); 1690 *la tunique du Sauveur* (FUR.); β) 1824 *la tunique de Nessus* (BALZAC, *Annette*, t. 2, p. 96); **b)** *ca* 1170 « vêtement ample évoquant la tunique » (BÉROUL, *Tristan*, éd. E. Muret-L.-M. Defourques, 2882); en partic. 1797 « robe de femme aux lignes simples et droites » *Tuniques à la Cérès, à la Minerve* (d'apr. BRUNOT t. 10, p. 895); **3. b)** 1845 « vêtement d'uniforme que portent les soldats, les collégiens » (BESCH.); **4. a)** 1844 « pièce de vêtement féminin qui prend la forme d'une seconde jupe courte, portée sur un fourreau » (*Journ. des demoiselles*, janv., 36b, ill. [Bruxelles] ds QUEM. *DDL* t. 16); **b)** 1964 « pièce de vêtement féminin analogue au corsage » (*Lar. encyclop.*). Empr. au lat. class. *tunica* « vêtement de dessous des Romains à l'usage des deux sexes; enveloppe de toute espèce: gousse, cosse, coque...; tunique de l'œil »; les formes en *-cle* de l'a. et m. fr. proviennent d'un dimin. *tunic[u]la* « petite tunique » att. en lat. classique.

FEW (XIII,2: 413): tunica robe; envelope

II.1.c. Afr. mfr. *tunique* „robe longue de dessus"(env. 1190, Rathb) lt. *tunica* qui passe en judfr., comp. juesp. tonga, v. ML8985 (I), est emprunté assez tôt dans son sens vestimentaire par afr., mais fr. *tunique* reste jusque 14.e s. rare et litt.

Peschier (1862): Ant. Unterkleid Tunica, Leibrock

Sachs-Vilatte (1900): Tunika, offener Damenoberrock

Frz. (2004): 1.Tunika 2. Uniformrock 3. Kasack

Ital. (2002): tunica f. -Tunika

Zingarelli (2003): tunica [vc. dotta, lat. tunica(m), di orig. semitica; sec. XIII] s. f.

1 Presso gli antichi, indumento maschile e femminile, in lino, di linea diritta, trattenuto sotto il petto da una cintura, che si indossava a diretto contatto con la pelle | Più tardi, ampio indumento di foggia classica | Oggi, veste femminile lunga e stretta.

Span. (2001): túnica f. - 1. langes, weites Hemdkleid; 2. Tunika

R. A. Esp. (2001): túnica (Del lat. Tunĭca).

f. Vestidura exterior amplia y larga.

Port. (2006): túnica f. - 1. vestuário comprido e justo, usado pelos antigos; 2. peça de vestuário ampla, com ou sem mangas;

Die lateinische Bezeichnung für ein in Rom von Männern und Frauen getragenes Unterkleid hat sich sowohl in den romanischen Sprachen als auch im Deutschen erhalten. Die Tunika bestand aus zwei rechteckigen Stoffstücken, die auf den Schultern und an den Seiten so verbunden waren, dass für Kopf und Arme ausreichende Öffnungen bleiben. Das Kleidungsstück bedeckte beim Mann die Knie und war bei der Frau etwas länger (Loschek 1987:459).

Im mittelalterlichen Kirchenlatein hat sich der lateinische Begriff für ein liturgisches Gewand erhalten und im profanen Bereich für einen Militärrock.

In der französischen Sprache bezeichnet man heute mit *tunique* ein gerade geschnittenes, längeres Oberteil, das über Röcken oder Hosen getragen wird (Larousse 2007:1040). Solche Blusen werden in deutschen und portugiesischen

Modezeitungen entsprechend benannt. Auch die geraden Hemdkleider, die Ende des 18. Jahrhunderts in Mode kamen, wurden wegen der Ähnlichkeit der Form *tunique* oder *chemise* genannt. Bei dem aus *La Mode Illustrée* ausgewählten Beispiel handelt es sich um eine Art Überrock. Es besteht keine Ähnlichkeit mit dem klassischen Gewand. In dieser Bedeutung wird der Begriff heute in keiner Sprache mehr verwendet. Auch die weitere Bedeutung von *tunique* als Militärjacke erscheint nur in der französischen Sprache.

VESTE, subst. fém.

> **TLF: A. 1.** HIST. DU COST. **a)** Vêtement à quatre pans, muni d'une poche de chaque côté, qui couvre le corps jusqu'à mi-cuisse, avec ou sans manches, boutonné sur le devant et qui se porte sous l'habit. *Veste de satin; veste brodée; être en veste. Le gilet a remplacé la veste (Ac.* 1835). *Une sorte de gilet noir à manches, assez semblable à ce qu'on nommait une veste sous Louis XVI* (A. FRANCE, *Vie littér.,* 1888, p. 180).
> **Rem.** Les pans de la veste, longs à l'origine, se raccourcissent, les manches facultatives disparaissent complètement et la forme de la veste se rapproche de celle du gilet. *La veste suivit les diverses modes. D'abord (...) longue et droite, à peine plus courte que le justaucorps; puis, sous Louis XV, se raccourcissant petit à petit* (LELOIR 1961).
> **b)** Veste courte portée par les sans-culottes pendant la Révolution. Synon. *carmagnole. Une dizaine d'entre eux [les Fougerais] portaient cette veste républicaine connue sous le nom de carmagnole* (BALZAC, *Chouans,* 1829, p. 5).
> **2.** Vêtement long que les Orientaux portent sous la robe. *Veste à la Turque.* (Dict. XIXe s.).
> **B. 1.** Vêtement court s'arrêtant à la taille ou couvrant les hanches, à manches longues, boutonné sur le devant.
> **ÉTYMOL. ET HIST. 1. a)** 1578 « vêtement à quatre pans descendant jusqu'aux genoux et se portant sous l'habit » (doc. ds *Négociations du Levant,* éd. E. Charrière, t. 3, p. 751, note [dans une liste de cadeaux faits par l'ambassadeur de Venise]); **b)** 1671 *vestes à la persane* (D. BOUHOURS, *Entretiens d'Ariste et d'Eugène,* p. 77); **2. a)**

1778 « vêtement de dessus à manches, s'arrêtant aux hanches, porté d'abord par les domestiques ou les membres de certaines professions » (BEAUMARCHAIS, *Mémoire contre M. Goëzman*, p. 62: ce laquais était en **veste** de printemps du matin); 1783 (L. S. MERCIER, *Tableau de Paris*, t. 5, p. 255: des cuisiniers en **veste** blanche); **b)** 1820 (*Observateur des modes*, 15 juin, VI, p. 120 ds GREIMAS *Mode*, p. 79, note 5: La **veste** nouvelle [...] est *proprement dite* de manège; cependant elle n'est pas moins portée dans la chambre, à la chasse, à cheval, à la promenade jusqu'à deux heures); Empr. à l'ital. *veste* « vêtement; élément de l'habillement » (dep. av. 1484, L. PULCI; d'abord *vesta*, 1313-19, DANTE d'apr. CORT.-ZOLLI), du lat. *vestis*, acc. *veste(m)* «*id.*».

FEW (XIV:356): vestis- kleid; 1.a Afr. sorveste f. „vêtement de dessus" Entree, sourveste (1343). 2.a. Mfr. nfr. veste „vêtement à 4 pans descendant jusqu'aux genoux et se portant sous l'habit" (1578, 1579, Oud 1640-Ac1878).

LT. VESTIS, der allgemeine ausdruck für „kleid" lebt weiter in it. *veste,* ait. *vesta*. Im gallorom. tritt es erst seit dem 14.jh. auf, und zwar zuerst in zuss. mit den vertretern von supra (1). Diese sind aus it. *sopraveste* entlehnt, das seit anfang des 14. jhs. belegt ist. Im afr. findet es sich nur in zwei italianisierenden texten (a), gehört also gar nicht dem fr. sprachgebrauch an.

Peschier (1862): Weste, Brust-tuch, -latz; 2.(orientalisches)Unterkleid; 3. Wamms od. Camisol

Sachs-Vilatte (1900): 1.ehm. (meist ärmelloses) Wams, das unter dem Rocke getragen wurde (jetzt ersetzt durch gilet). 2. jetzt: Jacke, Rock mit ganz kurzen Schößen

Frz. (2004): 1. Jacke 2. Jackett, Sakko 3. Strickjacke

Ital. (2002): veste f. - Kleidung, Gewand

Zingarelli (2003): veste o † vesta [lat. veste(m), di orig. indeur.; sec. XII] s. f. (pl. † vesta)

1 (gener.) Abito, vestito: veste lunga, corta; veste da sposa, da lutto, da sera; una veste di seta ricamata | Veste talare, sottana nera portata dal sacerdote cattolico | Veste da camera, vestaglia.
2 (spec. al pl.) Il complesso degli indumenti che coprono il corpo, spesso diverso e caratteristico a seconda degli usi, delle funzioni, delle cariche e sim. della persona: vesti maschili, femminili; vesti tradizionali, ecclesiastiche, liturgiche; vesti ricche, misere, lacere, discinte; strapparsi le vesti di dosso.

Port. (2006): veste f. - peça de roupa

Veste ist aus dem Lateinischen über das Italienische in die französische Sprache gelangt. Laut DELI ist *vesta* bei Dante 1313-1319 nachgewiesen und vor 1484 in der Form *veste* (DELI 1999:1809). Das lateinische VESTIS bezeichnete kein konkretes Kleidungsstück sondern war ein Sammelbegriff im Sinne von 'Kleid, Gewand, Tracht' (Potthoff 1992:215). Die Bedeutung im Italienischen und Portugiesischen entspricht noch der lateinischen Verwendung. In der französischen Sprache wird mit *veste* immer ein spezielles Kleidungsstück benannt. Zur Zeit Ludwig XIV. kam eine Jacke in Mode mit engen Ärmeln und reichlich verzierten Vorderteilen mit zwei Taschen. Diese *veste* wurde um die Körpermitte mit drei oder vier Knöpfen geschlossen und blieb an der Brust offen um das Spitzenjabot zu zeigen. Der Begriff *veste* hat sich bis in die heutige Zeit erhalten, die Form des so bezeichneten Kleidungsstücks wandelte sich im Laufe der Zeit (Leloir 1951:427). Im Deutschen versteht man unter Weste meist ein ärmelloses, geknöpftes Oberteil als Teil eines Herrenanzugs oder auch eine Strickjacke mit Ärmeln.

VOLANT, subst. masc.

TLF: B. [Corresp. à *voler*[1] I B 2 b] **2.** Bande d'étoffe amovible, plissée ou froncée, dont on garnit un vêtement féminin, une pièce d'ameublement et qui peut s'agiter au souffle de l'air ou sous l'effet d'un mouvement. Synon. *falbala. Volant de manche.*
ÉTYMOL. ET HIST. A.3. 1747 habill. (doc. ds *Mém. de la Sté de l'hist. de Paris et de l'Île-de-France*, 1907, p. 187: deux **volans** de jupons de mousseline double); 1752 (*Trév. Suppl.*); Part. prés. subst. de *voler*[1*].

FEW (XIV:598): ff. volare – fliegen; Fr. voler v. n. „se mouvoir, se maintenir dans l'air au moyen des ailes" (seit Eulalie); Ablt. Fr. volant adj. „qui a la faculté de voler" (seit 12.jh.); nfr. „garniture qu'on met à des vêtements de femme, à des rideaux"

Peschier (1862): leichter Ueberrock; Flatterband; loser, angesteckter Besatz, Falbel

Sachs-Vilatte (1900): Volant (lose aufgesetzter Besatz auf Damenkleidern).

Frz. (2004): Volant, Faltenbesatz, Rüsche

Ital. (2002): volant m. - Rüsche, Volant

Zingarelli (2003): volant [vc. fr., part. pres. di voler 'volare'; 1839] s. m. Inv.

Striscia di tessuto increspato e fissato ad altro tessuto lungo l'increspatura: abito a volant; un volant pieghettato.

volantino, dim.

Span. (2001): volante m. - Rüsche, Volant

R. A. Esp. (2001): volante (Del ant. part. act. de volar; lat. volans, -antis).

m. Guarnición rizada, plegada o fruncida con que se adornan prendas de vestir o de tapicería.

Dieses Wort ist international, was nicht bedeutet dass auch immer verstanden wird. Bei dem Versuch eine deutsche Übersetzung für Volant zu finden, hat man mit 'Rüsche' keine gute Wahl getroffen. Es gibt kein deutsches Synonym. Die Erklärungen 'Flatterband' und 'lose aufgesetzter Besatz' sind treffender, denn für einen Volant werden meist bogenförmig zugeschnittenen Stoffstreifen verwendet und für eine Rüsche gerade, im Fadenlauf zugeschnittene Streifen. Ein Volant gerät leicht in Bewegung, während eine Rüsche ein starrer Besatz ist. Volant ist im 19. Jahrhundert aus dem Französischen entlehnt worden (Kluge 2002:963).

Im Italienischen fällt auf, dass für die Bezeichnung des Stoffstreifens die französische Form *volant* übernommen wurde, zur Bezeichnung des Lenkrades die italienische Form *volante* entwickelt wurde. Im Spanischen haben alle Wortbedeutungen die einheitliche Form *volante*. Hier kann man also nicht auf eine Ableitung aus dem Französischen schließen. Im Portugiesischen gibt es ebenfalls mehrere Bedeutungen für *volante*, aber keine Entsprechung für den Volant als Textilbezeichnung.

WATERPROOF, subst. masc.

> **TLF:***vx.* Manteau imperméable. *Des filles empaquetées du col aux bottes dans de longs waterproofs* (HUYSMANS, *Sœurs Vatard*, 1879, p. 134). *Sénac, vêtu d'un maigre waterproof couvert de taches* (DUHAMEL, *Maîtres*, 1937, p. 122).
> **ÉTYMOL. ET HIST.1.** 1775 subst. « tissu, toile imperméable » (*Descriptions des arts et métiers faites ou approuvées par Messieurs de l'Académie royale des sciences de Paris*, III, 553-554 ds HÖFLER *Anglic.*); **2. a)** 1838 subst. « manteau imperméable » (*Journal des Dames*, 15 janv., p. 42 ds BRINK-WEHRLI, p. 54); **b)** 1874 en appos. *vêtement waterproof* (MALLARMÉ, *Dern. mode*, p. 731); **3.** 1886 adj. « qui ne peut être altéré ou détérioré par l'eau » (*Amat. Photographe*, p. 462 ds BONN., p. 168). Empr. à l'angl. *waterproof* att. comme adj. au sens de « résistant à l'eau » dep. 1736 et comme subst. désignant un tissu imperméable dep. 1799 (*NED*), comp. de *proof* adj. « résistant, peu sensible à » et de *water* « eau ».

Sachs-Vilatte (1900): wasserdichter Stoff; Regenmantel, Rock aus wasserdichtem Zeuge

Zingarelli (2003): waterproof [comp. ingl., propr. 'a prova (proof, di orig. fr.) d'acqua (water, di orig. indeur.)'; 1868] agg. inv.
Detto di tessuto impermeabile.

Das englische *waterproof* hat drei Bedeutungen: 'wasserdicht', 'wasserdichter Stoff' oder 'Regenmantel'. In der substantivischen Verwendung wird die Eigenschaft einer Sache zur Bezeichnung des Objekts. Die korrekte Bezeichnung für einen Regenmantel wäre *waterproof cloak* (Cassel's 1951). In die französische Sprache ist nur die Kurzform *waterproof* übernommen worden, sowohl zur Bezeichnung des Materials als auch für den Mantel. Bei so verkürzten Entlehnungen ändert sich nicht die Bedeutung des Ausdrucks, sondern sie wird auf den

Teil, der übrig bleibt, übertragen (Volland 1986:171). Die Stoffbezeichnung ist schon für das 18. Jahrhundert nachgewiesen, die Bezeichnung für den Mantel fand im 19. und in der ersten Hälfte des 20. Jahrhunderts Verwendung. Der Anglizismus wurde inzwischen durch *imperméable* ersetzt. Die Entlehnung von *waterproof* im Gebrauch als Adjektiv ins Italienische erfolgte über die französische Sprache.

6 Auswertung

6.1 Tabelle I

Modebegriffe aus den in Kapitel 4 zitierten Texten

Die zahlreichen Lücken in der portugiesischen Spalte bestehen auf Grund des begrenzten Materials. In der deutschen Spalte steht entweder ein Lehnwort oder die Übersetzung des Begriffs.

Französisch	Italienisch	Spanisch	Portugiesisch	Deutsch
aiguillette				Nestel
basque	faldina	aldeta	aba	Rockschoß
Berthe	berta	berta		Bertha
biais	sghembo	biés	biais	Schrägband
camisole	casacchino da notte	camisola		Kamisol
casaque	casacchino	paletó		Kasack
ceinture	cintura	cinturon	cintura	Gürtel
châle	scialle	chal		Schal
chemise	camicia	camisa	camisa	Hemd
chemisette	camicetta	camiseta		Chemisett
col	colletto	cuello	gola	Kragen
collerette			colareta	Halskrause
corsage	vita/corpetto	corpiño	corpete	Bluse
corselet		corselete		Korselett
corset	busto	corsé		Korsett
costume	vestiario	vestido/traje		Kostüm
cravate	cravatta	corbata		Krawatte
crinoline	crinolina	ahuecador		Krinoline
entre-deux	tramezzo	entredos	entremeio	Einsatz
fichu	fisciù	fichú		Fichu
fraise		gorguera	gola franzida	Kröse
frange	frangia	fleco	franja	Franse
gilet	corpetto	chaleco		Gilet
houppe	nappa			Quaste
jabot	jabot/gala	chorrera		Jabot
jupe/ jupon	gonnella	falda/enagua/ guardapiés	saia	Rock/Unterrock
manchette	manica	puño	punho	Manschette
manteau	mantello	capa		Mantel
mantelet	manteletto	manteleta	mantelete	Mäntelchen
paletot	paltò	paletó		Paletot
pantalon	calzoni	pantalon		Hose

Französisch	Italienisch	Spanisch	Portugiesisch	Deutsch
pardessus	vestiario da cavalcare	pardesús		Überzieher
passementerie	passamano	pasemanería	passamaneria	Posamenterie
peignoir	accappatoio	peinador		Frisierumhang
pèlerine	pellegrina	pelerina/esclavina		Pelerine
plastron	piastrone	peto	plastron	Plastron
poche				Tasche
poignet	mostreggiatura		canhão	Ärmelaufschlag
pouff		puff		Puff
redingote	redingote	redingote	redingote/ corpo de amazonaRedingote	Redingote
revers	rivolta	vuelta		Revers
robe	vestido/abito	traje	vestido	Robe
robe de chambre	accappatoio	bata		Morgenrock
ruche	arricciatura	rizado	ruche	Rüsche
Talma	talma	talma	capa	Talma
toilette	abito	vestido	toilette	Toilette
tournure	faldiglia	polison	tornure	Turnüre
traîne	strascico	cola	cauda	Schleppe
tunique	tunica	túnica		Tunika
veste		chaqueta		Weste
volant	svolazzo	volante	folho	Volant
water-proof	pastrano	watter-proof		Regenmantel

6.2 Tabelle II

Ergänzung der Modebegriffe durch in Kapitel 5 belegte Lemmata

In dieser Tabelle wird neben den französischen Begriffen jeweils ein ähnliches Wort aus den weiteren Sprachen aufgeführt. Soweit die Begriffe nicht in der vorangestellten Tabelle vorhanden sind, entstammen sie einem der angegebenen Lexika. Die Bedeutung ist nicht in allen Sprachen gleich. Bei Abweichungen bezieht sich die Übersetzung auf das Französische.

Französisch	Italienisch	Spanisch	Portugiesisch	Deutsch
aiguillette	gugliata	agujetas	agulheta	Nestel
basque		basquiña		Rockschoß
Berthe	berta	berta		Bertha
biais	sbieco	bies	viés	Schrägband
camisole	camicia	camisa	camisa	Kamisol
casaque	casacca	casaca	casaca	Kasack

Französisch	Italienisch	Spanisch	Portugiesisch	Deutsch
ceinture	cintura	cintura	cintura	Gürtel
châle	scialle	chal	xaile	Schal
chemise	chemisier	camisa	camisa	Hemd
chemisette	camicetta	camiseta	camiseta	Chemisett
col	collo	cuello	colo	Kragen
collerette			colareta	Halskrause
corsage	corpetto	corpiño	colete	Korsage
corselet	corsaletto	corselete	corselete	Korselett
corset	corsetto	corsé	corpete	Korsett
costume	costume	costumbre	costume	Kostüm
cravate	cravatta	corbata	gravata	Krawatte
crinoline	crinolina	crinolina	crinolina	Krinoline
entre-deux	entre-deux	entredós	entremeio	Einsatz
fichu	fisciù	fichú		Fichu
fraise				Kröse
frange	frangia	franja	franja	Franse
gilet	gilet	jileco	jaleco	Gilet
houppe				Quaste
jabot	jabot			Jabot
jupe/jupon	jupon			Rock/Unterrock
manchette	manchette			Manschette
manteau	manto	manto	manto	Mantel
mantelet	manteletta	mantilla	mantelete	Mäntelchen
paletot	paltò	paletó	paletó	Paletot
pantalon	pantalone	pantalón	pantalonas	Hose
pardessus		pardsús		Überzieher
passementerie	passamaneria	pasamanería	passamaneria	Posamenterie
peignoir	peignoir	peinador	penteador	Frisierumhang
pèlerine	pellegrina	pelerina		Pelerine
plastron	piastrone	plastrón	plastrão	Plastron
poche				Tasche
poignet				Bündchen
pouff	pouf	puf	pufe	Puff
redingote	redingote	redingote	redingote	Redingote
revers	revers			Revers
robe	robe	ropa	robe	Robe
ruche	ruche			Rüsche
Talma	talma	talma		Talma
toilette	toilette		toilette	Toilette
tournure			tornure	Turnüre
traîne				Schleppe
tunique	tunica	túnica	túnica	Tunika
veste	veste		veste	Weste
volant	volant	volante		Volant
water-proof	waterproof	watter-proof		Regenmantel

6.3 Ergebnisse

Der Wortschatz der Mode setzt sich aus Erbwörtern zusammen, die sich über Jahrhunderte in einer Sprache erhalten, Lehnwörtern, die im Laufe der Zeit durch Kontakt mit benachbarten oder entfernten Völkern aufgenommen werden und Wortschöpfungen, die mit der Verbreitung von Modeneuheiten geprägt werden. Bei dem Vergleich von vier romanischen Sprachen ließ sich meist eine Übereinstimmung oder eine Ähnlichkeit mit dem französischen Etymon feststellen. Die Belege fanden sich entweder in den ausgewählten Texten (Tabelle I) oder wurden aus Wörterbüchern ergänzt (Tabelle II). Für die folgenden Wörter fand sich keine Entsprechung: *fraise, houppe, poche, poignet, traîne*.

Lateinischer Erbwortschatz

Die etymologische Untersuchung der französischen Modebegriffe hat gezeigt, dass es sich nur zu einem kleinen Teil um lateinischen Erbwortschatz handelt, der sich in allen romanischen Sprachen mit gleicher Bedeutung erhalten hat. Ein Beispiel ist die Bezeichnung für den Gürtel. In der Liste lateinischer Kleidungsbezeichnungen von Potthoff findet sich CINCTUS, -ŪS m. und die Ableitung CINCTICULUS mit der Bedeutung 'Gürtel, Gurt, Schurz' (Potthoff 1992:226). Das FEW nennt die feminine Form CINCTURA, AE als Ausgangsform für das französische *ceinture* und die weiteren romanischen Ableitungen. Hier hat sich die Bedeutung des Etymons vom klassischen Latein bis in die Gegenwart erhalten.

Anders verhält es sich bei „TUNICA, -AE f. - hemdartiges Kleidungsstück, Tunika" (Potthoff 1992:238). Das Etymon findet sich nicht nur in den romanischen Sprachen sondern auch im Deutschen, jedoch hat überall ein Bedeutungswandel stattgefunden. Bei den Römern war die Tunika ein Unterkleid, das auf der Haut getragen wurde. Bei der heutigen Verwendung erinnert man sich nur noch an die Form des römischen Kleidungsstücks und bezeichnet locker herabhängende Oberteile. Im untersuchten Zeitraum um 1870 wurde der obere, kürzere Teil eines zweilagigen Damenrocks so genannt.

An dieser Stelle muss auch das lateinische VESTIS, -IS f. erwähnt werden, Namensgeber für *veste* und damit auch für Weste. Das Wort zählt nicht zu den lateinischen Kleidungsbezeichnungen und wird deshalb bei Potthoff im Anhang erläutert.

> Lat. VESTIS ist keine Bezeichnung für ein konkretes Kleidungsstück, wie zB. TOGA und TUNICA, die in Form und Aussehen sehr klar bestimmt sind. [...] Es wird für die Gesamterscheinung des Gewandes einer Person, das vielleicht aus mehreren Teilen bestand, gebraucht, ist daneben aber auch als eine Art 'neutrale Bezeichnung' für ein beliebiges konkretes Kleidungsstück denkbar. VESTIS sagt in alleiniger Verwendung nichts über Art und Form des getragenen Gewandes aus.
> (Potthoff 1992:217)

Hier hat also im Französischen ein Bedeutungswandel von der ganz allgemeinen Bezeichnung für Kleidung zur konkreten Bezeichnung eines bestimmten Teils stattgefunden. Im Italienischen und Portugiesischen hat sich dagegen die ursprüngliche Bedeutung erhalten.

Lehnwortschatz

Zur nächsten Gruppe zählen die Kleidungsbezeichnungen, die eine große Übereinstimmung in der Romania aufweisen, obwohl sie nicht zum lateinischen Erbwortschatz gehören. *Casaque, châle* und *gilet* sind Wörter persischen oder türkischen Ursprungs, die durch den Kontakt mit der arabischen Welt in die Romania gelangt sind. Sie haben sich in sehr verschiedenen Schreibweisen erhalten und ihre Verbreitung ging nicht ausschließlich von Frankreich aus.

Eine weitere Gruppe bilden die Begriffe, die sich zwar auf ein lateinisches Etymon zurückführen lassen, dann aber im Laufe der französischen Sprachentwicklung geformt wurden. Wenn diese Ableitungen dann in andere romanische Sprachen übernommen werden, unterscheiden sie sich von eigenen Ableitungen manchmal nur durch einen Buchstaben. Bei einer spanischen Ableitungen vom lateinischen Etymon CŎRPUS, -ORIS bleibt das ⟨p⟩ erhalten wie in *corpiño*. Wörter wie *corselete* oder *corsé* sind jedoch französische Lehnwörter, die vom altfranzösischen Wort *cors* ausgehen. Im Deutschen sind die Ableitungen von *cors* orthografisch assimiliert und gelten daher ebenfalls als Lehnwort und nicht als Fremdwort. Gallizismen, die ein ⟨ch⟩ enthalten wie *chemisette* oder *manchette* sind in die deutsche Sprache aufgenommen worden, spanisch heißt es jedoch *camiseta* und *puño* und italienisch *camicetta* und *polsino*.

Ein besonderes Phänomen sind Wörter englischer Herkunft, die mit französischer Aussprache verbreitet wurden. Paletot, ein vom mittelenglischen *paltok* abgeleitetes Wort, wird in der Romania zwar unterschiedlich geschrieben aber immer auf dem ⟨o⟩ der letzten Silbe betont. Mit *redingote* hat sich sogar die französische Schreibweise vom englischen *riding-coat* verbreitet.

Aus den vorangestellten Listen lässt sich entnehmen, dass im Italienischen mehr französische Lehnwörter zu finden sind als im Spanischen oder Portugiesischen. Zur Aufnahme der Gallizismen in die italienische Modefachsprache heißt es in der Untersuchung von Rüfer:

> Anpassung des französischen Lehngutes an die aufnehmende Sprache bis etwa zur Mitte des 19. Jahrhunderts, von da an, in zunehmendem Maß, Übernahme der Gallizismen in ihrer Originalform, ja selbst Re-Französisierung bereits assimilierter Termini.
> (Rüfer 1981:361)

Beachtlich ist auch die Anzahl der französischen Ausdrücke in der deutschen Sprache: Bertha, Chemisett, Fichu, Franse, Gilet, Jabot, Kamisol, Korsage, Korselett, Korsett, Kostüm, Krawatte, Krinoline, Manschette, Paletot, Pelerine, Posament, Revers, Redingote, Rüsche, Talma, Toilette, Turnüre, Volant, Weste. Ein Teil dieser Wörter ist nicht nur im Hochdeutschen belegt sondern auch in rheinischen Mundarten (Kramer 1992:153).

Wortschöpfungen des 19. Jahrhunderts

Für einige Begriffe hat jeder Modewandel einen Bedeutungswandel zur Folge. Andere Wörter geraten zusammen mit den Sachen, die sie bezeichnen, in Vergessenheit. Nur ein kleiner Teil der hier aufgeführten Modefachbegriffe ist erst im 19. Jahrhundert entstanden wie *Berthe, crinoline, pardessus, ruche, Talma, tournure, traîne, waterproof*. Die beiden Deonyme sind heute aus dem Wortschatz verschwunden, weil das *Talma* genannte Cape und der Spitzenkragen *Berthe* inzwischen ebenso unbekannt sind wie die beiden Namensgeber. *Waterproof* wird nur noch adjektivisch verwendet, denn den Regenmantel nennt man heute *imperméable*. *pardessus* wurde vom Synonym *manteau* verdrängt und die übrigen Bezeichnungen haben ebenso an Bedeutung verloren.

Eine Erklärung für die willkürlichen Wortschöpfungen im Bereich der Mode liegt in den neuen Produktions- und Vertriebsformen. In der Mitte des 19. Jahrhunderts entstanden in Paris Modehäuser, die nicht auf Bestellung arbeiten sondern Konfektion in großer Stückzahl für ihre Kunden bereithielten. Da ist es verständlich, dass altbekannte Kleidungsstücke mit fantasievollen Namen bezeichnet wurden, um den Umsatz zu fördern.

> La vogue du Talma au début du second Empire est attestée par les magazines de mode; mais si tous s'accordent à en faire un pardessus "espagnol", chacun serait bien en peine de le caractériser. En1852, *Le Magasin des demoiselles* le décrit comme une pèlerine à pinces sur les épaules, mais deux ans plus tard il est à manches et à col châle.
>
> Avouons-le: est-il rien de plus morne, de plus monotone que les dénominations de paletot, rotonde, manteau? Elles ne font pas rêver personne. A l'heure de la concurrence, alors que les vêtements de confection se multiplient, mieux vaut faire preuve d'un peu d'imagination. Rien n'interdit d'avoir recours au théâtre de l'Histoire, à l'éternelle tentation de l'ailleurs, de l'exotisme prometteur. Il suffit un détail et le manteau s'appelle Talma ou Andromaque.
>
> (Join-Diéterle 1998:109)

Ähnliche Aussagen über das Modevokabular finden sich in der 1948 geschriebenen und im Jahr 2000 veröffentlichten Dissertation „La mode en 1830" von Algirdas J. Greimas.

> Et cependant, ce qui contribue à donner au vocabulaire de la mode son caractère particulier et inhabituel, en comparaison avec les vocabulaires des autres activités sociales, c'est surtout le fait qu'il est non seulement un instrument de communication au service d'un groupe social, mais aussi un moyen de publicité, se qui fausse à son tour le véritable caractère du mot par son asservissement au besoin d'attraction et au désir de faire impression.
>
> (Greimas 2000:143)

Die Sprache der Mode dient nicht nur sachlicher Information; darüber hinaus soll sie Eindruck machen und Wünsche wecken.

7 Schlusswort

Da Mode nur aus dem Zusammenhang des ganzen Lebens zu erklären ist und der Wandel in der Kleidung mit dem Wechsel allen Zubehörs und der gesamten Umgebung des Menschen eng verknüpft ist (Willi 1958:10), musste diese Untersuchung romanischer Modefachbegriffe in einen kulturellen und historischen Kontext gestellt werden.

Die Zeit zwischen der Französischen Revolution und dem Ersten Weltkrieg brachte in Europa politische und wirtschaftliche Veränderungen, die das gesellschaftliche Leben stark beeinflussten. Das Zweite Empire, Herrschaftszeit Napoleon III., spiegelt sich in den Abbildungen und Artikeln der Zeitschrift *La Mode Illustrée* wider, die mit den Jahrgängen 1869/70 Grundlage dieser Arbeit ist.

Italien erreichte im 19. Jahrhundert die politische Einigung, war aber durch die vorangegangenen Einflüsse durch Frankreich und Österreich im Norden des Landes und Spanien im Süden weder sprachlich noch kulturell eine Einheit. Daher stammen die besten Modejournale nicht aus Rom sondern aus Mailand oder Turin.

Die Liste der Regierungswechsel in Spanien übertrifft alle anderen Länder. Demokratie und Monarchie bestimmen im Wechsel die Geschicke des Landes. Für die Mode der spanischen Gesellschaft konnte Isabella II. lange Zeit (1843–1868) als Vorbild dienen.

Portugal mit seiner geringen Einwohnerzahl und der zeitweisen Abwesenheit des Adels war nicht in gleichem Umfang mit Modejournalen versorgt wie Frankreich, Italien oder Spanien. Die wenigen Exemplare zeigen jedoch eine beachtliche Anzahl französischer Termini.

Die Auflistung von knapp fünfzig Modefachbegriffen bietet nur einen Ausschnitt des gesamten Modevokabulars des 19. Jahrhunderts. Dennoch lassen sich verschiedene Wege der Herkunft und der Verbreitung daran darstellen. Es hat sich gezeigt, dass nur ein Etymon (CINCTUS) seit den Zeiten des klassischen Lateins die gleiche Bedeutung bewahrt hat, während andere Etyma im Laufe von Jahrhunderten wechselnde Kleidungsstücke bezeichneten.

Die Vorbildfunktion französischer Hofkultur im Absolutismus hat bereits im 17. und 18. Jahrhundert stark zur Verbreitung französischer Textilbezeichnungen geführt. Die Modejournale des 19. Jahrhunderts und das Prestige der Haute Couture leisteten einen weiteren Beitrag dazu. Ein Teil der Gallizismen hat das 20. Jahrhundert nicht überdauert, andere sind in Aussprache und Schreibweise der Zielsprache so angepasst, dass sie nicht mehr als fremd empfunden werden.

8 Literaturverzeichnis

8.1 Modejournale

Frankreich

LMI: *La Mode Illustrée*. Journal de la famille (1869/70). Paris: MM Firmin Didot frères, fils et Ce

La Saison. Journal Illustré des Dames (Dez. 1868). Paris: Ebhardt, François

Italien

IME: *Il Mondo elegante*. Giornale illustrato delle mode da donna (1867/70). Torino:Tip. G. Cassone

Spanien

LMEI : *La Moda Elegante Ilustrada*, Periódico de las familias (1868/71). Cádiz: De Carlos y Compañia

Portugal

Moda Illustrada, brinde aos assignantes da empreza O Romance (Nov.1875).

A Avenida, Revista da Moda (Nov.1886).

A Moda Portugueza (Nov.189-).

Deutschland

Die Modenwelt. Illustrirte Zeitung für Toilette und Handarbeiten (Dez. 1868). Berlin: Verlag Franz Lipperheide

8.2 Forschungsliteratur

ANDREU, ALICIA GRACIELA (1982). „Arte y consumo. Ángela Grassi y «El Correo de la Moda»" in: Nuevo Hispanismo. 1. Invierno. S. 123–135

ARNET, EDWIN (1958). „Pioniere, Boten und Richter der Mode" in: KÖNIG, RENÉ u. SCHUPISSER, PETER W. Die Mode in der menschlichen Gesellschaft. Zürich: Modebuch-Verlagsgesellschaft

BARTHES, ROLAND (1967). Système de la mode. Paris: Éditions du Seuil

BARTHES, ROLAND (1985). Die Sprache der Mode. Frankfurt am Main: Suhrkamp

BERNECKER, WALTER L.U. PIETSCHMANN, HORST (1997[2]). Geschichte Spaniens. Stuttgart, Berlin Köln: Kohlhammer

BERNECKER, WALTER L.U. PIETSCHMANN, HORST (2008[2]). Geschichte Portugals. München: Beck

BOEHN, MAX VON (1989). Die Mode. Eine Kulturgeschichte vom Mittelalter bis zum Jugendstil. 2 Bde. Bearb. von Ingrid Loschek. München[4]: Bruckmann

BOQUOI-SEIFERT, SABINE (1984). Die Kleidung der Grödnerin. Studie zum Rätoromanischen Wortschatz. Innsbruck: Institut für Romanistik

BOUCHER, FRANÇOIS (1965). Histoire du costume en Occident de l'Antiquité à nos jours. Paris: Flammarion

BUXBAUM, GERDA (1983). À la mode. Die Modezeitschriften des 19. Jahrhunderts. Dortmund: Harenberg

CARRARINI, RITA (2003). "La stampa di moda dall'Unità a oggi" in BELFANTI, MARCO, GIUSBERTI, FABIO (HRSG.). Storia d'Italia, Annali 19, La moda. Torino: Einaudi

CARRARINI, RITA und GIORDANO, MICHELE (1993). Bibliografia dei periodici femminili lombardi, 1786–1945. Milano: Editrice Bibliografica

CHADMAND, LORE (1961). Beiträge zum französischen Wortschatz der Mode. Bonn: Romanisches Seminar

COPPENS, MARGUERITE (1996). Mode en Belgique au XIXe siècle. Bruxelles: Les Amis des Musées Royaux d'Art et d'Histoire

COSTA LOPES, ANA MARIA (2005). Imagens da mulher na imprensa femininade oitocentos. Quimera

DÍEZ ISTÚRIZ, GISELA (2007). Weibliche Lesekultur als Spiegel der sozialen und kulturellen Entwicklung in Spanien im 19. Jahrhundert. ›http://edoc.hu-berlin.de/dissertationen/-diez-isturiz-gisela-2007-05-03/HTML/ chapter2.html‹

DILLMONT, THÉRÈSE DE (O.J.). Encyklopädie der weiblichen Handarbeiten. Mühlhausen (Elsass): Verlag TH. de Dillmont

DILLMONT, THÉRÈSE DE (O.J.). Encyclopédie des ouvrages de dames. Dornach (Alsace): Th. de Dillmont, Éditeur

ECKARDT, THEODOR (O.J.). Wörterbuch der Bekleidung. Erklärung der auf die Kostüme, Volkstrachten und Moden aller Zeiten und Völker bezüglichen Namen, sowie aller die Herstellung der Web- und Wirkwaren, der Putzgegenstände, der weiblichen Handarbeiten etc. betreffenden Bezeichnungen. Wien, Pest, Leipzig: A. Hartleben's Verlag

FALKE, J. VON (1887/88). "Mode und Natur" in: Über Land und Meer. Band III. Stuttgart, Leipzig, Berlin, Wien: Deutsche Verlags-Anstalt

FRANCHINI, SILVIA (2002). Editori, Lettrici e Stampa Di Moda. Giornali di moda e di famiglia a Milano dal «Corriere delle dame» agli editori dell'Italia unita. Milano: Franco Angeli

FRANCHINI, SILVIA, PACINI, MONICA, SOLDANI, SIMONETTA (2007). Giornali di donne in Toscana. Un catalogo, molte storie (1770–1945) I 1770–1897. Firenze: Leo S. Olschki Editore

GARRETT, JOÃO BAPTISTA DA SILVA LEITÃO DE ALMEIDA (1957[2]). O Toucador. Lisboa: Portugália Ed.

GAUDRIAULT, RAYMOND (1983). La Gravure de mode féminine en France. Paris: Les éditions de l'amateur

GIORDANO, MICHELE (1983). La stampa illustrata in Italia dalle origini alla Grande Guerra. Milano: Guanda

GREIMAS, ALGIRDAS JULIEN (2000). La mode en 1830. Essai de description du vocabulaire vestimentaire d'après les journaux de mode de l'époque. Diss. 1948. Paris: Presses Universitaires de France

GUEREÑA, JUAN LUIS (1982). "Las estadísticas oficiales de la prensa (1867–1927)" in: BARRÈRE, BERNARD (HRSG.). Metodología de la historia de la prensa española. Madrid: Siglo XXI de España Editores, S. A.

GUILLEMARD, COLETTE (1991). Les mots du costume. Paris: Belin

HARVOLK, EDGAR (1986). "Culs" in: Anziehungskräfte, Variété de la mode 1786–1986. Katalog des Münchener Stadtmuseums. München: Carl Hanser

JOIN- DIETERLE, CATHERINE (1998). Les Mots de la mode. Paris: Museés/Actes Sud

KLEINERT, ANNEMARIE (1980). Die frühen Modejournale in Frankreich. Studien zur Literatur der Mode von den Anfängen bis 1848. Berlin: Erich Schmidt Verlag

KOCH-MERTENS, WIEBKE (2000). Der Mensch und seine Kleider. Teil 1: Die Kulturgeschichte der Mode bis 1900. Düsseldorf; Zürich: Artemis und Winkler

KÖNIG, RENÉ (1971). Macht und Reiz der Mode. Verständnisvolle Betrachtungen eines Soziologen. Düsseldorf, Wien: Econ Verlag

KOWALLIK, SABINE (1990). "Französische Elemente im Siegerländer Wortschatz" in: KRAMER, JOHANNES, WINKELMANN, OTTO (HRSG.) Das Galloromanische in Deutschland. Wilhelmsfeld: Gottfried Egert Verlag

KRAMER, JOHANNES (1992). Das Französische in Deutschland. Stuttgart: Franz Steiner Verlag

LABRUNE, GÉRARD und TOUTAIN, PHILIPPE (1998). L'histoire de France. Paris: Nathan

LEAL, MARIA IVONE (1992). Um século de periódicos femininos: Arrolamento de periódicos entre 1807 e 1926. Lisboa

LAMBERTZ, SIGRID (1994). Die "femme de lettres" im "Second Empire". St. Ingbert: Röhrig Universitätsverlag

LELOIRE, MAURICE (1951). Dictionnaire du costume et de ses accessoires des armes et des étoffes des origines à nos jours. Paris: Librairie Gründ

LILL, RUDOLF (1980). Geschichte Italiens vom 16. Jahrhundert bis zu den Anfängen des Faschismus. Darmstadt: Wissenschaftliche Buchgesellschaft

LOSCHEK, INGRID (1994^3). Reclams Mode- und Kostümlexikon. Stuttgart Philipp Reclam jun.

MARQUES, ANTÓNIO HENRIQUE R. DE OLIVEIRA (2001). Geschichte Portugals und des portugiesischen Weltreichs. Stuttgart: Kröner.

MARCHETTI, ADA GIGLI, (2004). "Le risorse del repertorio dei periodici femminili lombardi" in: FRANCHINI, SILVIA u. SOLDANI, SIMONETTA (Hrsg.). Donne e giornalismo, Percorsi e presenze di una storia di genere. Milano: Franco Angeli

MELFORD, FRIEDRICH U.A., (1890). Zum fünfundzwanzigjährigen Bestehen der „Modenwelt". 1865–1890. Leipzig: Otto Dürr

MORATO, ERICA (2003). "La stampa di moda dal Settecento all'Unità" in: BELFANTI, MARCO, GIUSBERTI, FABIO (Hrsg.). Storia d'Italia, Annali 19, La moda. Torino: Einaudi

PERINAT, ADOLFO; MARRADES, ISABEL (1980). Mujer, prensa y sociedad en España. 1800–1939. Madrid: Centro de investigaciones sociologicas

PERROT, PHILIPPE (1981). Les dessus et les dessous de la bourgeoisie. Une histoire du vêtement au XIXe siècle. Brüssel: Editions Complexe

PETRASCHECK-HEIM, INGEBORG (1988²). Die Sprache der Kleidung. Wesen und Wandel von Tracht, Mode, Kostüm und Uniform. Baltmannsweiler: Pädagogischer Verlag

PLOETZ, KARL (1998). Der große Ploetz. 32. Aufl. Freiburg: Herder

POTTHOFF, ANNE (1992). Lateinische Kleidungsbezeichnungen in synchroner und diachroner Sicht. Innsbruck: IBS

REGO, MANUELA, MUCKNIZ, LÚCIA UND ALVES, MANUEL (Hrsg.) (1991). A Moda em Portugal através da Imprensa (1807-1991). Lisboa: Biblioteca Nacional

REINER, ERWIN (1980). Die etymologischen Dubletten des Französischen. Eine Einführung in die historische Wortlehre. Wien: Wilhelm Baumüller

RÜFER, ELISABETH (1981). Gallizismen in der italienischen Terminologie der Modesprache. Königstein Ts.: Verlag Anton Hain

SÁNCHEZ LLAMA, ÍÑIGO (2001). Antología de la prensa periódica isabelina escrita por mujeres (1843–1894). Cádiz: Servicio de Publicaciones de la Universidad

SCHMALE, WOLFGANG (2000). Geschichte Frankreichs. Stuttgart: Eugen Ulmer

SCHOECK, HELMUT (1969). Soziologisches Wörterbuch. Freiburg, Basel, Wien: Herder

SERGIO, GIUSEPPE (2010). Parole di moda. Il "Corriere delle Dame" e il lessico della moda nell'Ottocento. Milano: Franco Angeli

SIMÓN PALMER, MARÍA DEL CARMEN (1975). "Revistas españolas femeninas del siglo XIX" in: Homenaje a Don Agustín Millares Carlo. Bd I. Madrid: Caja Insular de Ahorros de Gran Canaria. S. 401–445

STRBÁKOVÁ, RADANA (2007). Procesos de cambio léxico en el Español del siglo XIX: el vocabulario de la indumentaria. Granada: ⟩epub.sub.uni-hamburg.de/epub/volltexte-/2009/2045/pdf/16920600.pdf⟨ vom 9. 8. 2011

STRUMIA, ELISA (2004). "Tra Lumi e Rivoluzione: i giornali per le donne nell'Italia del Settecento" in FRANCHINI, SILVIA; SOLDANI, SIMONETTA (HRSG.). Donne e giornalismo, Percorsi e presenze di una storia di genere. Milano: Franco Angeli

SULLEROT, EVELYNE (1966). La presse féminine. Paris: Armand Colin

TAMBURINI, LUCIANO; PETTI BALBI, GIOVANNA (1972). La stampa periodica a Torino e a Genova dal 1861 al 1870 . Torino: Biblioteca civica

THIEL, ERIKA (1990⁷). Geschichte der Mode. Von den Anfängen bis zur Gegenwart. Augsburg: Weltbildverlag

VOLLAND, BRIGITTE (1986). Französische Entlehnungen im Deutschen. Tübingen: Niemeyer

VAUTIER, MARIE-THERESE (1977). Methode pratique de la couture rapide. Genève: Librairie Arthème Fayard

WILLI, VICTOR J. (1958). "Kulturgeschichte der Mode" in: KÖNIG, RENÉ u. SCHUPISSER, PETER W. Die Mode in der menschlichen Gesellschaft. Zürich: Modebuch-Verlagsgesellschaft

WINDISCH, RUDOLF (1990). "Französischer Wortschatz im Rheinischen aus der Napoleonischen Besatzungszeit (1794-1815)" in: KRAMER, JOHANNES, WINKELMANN, OTTO (HRSG.). Das . Galloromanische in Deutschland. Wilhelmsfeld: Gottfried Egert Verlag

8.3 Lexikologische Hilfswerke

Alvar 1987: ALVAR EZQUERRA, MANUEL. Diccionario general ilustrado de la lengua española. Barcelona: Bibliograf

Cassell's (1951): BREUL, KARL. Cassell's German-English Dictionary. London: Cassell and company

Duden (1974): Fremdwörterbuch. Mannheim: Dudenverlag

FEW: WARTBURG, WALTER VON (1922). Französisches etymologisches Wörterbuch, Basel: Zbinden

Frz. (2004): Pons: Großwörterbuch Französisch-Deutsch Deutsch-Französisch. Stuttgart: Klett

Frz. (1889): MOLE, A. Neues Wörterbuch der französischen und deutschen Sprache. Braunschweig: Westermann

Ital. (1900): MICHAELIS, H. Praktisches Wörterbuch der italienischen und deutschen Sprache. Leipzig: Brockhaus

Ital. (2002): Pons: Großwörterbuch Deutsch-Italienisch Italienisch-Deutsch für Experten und Universität. Stuttgart: Klett

Kluge (2002): KLUGE, FRIEDRICH (2002[24]) Etymologisches Wörterbuch der deutschen Sprache. Bearb. von Elmar Seebold. Berlin, New York: de Gruyter

Larousse (2007): Le petit Larousse illustré. Paris: Larousse

Maier (1884): Lexikon der Handelskorrespondenz in neun Sprachen. Erster Band: Deutsch, Französisch, Italienisch, Spanisch, Portugiesisch. Stuttgart: Julius Maier

Peschier (1862): PESCHIER, A. Wörterbuch der französischen und deutschen Sprache. Stuttgart: Cotta'scher Verlag

Pons (2003): Pons Bildwörterbuch Deutsch- Englisch- Französisch- Spanisch- Italienisch. Stuttgart: Klett

Port. (1911): EY, LUISE. Langenscheidts Taschenwörterbuch der portugiesischen und deutschen Sprache. Berlin: Langenscheidt

Port. (1984): KLARE, JOHANNES. Wörterbuch Portugiesisch Deutsch. Leipzig: VEB Verlag Enzyklopädie Leipzig

Port. (2006): Dicionário da língua portuguesa. Porto: Porto Editora

R. A. Esp. (2001): Real Academia Española: Diccionario de la Lengua Española La 22.[a] Edición. http://www.rae.es/

Reclam (1909): KÖHLER, FRIEDRICH. Fremdwörterbuch. Leipzig: Reclam

Robert (2007): Nouveau Petit Robert de la Langue Française, Le. Paris: Dictionnaires Le Robert. http://ub-db. uni-trier.de/NetManBin/nmwebclt

Robert (1992): ROBERT, PAUL. Le Petit Robert, Dictionnaire alphabétique et analogique de la langue française. Paris: Dictionnaires Le Robert

Sachs-Vilatte (1900): SACHS, KARL. Sachs-Vilatte encyklopädisches Wörterbuch der französischen und deutschen Sprache. Berlin: Langenscheidsche Verlags-Buchhandlung

Span. (1881): BOOCH-ÁRKOSSY, FEDERICO. Spanisch-Deutsches und Deutsch-Spanisches Handwörterbuch. Leipzig: Teubner

Span. (2001): Pons: Großwörterbuch für Experten und Universität Spanisch-Deutsch Deutsch-Spanisch. Stuttgart: Klett

Textil-Fachwörterbuch: KIEßLING, ALOIS. ›http://www.stofflexikon.com/‹

TLF: IMBS, PAUL / QUEMADA BERNARD (1971-1994). Trésor de la langue française informatisé, Le. Dictionnaire de la langue française du 19e et du 20e siècle (1789-1960). Paris: Editions du CNRS. ›http://atilf.atilf.fr/tlf.htm‹

Zingarelli (2001): ZINGARELLI, NICOLA (2001). Lo Zingarelli minore. Vocabulario della Lingua Italiana. Zanichelli Editore

Zingarelli (2003): ZINGARELLI, NICOLA. Lo Zingarelli. Vocabulario della Lingua Italiana. Zanichelli Editore. ›http://ub-db.uni-trier.de/NetManBin/nmwebclt‹

9 Glossar

Die Abkürzungen *fr.*, *it.*, *pt.*, und *sp.* stehen für die Sprache des Textes aus denen die Stichworte übernommen wurden.

aba pt.	143, 180, 221	Rockschoß, siehe *basques*.
abbigliamento it.	86, 92, 95, 136, 150, 170, 179	Bekleidung, Kleidungsstücke.
abito it.	71, 89, 92, 136, 160, 193, 207, 211, 217f., 222	Kleid.
accappatoio it.	95, 103, 125, 222	Morgenrock, Hauskleid, Frisierjacke.
aiguillette fr.	70, 140, 147f., 221f.	Nestelband, Spitzenband, das nur dekorativen Zweck erfüllt.
aldeta sp.	92, 103, 221	Rockschoß, siehe *basques*.
arricciatura it.	108, 110, 222	Kräuselung.
balza it.	86	Stoffband, Zierband.
basques fr.	82, 90, 103, 148, 203f.	*Basque* bezeichnet die an der Taille angesetzten Stoffteile der Oberbekleidung. Im 19. Jahrhundert sind die Rockschöße zu einem separaten Bestandteil der Damengarderobe geworden.
bata sp.	95, 129, 222	Morgenrock.
bavero it.	68, 140	Jacken- oder Mantelkragen.
Berta it.	102, 108, 150, 221f.	Breiter Leinen- oder Baumwollspitzenkragen, der das Dekolletee umrahmt.
Berthe fr.	82, 108, 149f., 221f., 226	

biais fr.	70, 78, 88, 90, 95, 98, 134f., 142, 150f., 221f.	Schräg, schräg zugeschnittener Stoff, Schrägband zur Einfassung oder Verzierung von Kleidungsstücken.
biés sp.	92, 134f., 221	
bouclettes fr.	70, 101	Schlaufe aus Kordel, die zusammen mit einem Knopf oder Häkchen einen Verschluss bildet.
bretelles fr.	82, 84	Träger an Damenkleidung, Hosenträger, Verzierung, die trägerförmig – von der Taille über die Schulter bis zur Taille – am Kleideroberteil angebracht ist.
busto it.	129f., 133, 221	Korsett.
cachemira sp.	68, 74, 78, 86, 95	Kaschmir, wärmender Wollstoff aus den Haaren der Kaschmirziege.
cachemire fr.	66, 68, 74f., 78, 84, 90, 95, 104, 157, 159	
calzoni it.	125, 221	Damenunterhose.
camicetta it.	102, 110f., 161, 221, 223, 225	Bluseneinsatz, siehe *chemisette*.
camicia it.	124, 152, 159f., 170, 221f.	Hemd, siehe *chemise*.
camiseta sp.	110, 161, 221, 223, 225	Bluseneinsatz, siehe *chemisette*.
camisole fr.	126, 151ff., 178f., 221f.	Kurze, vorn geknöpfte Nachtjacke.
camisolin sp.	92	Bluseneinsatz, siehe *chemisette*.
canhão pt.	222	Manschette, Ärmelaufschlag (pl. *canhões*).

cannoncini it.	104	Verzierung aus einem Band, welches in wechselnder Richtung zu Röhren geformt und auf gesteppt wird (mäanderförmig).
capa sp.	74, 188f., 199, 209, 221f.	Mantel, Umhang, Cape.
cappietto it.	130	Kordelschlaufe.
cappuccio it.	75, 78	Kapuze
capuchita sp.	80	
casacchino it.	71, 126, 154, 221	Jacke, siehe *casaque*.
casaque fr.	66, 70f., 84, 88, 98, 140, 153ff., 194, 221f., 225	Kasack ist im 19. Jahrhundert die Bezeichnung für eine hüftlange, gerade geschnittene Damenjacke.
casimiro it.	74, 122	Kaschmir, siehe *cachemire*.
cauda pt.	141f., 188, 222	Schleppe.
ceinture fr.	82, 84, 95, 101, 103, 148, 154ff., 164, 183, 196, 212f., 221, 223f.	Gürtel, sowohl als Bezeichnung für einen schmalen Stoff- oder Ledersteifen mit Verschluss, als auch mit dem Zusatz *à basques* ein Zierelement mit üppigen Stoffdrapierungen an Hüfte und Gesäß, das über dem Rock getragen wird.
chal sp.	74, 76, 158, 221, 223	Großes quadratisches Schultertuch, oft aus Kaschmir, das den Mantel ersetzte.
châle fr.	74, 157f., 174, 221, 223, 225, 227	
chaleco sp.	71, 127, 179, 221	Weste, Unterziehjacke.
chaqueta sp.	115	Weste, Damenjacke.

chemise fr.	15, 124, 151f., 159ff., 170, 178f., 181, 185, 199, 202, 206f., 212f., 215, 221, 223	Hemd, mit Zusatz *de jour* – Tag- oder Unterhemd, *de nuit* – Nachthemd, *pour homme* – Herrenhemd.
chemisette fr.	82, 90, 110, 159ff., 174, 200, 221, 223, 225	Das Chemisette, Hemdchen, bezeichnet in der Herrenkleidung eine gestärkte Hemdbrust, die vor das Hemd geknöpft wurde und für Damen einen Bluseneinsatz mit Spitzen und Rüschen, der am Ausschnitt des Kleideroberteil befestigt wurde.
chorrera sp.	111, 221	Hemdkrause, siehe *jabot*.
cinta sp.	88, 111, 114, 144f.	Band.
cintola it.	80, 92	Gürtel, Taille.
cintura it.	103, 154, 156f., 166, 179f., 192, 214, 221, 223	Gürtel, Taille, Bund.
cinturino it.	111	Stoffstreifen, Band.
cinturon sp.	86, 95, 101, 103, 221	Gürtel.
col fr.	99, 111, 114, 140, 159, 161f., 170, 192, 205, 210, 219, 221, 223, 227	Kragen.
cola sp.	106, 222	Schleppe.
collerette fr.	163f., 175f., 208, 221, 223	Gekräuselter Spitzenkragen.
collete pt.	143	Weste.
colletto it.	110f., 162, 170, 198, 221	Kragen.

corbata sp.	112, 171, 200, 221, 223	Krawatte.
corpete pt.	62, 141f., 144f., 166f., 221, 223	Kleideroberteil, Leibchen.
corpetto it.	127, 129, 165, 179, 221, 223	Leibchen, Weste, Mieder, Bluse, Kleideroberteil.
corpiño sp.	86, 92, 96, 129, 165, 221, 223, 225	Kleideroberteil.
corpo de amazona pt.	143	Reitjacke, siehe *redingote*.
corsage fr.	70, 82, 84, 90, 96, 129, 148f., 155, 159, 161, 164ff., 182, 206, 213, 221, 223	Leibchen, Mieder, Bluse, Kleideroberteil.
corselet fr.	117, 165f., 221, 223	Kleines Mieder.
corset fr.	129, 132f., 166ff., 179, 221, 223	Korsett.
coselete sp.	117	Kleines Mieder.
costume fr.	74, 82ff., 168f., 188, 191f., 197, 211, 221, 223	Zusammenstellung von Kleidungsstücken zu einem bestimmten Anlass.
coutil fr.	129, 132	Drell, fester Baumwoll- oder Leinenstoff aus gedrehten Fäden in Köperbindung.
cravate fr.	112, 169ff., 221, 223	Krawatte.
cravatta it.	112, 139, 170, 200, 221, 223	

crin fr.	17, 119, 122, 171f., 211	Rosshaar.
crinolina it.	172, 221, 223	Krinoline, Reifrock.
crinoline fr.	119, 121f., 171f., 221, 223	
crinolino it.	122, 172	
cuello sp.	111, 114, 140, 163f., 171, 197, 221, 223	Kragen.
dentelle fr.	70, 75, 103, 110, 112, 149, 159, 162, 170, 173, 181, 185, 195, 197, 208	Spitze.
écharpe pt.	142, 163, 202	Schärpe.
enagua sp.	121f., 221	Unterrock.
encage sp.	110, 112	Spitze.
encaje sp.	53, 78, 136	
entre-deux fr.	110, 138, 173f., 221, 223	Spitzeneinsatz, Band mit zwei geraden Kanten, das zwischen zwei Stoffbahnen oder an Wäschestücken zum Schmuck eingesetzt wird.
entredos sp.	110, 138, 221	
esclavina sp.	104, 129, 199, 209, 222	Pelerine.
falda sp.	92, 99, 129, 140, 221	Rock.
faldiglia it.	120, 222	Krinoline, Unterrock mit Hüft- und Gesäßpolstern.
faldine it.	68, 103, 140	Schößchen an der Frauenjacke.

falpalà it.	86, 122, 136	Falbel, breiter, in Falten gelegter Besatz am Rocksaum.
faya sp.	88, 103, 134f.	Seidenrips.
faye fr.	88, 134f., 141f.	
festoni it.	74, 86, 136	Saum mit Bogenkante.
fichu fr.	82, 101f., 139, 174, 198, 221, 223, 226	Fichu ist ein Hals- oder Brusttuch für Frauen, das die Unterarme frei lässt. Aus Batist und Spitze dient es zur Zierde, aus Samt oder Wollstoff wird es zum wärmenden Kleidungsstück.
fichú sp.	101, 221, 223	
fisciù it.	76, 102, 221, 223	
fleco sp.	70, 88, 101, 136, 221	Franse, siehe *frange*.
folho pt.	141f., 222	Volant.
foulard fr.	88ff.	Bedruckter, dünner Seidenstoff.
fourrure fr.	84, 170	Pelz.
fraise fr.	112, 163f., 175f., 221, 223f.	Halskrause, kleiner Stehkragen aus gekräuselter Spitze.
frange fr.	70, 88, 90, 101, 163, 177f., 195, 221, 223	Borte mit herabhängenden Fäden oder Fadenbüscheln, Fransen. Das spanische *franja* bedeutet auch Zierborte und Streifen und Fransen werden speziell mit *fleco* bezeichnet.
frangia it.	74, 177, 221, 223	
franja sp.	92, 99, 178, 221, 223	
franjas pt.	142	

244   Modeterminologie des 19. Jahrhunderts in den romanischen Sprachen

frivolita it.	71	Frivolitäten- Arbeit, eine Technik bei der man den Arbeitsfaden auf ein Schiffchen wickelt und mit den Händen Bögen und Schlaufen bildet, welche zu Borten aneinandergereiht werden.
froncé fr.	84, 163	Gekräuselt, gerafft.
fruncido sp.	84	
fulard sp.	88	Bedruckter, dünner Seidenstoff, siehe *foulard*.
fusciacca it.	71, 78, 108	Schärpe, Gürtel.
gala it.	19, 111, 221	Hemdkrause, Rüsche.
galani it.	92	Schleifen.
galloncini di passamano it.	136, 138	Posamentborten, siehe *passementerie*.
galloncino it.	74	Borten.
gangherino it.	130	Häkchen.
gants fr.	84	Handschuhe.
garza it.	89	Gaze, durchsichtiges Seidengewebe.
gasa sp.	119	
gaze fr.	119, 142, 198	
gheroni it.	129	Zwickel.
gilet fr.	70, 127, 168, 178f., 205, 215f., 221, 223, 225f.	Weste ohne Ärmel aus Stoff oder Strickjacke mit Ärmeln, Unterziehjacke.
gola pt.	143f., 163f., 221	Kragen.

gonnella it.	86, 89, 92, 95, 98, 122, 136f., 184, 221	Rock, Unterrock.
gorguera sp.	112, 221	Halskrause, kleiner Stehkragen aus gekräuselter Spitze.
gro(s) sp.	71, 90, 92, 99, 101	Gros oder Gros De Tours bezeichnet ein dichtes Seidengewebe in Taft- oder Ripsbindung.
guantes sp.	84	Handschuhe.
guardapiés sp.	86, 88, 98, 221	Unterrock.
guipure it.	71f., 95, 102	Guipure-Spitze besteht aus einer Zusammenstellung von Blüten ohne Grundstoff. Die plastischen Motive werden aus mit Seide umwickelten Fäden angefertigt, im 19. Jh. auch Bezeichnung für irische Häkelspitzen und mechanisch hergestellte Spitzen mit floralen Mustern.
houppe fr.	139, 180f., 221, 223f.	Quaste, Büschel.
imperméable sp.	79, 80	Regenmantel.
increspatura it.	78, 218	Plissieren, Kräuselung.
jabot fr.	111, 161, 181f., 221, 223, 226	Hemdkrause, gekräuselte Stoffstreifen mit Spitze, die an der Hemdöffnung oder am Kragen befestigt werden.
jupe fr.	90, 140, 155, 161, 171f., 182ff., 202f., 206f., 213, 221, 223	Rock, unterer Teil des Kleides.
jupon fr.	17, 82, 84, 88, 98, 121f., 171f., 184f., 191, 221, 223	Unterrock, Rock.
lazo sp.	101, 104	Schleife.

levita sp.	68, 86, 88		Jacke, Überrock, Gehrock.
liste it.	78, 86, 129		Stoffstreifen.
lustrina sp.	70		Lustrine, Glanzseide, Futterstoff aus Seide oder Baumwolle.
lustrine fr.	70		
luvas pt.	141		Handschuhe.
manche fr.	185f., 198, 202, 217		Ärmel.
manchette fr.	114, 185f., 221, 223, 225		Manschette, Ärmelaufschlag.
manga sp.	115, 143, 145, 161, 179		Ärmel.
manguito sp.	92		Unterärmel, Schmuckeinsatz am unteren Ende eines weiten Ärmels.
manica it.	114, 125, 140, 185f., 221		Ärmel.
manteau fr.	74f., 78, 153, 186f., 193f., 197f., 204, 209, 219, 221, 223, 226f.		Mantel, im 19. Jahrhundert den Körperformen etwas angepasst aber dennoch locker über dem Kleid getragen, besonders die Ärmel waren nicht anliegend.
mantelet fr.	66, 68, 74, 76, 78, 137, 143, 179, 188f., 194, 221, 223		Kurzmantel.
manteleta sp.	68, 74, 76, 137, 221		
mantelletto it.	76, 136, 138		
mantello it.	75, 80, 135, 187f., 198, 221		Mantel.
mostreggiature it.	70, 96, 140		Aufschläge am Ärmel oder Besatz am Revers.

mousseline fr.	90, 112, 119, 170, 181, 185, 217	Musselin, feinfädiges, lockeres, glattes Gewebe aus Wolle oder Baumwolle.
nansouk fr.	125	Nansok, Wäschestoff aus indischer Baumwolle.
nappa it.	139, 221	Quaste.
nastro it.	70f., 95, 104, 108, 111, 129, 130	Band.
négligé it.	95, 174	Morgenrock.
nœuds fr.	119, 170	Schleifen.
orlatura it.	68, 78, 140	Einfassung.
paletó sp.	71, 140, 190f., 221, 223	Paletot, längere, gerade geschnittene Jacke.
paletot fr.	66, 68, 70f., 84, 86, 140, 154f., 189ff., 194, 198, 221, 223, 226f.	
paltò it.	70, 86, 136, 138, 190, 221, 223	
pantalon fr.	16, 84, 124, 161, 168, 191f., 221, 223	Lange Hose der Oberbekleidung oder Damenunterhose.
pardessus fr.	66, 68, 88, 186f., 193f., 222f., 226f.	*Pardessus*, 'Überzieher', ist ein Oberbegriff für verschiedene wärmende Kleidungsstücke wie *casaque, mantelet* und *paletot*.
pardesús sp.	68, 88, 222	

pasamanería sp.	78, 195, 223	*Passementerie*, 'Posamenterie', bezeichnet einerseits die Bänder und Borten zum Schmuck von Kleidung und anderen Textilien, andererseits die Herstellung und den Handel mit diesen Artikeln.
pasemanería sp.	138, 222	
passamaneria pt.	178, 195f., 222f.	
passamano it.	122, 136, 138, 195, 222	
passementerie fr.	78, 138, 147, 177, 194f., 222f.	
pastrano it.	80, 222	Regenmantel.
patrons fr.	53, 66, 80	Schnittmuster.
peau de daim fr.	84	Hirschleder.
peignoir fr.	125, 196f., 222f.	Frisierjacke.
peinador sp.	125, 197, 222f.	
pelerina sp.	80, 199, 222f.	Pelerine, kurzer Umhang oder über die Schultern reichender Capekragen.
pèlerine fr.	82, 104, 106, 129, 149, 197f., 209, 222f., 227	
pellegrina it.	80, 92, 95, 104, 150, 198f., 222f.	
percale fr.	126	Perkal, feinfädiger, dichtgewebter Baumwollstoff von pers. *pergâlah*.
percalina sp.	98	
percaline fr.	98	

percalle operato it.	92, 137	Gemusterter Perkal.
petit-gris fr.	84	Russisches Eichhörnchenfell.
peto sp.	113, 222	Plastron, siehe *plastron*.
piastrone it.	199f., 222f.	
piel de ardilla sp.	84	Russisches Eichhörnchenfell.
piel de gamo sp.	84	Hirschleder.
pizzi it.	86, 174, 182	Spitzen.
plastron fr.	113, 144, 181, 199, 200, 222f.	Plastron, Bezeichnung sowohl für den Brustlatz der Frauentracht, als auch für den Brustteil des Herrenhemds und eine große Krawatte.
pli fr.	84, 95	Falte.
pliegue sp.	92, 95	
poche fr.	140, 201, 215, 222ff.	Tasche.
poignet fr.	70, 140, 185f., 202, 222ff.	Ärmelbündchen, Ärmelaufschlag.
polison sp.	119, 121ff.	Turnüre, siehe *tournure* und *pouf*.
polsino it.	111, 114, 186, 202, 225	Manschette, Ärmelbündchen.

pouf(f) fr.	88, 118, 222f.		Puff bezeichnet ebenso wie Turnüre ein Polster, das über das Gesäß gebunden wurde oder Kräuselungen und Polster an der rückwärtigen Hälfte des Unterrocks. Ein Teil der Oberbekleidung wird ebenfalls Puff genannt. Je nach Mode trug man im 19. Jh. über dem *jupon* eine *ceinture à basques*, einen *pouff* oder eine *tunique*.
préga pt.	143		Falte.
presillas sp.	70		Schlaufen.
puff sp.	88f., 118f., 203, 222f.		Puff, siehe *pouf*.
punho pt.	221		Manschette.
puño sp.	114, 202, 221, 225		
raso it.	68, 70f., 78, 86, 88, 102, 108, 112, 134f., 140		Satin.
redingote fr.	68, 199, 203f., 222f., 226		Ursprünglich ein englischer Reitmantel, später Bezeichnung für eine taillierte Jacke mit glockigem Schoß.
remate sp.,pt.	71, 148		Vollendung, Abschluss, höchster Punkt, Schlussverzierung.
revers fr.	18, 62, 68, 70, 103, 140, 205f., 222f., 226		Revers, die oberen, nach außen umgeschlagenen Ecken der Vorderteile von Mänteln und Jacken.
ricami it.	74, 182		Stickerei.
rivolta it.	68, 103, 140, 222		Revers.
rizado sp.	80, 135, 222		Gekräuselt.

robe fr.	82, 84, 88, 90, 95, 98, 101, 104, 129, 149, 155, 161, 163, 165, 171, 181f., 185f., 189, 196, 202f., 206f., 211, 213ff., 222f.	Bezeichnung für ein ganzes Kleid oder nur den unteren Teil, den Rock.
ruban fr.	88, 111, 114, 147, 170, 195	Band.
ruche fr.	75, 90, 98, 135, 141, 208f., 222f., 226	Rüsche, dicht gefalteter, starrer Zierbesatz.
saia pt.	141f., 144f., 172, 221	Rock.
scialle it.	70, 74, 150, 158, 221, 223	Schultertuch, siehe *châle*.
sciarpa it.	103, 178	Schärpe.
scollatura it.	71, 110, 124f., 150, 174	Ausschnitt.
sesgo sp.	78, 88, 134, 151	Schräg zugeschnitten, siehe *biais*.
sghembo it.	78, 108, 135, 221	
shirting it.	125, 129	Baumwollstoff, glatt, weiß, in verschiedenen Stärken angefertigt, feine Qualität für Wäsche und Zierschürzen, stärkere Ware für Oberhemden und Unterhosen.
stecchine di balena it.	129	Fischbeinstäbchen für Korsetts.
strascico it.	89, 98, 106, 222	Schleppe.
striscioline it.	95, 125	Stoffstreifen.

svolazzo it.	78, 80, 89, 106, 222	Volant, siehe *volant*.
tailleur fr.	82, 143f., 168f., 201	Damenkostüm, Kostümjacke.
talma fr.	78, 209, 222f., 226f.	Kurzes, elegantes Cape, benannt nach dem französischen Schauspieler Talma (1763-1826).
terciopelo sp.	68, 71, 84, 101, 140	Samt.
tibet ponsò it.	122	Tibetwolle.
tira sp.	84, 86, 134f., 150f., 171, 173	Band.
tirantes sp.	86	Träger, siehe *bretelles*
toilette fr.	16, 22, 68, 82, 88, 90, 141f., 197, 203, 208ff., 222f., 226	Toilette bezeichnet eine aus mehreren Einzelteilen bestehende Kleidungszusammenstellung zu einem bestimmten Anlass.
tornure pt.	143, 222f.	Turnüre bezeichnet ebenso wie Puff ein Polster, das über das Gesäß gebunden wurde.
tournure fr.	119, 121f., 203, 211, 222f., 226	
traîne de cour fr.	106	Schleppe.
traje, trage sp.	71, 80, 83f., 86, 88, 92, 98, 169, 204, 221, 222	Kleid, Kostüm, Kleidungszusammenstellung aus mehreren Einzelteilen.
tramezzo it.	138, 173, 221	Spitzeneinsatz, siehe *entre-deux*.
tunica it.	89, 99, 106, 213f., 222ff.	Im 19. Jahrhundert eine Art Überrock, der über dem Unterrock getragen wurde und diesen nicht vollständig bedeckte.
túnica sp.	98f., 106, 160, 214, 222f.	

tunique fr.	82, 90, 98, 184, 202, 206, 212ff., 222f.	
velluto it.	70f., 78, 86, 111, 136, 166	Samt.
velours fr.	68, 70f., 84, 101, 106, 140, 154, 165	
veste fr.	104, 115, 153ff., 165, 168, 178, 183, 189, 194, 197, 203f., 214ff., 222ff.	Weste ohne Ärmel oder Strickjacke mit Ärmeln.
vestiario it.	68, 76, 83, 103, 140, 221, 222	Kostüm, Kleidungszusammenstellung aus mehreren Einzelteilen.
vestido sp.	74, 83, 86, 92, 95, 99, 142ff., 150, 155, 160, 197, 221f.	Kleid, Kostüm, Anzug.
vita it.	68, 96, 103, 140, 204, 221	Oberteil eines Kleides.
volant fr.	78, 80, 88ff., 98f., 106, 122, 137, 141f., 163, 217f., 222f., 226	Volant, an einer Kante angesetzter Streifen aus dünnem Stoff, der entweder durch bogenförmigen Zuschnitt oder durch Kräuselung leicht in Bewegung gerät.
volante sp.	78, 88, 99, 121f., 137, 218f., 222f.	
volantito sp.	80, 99	
vueltas sp.	140, 157, 222	Revers.
water-proof fr.	79, 80, 222f.	Bezeichnung für wasserabweisenden Stoff und daraus angefertigte Regenmäntel.
watter-proof sp.	80, 222f.	

Romanische Sprachen und ihre Didaktik (RomSD)

Herausgegeben von Michael Frings und Andre Klump

ISSN 1862-2909

1 *Michael Frings und Andre Klump (edd.)*
  Romanische Sprachen in Europa. Eine Tradition mit Zukunft?
  ISBN 3-89821-618-7

2 *Michael Frings*
  Mehrsprachigkeit und Romanische Sprachwissenschaft an Gymnasien?
  Eine Studie zum modernen Französisch-, Italienisch- und Spanischunterricht
  ISBN 3-89821-652-7

3 *Jochen Willwer*
  Die europäische Charta der Regional- und Minderheitensprachen in der Sprachpolitik Frankreichs und der Schweiz
  ISBN 3-89821-667-5

4 *Michael Frings (ed.)*
  Sprachwissenschaftliche Projekte für den Französisch- und Spanischunterricht
  ISBN 3-89821-651-9

5 *Johannes Kramer*
  Lateinisch-romanische Wortgeschichten
  Herausgegeben von Michael Frings als Festgabe für Johannes Kramer zum 60. Geburtstag
  ISBN 3-89821-660-8

6 *Judith Dauster*
  Früher Fremdsprachenunterricht Französisch
  Möglichkeiten und Grenzen der Analyse von Lerneräußerungen und Lehr-Lern-Interaktion
  ISBN 3-89821-744-2

7 *Heide Schrader*
  Medien im Französisch- und Spanischunterricht
  ISBN 978-3-89821-772-9

8 *Andre Klump*
  „Trajectoires du changement linguistique"
  Zum Phänomen der Grammatikalisierung im Französischen
  ISBN 978-3-89821-771-2

9 *Alfred Toth*
  Historische Lautlehre der Mundarten von La Plié da Fodom (Pieve di Livinallongo, Buchenstein) und Col (Colle Santa Lucia), Provincia di Belluno unter Berücksichtigung der Mundarten von Laste, Rocca Piétore, Selva di Cadore und Alleghe
  ISBN 978-3-89821-767-5

10 *Bettina Bosold-DasGupta und Andre Klump (edd.)*
    Romanistik in Schule und Universität
    Akten des Diskussionsforums „Romanistik und Lehrerausbildung: Zur Ausrichtung und
    Gewichtung von Didaktik und Fachwissenschaften in den Lehramtsstudiengängen
    Französisch, Italienisch und Spanisch" an der Johannes Gutenberg-Universität Mainz
    (28. Oktober 2006)
    ISBN 978-3-89821-802-3

11 *Dante Alighieri*
    De vulgari eloquentia
    mit der italienischen Übersetzung von Gian Giorgio Trissino (1529)
    Deutsche Übersetzung von Michael Frings und Johannes Kramer
    ISBN 978-3-89821-710-1

12 *Stefanie Goldschmitt*
    Französische Modalverben in deontischem und epistemischem Gebrauch
    ISBN 978-3-89821-826-9

13 *Maria Iliescu*
    Pan- und Raetoromanica
    Von Lissabon bis Bukarest, von Disentis bis Udine
    ISBN 978-3-89821-765-1

14 *Christiane Fäcke, Walburga Hülk und Franz-Josef Klein (edd.)*
    Multiethnizität, Migration und Mehrsprachigkeit
    Festschrift zum 65. Geburtstag von Adelheid Schumann
    ISBN 978-3-89821-848-1

15 *Dan Munteanu Colán*
    La posición del catalán en la Romania según su léxico latino patrimonial
    ISBN 978-3-89821-854-2

16 *Johannes Kramer*
    Italienische Ortsnamen in Südtirol. La toponomastica italiana dell'Alto Adige
    Geschichte – Sprache – Namenpolitik. Storia – lingua – onomastica politica
    ISBN 978-3-89821-858-0

17 *Michael Frings und Eva Vetter (edd.)*
    Mehrsprachigkeit als Schlüsselkompetenz: Theorie und Praxis in Lehr- und
    Lernkontexten
    Akten zur gleichnamigen Sektion des XXX. Deutschen Romanistentages an der Universität
    Wien (23.-27. September 2007)
    ISBN 978-3-89821-856-6

18 *Dieter Gerstmann*
    Bibliographie Französisch
    Autoren
    ISBN 978-3-89821-872-6

19 Serge Vanvolsem e Laura Lepschy
    Nell'Officina del Dizionario
    Atti del Convegno Internazionale organizzato dall'Istituto Italiano di Cultura
    Lussemburgo, 10 giugno 2006
    ISBN 978-3-89821-921-1

20 Sandra Maria Meier
    „È bella, la vita!"
    Pragmatische Funktionen segmentierter Sätze im *italiano parlato*
    ISBN 978-3-89821-935-8

21 Daniel Reimann
    Italienischunterricht im 21. Jahrhundert
    Aspekte der Fachdidaktik Italienisch
    ISBN 978-3-89821-942-6

22 Manfred Overmann
    Histoire et abécédaire pédagogique du Québec avec des modules multimédia prêts à l'emploi
    Préface de Ingo Kolboom
    ISBN 978-3-89821-966-2 (Paperback)
    ISBN 978-3-89821-968-6 (Hardcover)

23 Constanze Weth
    Mehrsprachige Schriftpraktiken in Frankreich
    Eine ethnographische und linguistische Untersuchung zum Umgang mehrsprachiger Grundschüler mit Schrift
    ISBN 978-3-89821-969-3

24 Sabine Klaeger und Britta Thörle (edd.)
    Sprache(n), Identität, Gesellschaft
    Eine Festschrift für Christine Bierbach
    ISBN 978-3-89821-904-4

25 Eva Leitzke-Ungerer (ed.)
    Film im Fremdsprachenunterricht
    Literarische Stoffe, interkulturelle Ziele, mediale Wirkung
    ISBN 978-3-89821-925-9

26 Raúl Sánchez Prieto
    El presente y futuro en español y alemán
    ISBN 978-3-8382-0068-2

27 Dagmar Abendroth-Timmer, Christiane Fäcke, Lutz Küster und Christian Minuth (edd.)
    Normen und Normverletzungen
    Aktuelle Diskurse der Fachdidaktik Französisch
    ISBN 978-3-8382-0084-2

28 Georgia Veldre-Gerner und Sylvia Thiele (edd.)
    Sprachvergleich und Sprachdidaktik
    ISBN 978-3-8382-0031-6

29 Michael Frings und Eva Leitzke-Ungerer (edd.)
    Authentizität im Unterricht romanischer Sprachen
    ISBN 978-3-8382-0095-8

30 Gerda Videsott
    Mehrsprachigkeit aus neurolinguistischer Sicht
    Eine empirische Untersuchung zur Sprachverarbeitung viersprachiger Probanden
    ISBN 978-3-8382-0165-8 (Paperback)
    ISBN 978-3-8382-0166-5 (Hardcover)

31 Jürgen Storost
    Nicolas Hyacinthe Paradis (de Tavannes)
    (1733 - 1785)
    Professeur en Langue et Belles-Lettres Françoises, Journalist und Aufklärer
    Ein französisch-deutsches Lebensbild im 18. Jahrhundert
    ISBN 978-3-8382-0249-5

32 Christina Reissner (ed.)
    Romanische Mehrsprachigkeit und Interkomprehension in Europa
    ISBN 978-3-8382-0072-9

33 Johannes Klare
    Französische Sprachgeschichte
    ISBN 978-3-8382-0272-3

34 Daniel Reimann (ed.)
    Kulturwissenschaften und Fachdidaktik Französisch
    ISBN 978-3-8382-0282-2

35 Claudia Frevel, Franz-Josef Klein & Carolin Patzelt (edd.)
    Gli uomini si legano per la lingua
    Festschrift für Werner Forner zum 65. Geburtstag
    ISBN 978-3-8382-0097-2

36 Andrea Seilheimer
    Das grammatikographische Werk Jean Saulniers
    Französischsprachige Terminologie und Sprachbetrachtung in der *Introduction en la langue espagnolle* (1608) und der *Nouvelle Grammaire italienne et espagnole* (1624)
    ISBN 978-3-8382-0364-5

37 Angela Wipperfürth
    Modeterminologie des 19. Jahrhunderts in den romanischen Sprachen
    Eine Auswertung französischer, italienischer, spanischer und portugiesischer Zeitschriften
    ISBN 978-3-8382-0371-3

Abonnement

Hiermit abonniere ich die Reihe **Romanische Sprachen und ihre Didaktik** (RomSD) **(ISSN 1862-2909)**, herausgegeben von Michael Frings und Andre Klump,

- ❏ ab Band # 1
- ❏ ab Band # ___
  - ❏ Außerdem bestelle ich folgende der bereits erschienenen Bände:
    #__, __, __, __, __, __, __, __, __, __, __, __

- ❏ ab der nächsten Neuerscheinung
  - ❏ Außerdem bestelle ich folgende der bereits erschienenen Bände:
    #__, __, __, __, __, __, __, __, __, __, __, __

- ❏ 1 Ausgabe pro Band   ODER   ❏ __ Ausgaben pro Band

Bitte senden Sie meine Bücher zur versandkostenfreien Lieferung innerhalb Deutschlands an folgende Anschrift:

Vorname, Name: _____

Straße, Hausnr.: _____

PLZ, Ort: _____

Tel. (für Rückfragen): _____ *Datum, Unterschrift:* _____

Zahlungsart

- ❏ *ich möchte per Rechnung zahlen*
- ❏ *ich möchte per Lastschrift zahlen*

bei Zahlung per Lastschrift bitte ausfüllen:

Kontoinhaber: _____

Kreditinstitut: _____

Kontonummer: _____ Bankleitzahl: _____

Hiermit ermächtige ich jederzeit widerruflich den *ibidem*-Verlag, die fälligen Zahlungen für mein Abonnement der Reihe **Romanische Sprachen und ihre Didaktik** (RomSD) von meinem oben genannten Konto per Lastschrift abzubuchen.

Datum, Unterschrift: _____

Abonnementformular entweder **per Fax** senden an: **0511 / 262 2201** oder 0711 / 800 1889
oder als **Brief** an: *ibidem*-Verlag, Julius-Leber Weg 11, 30457 Hannover oder
als **e-mail** an: **ibidem@ibidem-verlag.de**

***ibidem*-Verlag**

Melchiorstr. 15

D-70439 Stuttgart

info@ibidem-verlag.de

www.ibidem-verlag.de
www.ibidem.eu
www.edition-noema.de
www.autorenbetreuung.de

www.ingramcontent.com/pod-product-compliance
Lightning Source LLC
Chambersburg PA
CBHW072132290426
44111CB00012B/1861